国家自然科学基金项目（720

U0453907

基于全文本的微观实体扩散机制研究

JIYU QUANWENBEN DE WEIGUAN
SHITI KUOSAN JIZHI YANJIU

安欣　徐硕——— 著

知识产权出版社
全国百佳图书出版单位
—北京—

图书在版编目 (CIP) 数据

基于全文本的微观实体扩散机制研究/安欣，徐硕著. —北京：知识产权出版社，2023.12
ISBN 978 - 7 - 5130 - 8940 - 1

Ⅰ. ①基… Ⅱ. ①安… ②徐… Ⅲ. ①引文分析 Ⅳ. ①G250.252

中国国家版本馆 CIP 数据核字（2023）第 191712 号

策划编辑：蔡　虹　　　　　　　　　责任校对：王　岩
责任编辑：王海霞　　　　　　　　　责任印制：孙婷婷
封面设计：张国仓

基于全文本的微观实体扩散机制研究

安　欣　徐　硕　著

出版发行：**知识产权出版社** 有限责任公司　　网　　址：http://www.ipph.cn
社　　址：北京市海淀区气象路 50 号院　　　　邮　　编：100081
责编电话：010 - 82000860 转 8790　　　　　　责编邮箱：93760636@ qq.com
发行电话：010 - 82000860 转 8101/8102　　　发行传真：010 - 82000893/82005070/82000270
印　　刷：北京九州迅驰传媒文化有限公司　　经　　销：新华书店、各大网上书店及相关专业书店
开　　本：720mm×1000mm　1/16　　　　　　印　　张：17.75
版　　次：2023 年 12 月第 1 版　　　　　　　印　　次：2023 年 12 月第 1 次印刷
字　　数：290 千字　　　　　　　　　　　　定　　价：86.00 元
ISBN 978 - 7 - 5130 - 8940 - 1

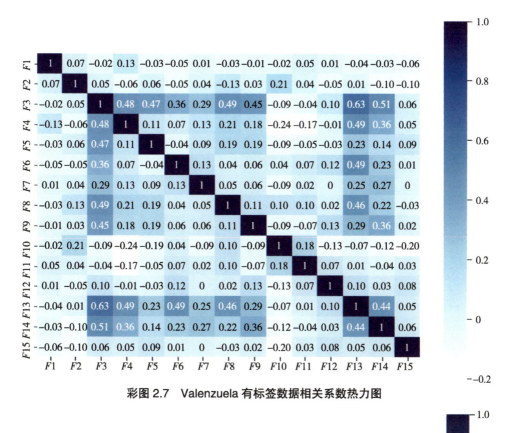

彩图 2.7 Valenzuela 有标签数据相关系数热力图

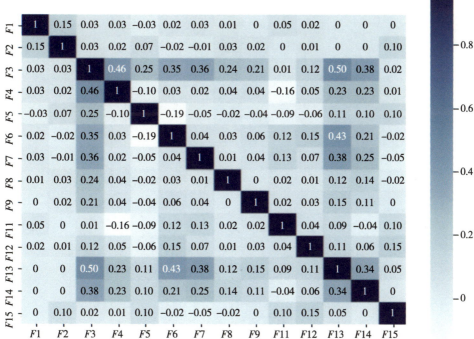

彩图 2.8 Valenzuela 无标签数据相关系数热力图

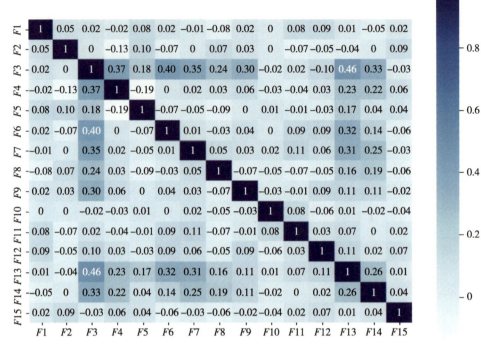

彩图 2.9　Zhu 数据集相关系数热力图

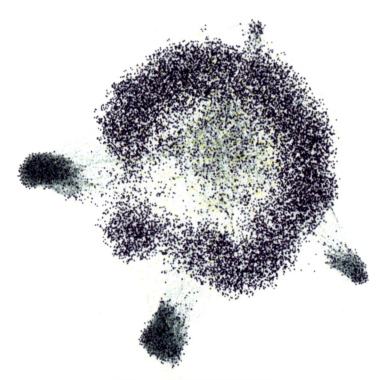

彩图 5.7　全局异构信息网络图

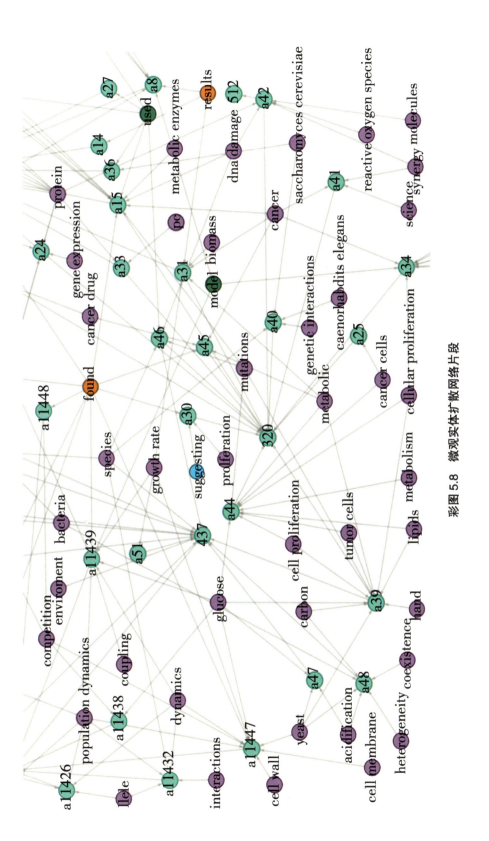

彩图 5.8　微观实体扩散网络片段

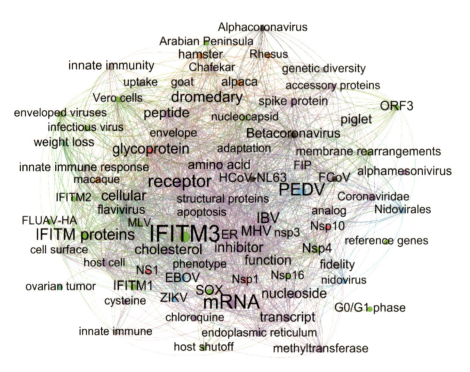

彩图 6.12　微生物学学科微观实体的扩散网络

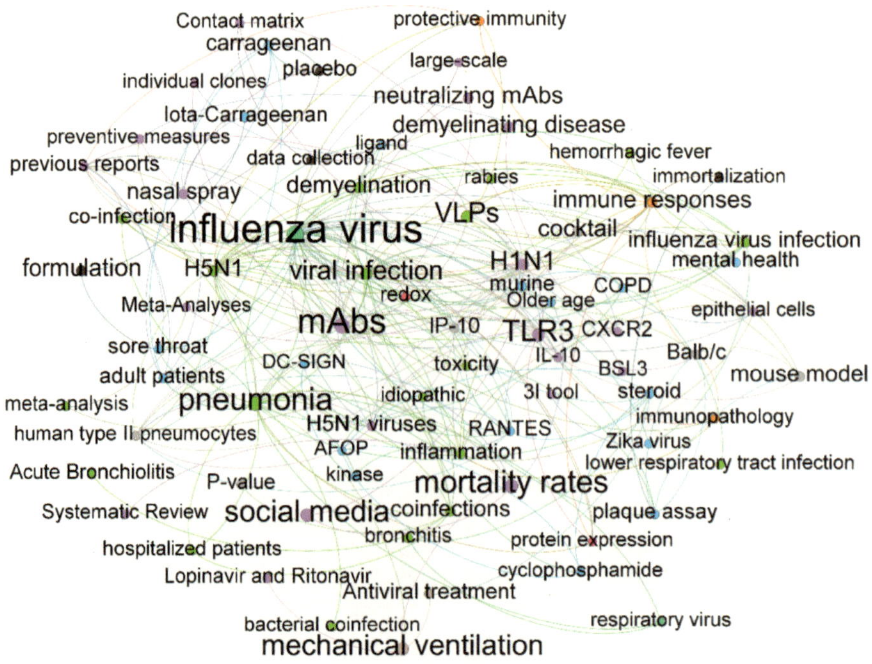

彩图 6.13　临床医学学科微观实体的扩散网络

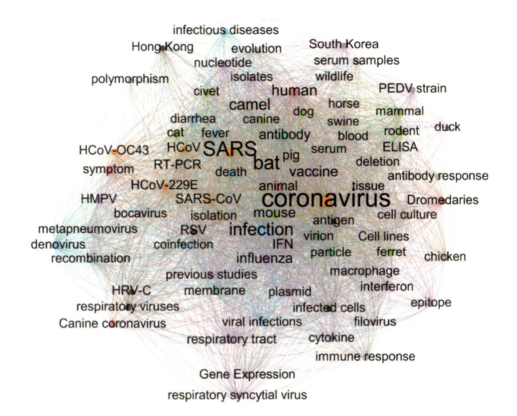

彩图 6.14　免疫学学科微观实体的扩散网络

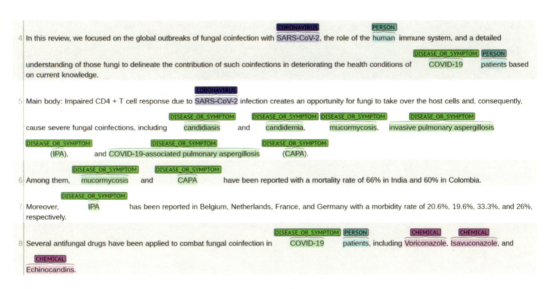

彩图 8.1　BRAT 软件辅助人工标注截图

彩图 9.14　主题的演化过程

左列（20-）
20-0: 远程医疗研究
20-2: 应用技术研究
20-5: 新冠病毒对孕妇的影响研究
20-6: 冠状病毒变体研究
20-7: 病毒基因序列研究
20-10: 医疗诊断方法研究
20-16: 对学习教育的影响研究
20-19: 疫苗作用机制研究
20-22: 新冠初期暴发研究
20-26: 新冠文献发表研究
20-27: 新冠相关动力学模型理论研究
20-30: 冠状病毒实验研究
20-42: 感染症状研究
20-49: 新冠感染机制研究
新生

中列（21-）
21-25: 远程医疗研究
21-5: 数据系统创建研究
21-3: 新冠对怀孕女性的影响
21-31: 冠状病毒变体研究
21-20: 病毒细胞受体研究
21-46: 临床住院现状研究
21-47: 学生线上教育研究
21-34: 细胞免疫研究
21-49: 新冠暴发及传播研究
21-17: 新冠文献发表研究
21-24: 动力学理论模型研究
21-15: 病变病理学研究
21-0: 生产冲击研究
21-6: 不同群组差异研究
21-7: 图像模型研究
21-11: 生活方式变化研究
21-14: 接种疫苗相关研究
21-23: 基因数据和技术探索
21-26: 全球公共政策研究
21-28: 心理压力影响因素研究
21-30: 新冠病毒传播机制研究
21-32: 社会调查研究
21-33: 孕婴类人群风险研究
21-35: 临床诊断研究
21-37: 感染物种研究
21-39: 冠状病毒分子结构研究
21-40: 冠状病毒历史研究
21-41: 群体医疗防护研究
21-42: 综合病症的病理机制研究
21-43: 感染现状研究
21-44: 细胞抗体实验研究

右列（22-）
22-46: 流行病对市场供应的冲击研究
22-20: 新冠对女性怀孕的影响
22-6: 病毒变异与抗体研究
22-18: 应用程序研究
22-36: 患者年龄差异研究
22-25: 冠状病毒图像模型特征研究
22-30: 流行病期间人群日常活动影响
22-9: 疫苗接种研究
22-40: 新冠病毒感染症状研究
22-23: 文献发表特征研究
22-15: 数据挖掘与统计技术研究
22-32: 数据传输模式研究
22-7: 动力学模型研究
22-33: 系统模型评估研究
22-39: 医疗服务业现状研究
22-22: 国家政策措施实施研究
22-17: 心理冲击影响因素研究
22-21: 病毒传输载体与风险研究
22-11: 病毒突变研究
22-14: 社会调查新冠病毒感染对人的影响
22-41: 产妇生产风险研究
22-48: 新冠病毒感染与治疗的细胞反应研究
灭亡
22-5: 临床治疗研究
22-16: 药物研发研究
22-19: 蛋白分子相互作用研究
22-35: 冠状病毒历史回顾
22-43: 医疗服务业现状研究
22-13: 新冠病毒感染对其他疾病的影响研究
22-2: 人群感染风险因素研究
22-10: 冠状病毒类症状比较研究
22-3: 患者感染现状研究
22-37: 线上教育研究
22-4: 新冠患者死亡率相关研究

前　　言

　　自开放获取（OA）运动实施以来，随着学术资源共享程度的提高，越来越多的学术论文全文被大规模地开放获取，为基于全文本的知识扩散研究提供了坚实的数据基础和广阔的应用前景。然而，现有研究在粒度上多以篇章、作者或主题等作为知识扩散的主要载体，较少关注来自文献全文本内容的软件工具类、模型方法类和数据语料类等微观实体。事实上，作为驱动知识扩散的主要内因，微观实体才是通过引用关系传播的实质内容。

　　基于以上认识，本书构建基于全文本的引文重要性特征体系，探索面向引文重要性的文献主题识别方法；通过定义实体类别、建立标注指南和标注规则等步骤建立微观实体语料库，采用自然语言处理技术和深度学习等方法对领域微观实体进行自动抽取；以微观实体为载体，从扩散路径和扩散结构两个方面探究知识的扩散模式，揭示知识的延续性和继承性；借鉴复杂网络中传染病模型思想构建微分动力学模型，并通过仿真研究验证其有效性，揭示微观实体知识扩散的动力学影响机制；建立融入实体信息的主题提取模型和主题演化框架，精准地揭示学科领域的研究主题，探究其动态演化规律。

　　本书的主要工作和内容如下：

　　（1）基于全文本的引文重要性分类特征研究。基于前人的研究实施传统的特征工程，提取了基于结构、被引次数、单独引用、作者重叠、线索词、相似度的特征；基于产生式 CIM 模型设计特征提取算法，提取两个基于产生式模型的特征加入特征体系中，共同构建基于全文本的引文重要性特征体系，并对各特征进行描述性统计以及相关性分析。

　　（2）基于机器学习方法的引文重要性分类研究。为了验证本研究提出的基于全文本引文重要性分类特征的可靠性，实施了机器学习方法中的监督型引文重要性分类和半监督自训练模型学习两类实验。特征重要性对比的实验结果显示，基于结构特征的基线模型为分类器提供了必要的信息；从平均的重要排名来看，基于产生式模型的特征对于提高重要引文识别的性能有着重要的作用。

（3）基于引文重要性的文献主题识别研究。基于被引文献的文本内容，将引文信息融入主题模型中，构建 Cite-PLSA-LDA 主题模型用于识别文献的主题。通过对比文献主题的相似度发现，使用引文重要性对相关参数进行约束，使引用链接的分配倾向于重要引文，从而更好地识别文献主题，该结果为主题模型的构建提供了更多的参考思路。

（4）基于全文本的微观实体抽取及扩散研究。以分子生物学领域的 1000 篇全文本数据为例，使用 BiLSTM-CRF 模型完成了四类微观实体的抽取和识别，借助可视化工具从宏观和微观层面揭示了微观实体的扩散模式。

（5）基于全文本的微观实体扩散模式研究。根据引证关系和引用语境定义实体扩散的概念，构建微观实体扩散网络，采用主路径分析法揭示实体的扩散路径，利用实体级联探究实体的扩散结构。微观实体在扩散过程中存在独立性和延续性的特征，细粒度研究视角有利于理解知识扩散的内容、丰富知识扩散的理论。

（6）基于全文本的微观实体扩散动力学研究。将微观实体在文献中的扩散特点与经典的传染病模型结合起来，提出了划分某一领域内文献的方法和状态演化规则，最终形成了 SIR、SEIR 和 SEIZR 三种微观实体扩散动力学模型。通过仿真研究发现，模型中各状态转换参数的变化对扩散演化进程具有不同的影响，创新率和传染率对微观实体在文献中的扩散有促进作用，而免疫率、质疑率以及潜伏期有抑制作用。

（7）基于全文本的领域实体自动抽取研究。通过定义实体类别、建立标注指南和标注规则等步骤，建立了一个 COVID-19 领域实体语料库，基于 BERT-BiLSTM-CRF 模型对该领域 18 万篇文献的全文本内容进行实体自动抽取，最终识别出 3254 多万个实体。

（8）基于全文本的研究主题动态演化分析。融合全文本内容和实体信息，建立 CCorrLDA2 主题模型，对各个时间段的文献内容进行研究主题的提取。使用加权对称 KL 散度度量主题间的相似程度，构建关联过滤规则剔除关联性不强的主题间的关联关系，建立一整套融合实体信息的主题提取和主题演化框架，对挖掘科研动态、发现潜在的变化、规划科技创新等具有重要的意义。

本书是国家自然科学基金项目"基于全文本的微观实体扩散机制研究"的主要成果，由安欣和徐硕组织撰写，并完成全书的框架设计、文稿修改统筹和定稿送审工作。其中，安欣和徐硕撰写第 1 章，安欣和孙欣撰写第 2 ~ 第 4 章，安欣和叶书路撰写第 5 章，徐硕和柳力元撰写第 6 章，安欣和孙睿撰写第 7 章，徐硕和张萌萌撰写第 8 章、第 9 章。课题组硕士研究生王聪聪、徐金楠、李怡琳、刘春林、于晨欣、杨桐雨等参与了数据搜集和标注工作。同时本书在成稿过程中参阅了大量的相关文献资料，在此对相关作者一并表示由衷的感谢。

CONTENTS

目　录

第 1 章　绪论

1.1　研究背景及意义

当前不同学科之间知识的流动与交换越来越频繁，学科边界越来越模糊，知识的扩散与吸收极大地促进了学科的协同、交叉、融合、发展与创新，学科间知识的有效传播与管理已经成为各界共同关注的重要课题。知识扩散是知识通过不同媒介的交流与传播，从生产行为过渡为消费行为，从创造主体转移至学习主体的活动，是知识生产转化为知识应用的中间环节与中介性过程。知识扩散的最终目的是知识的利用与创新，知识获取、转化、创新和应用等环节都需要通过知识扩散来实现。探究知识扩散的作用机理和演化模式，将有助于理解知识扩散的传播类型和途径，为学科知识的融合、转化和创新提供可靠的理论与实证依据。

学术论文是科学知识扩散、传承和发展的主要载体，凝聚了科研人员对于工具、方法、数据等知识性微观实体进行思维创造、编码、加工的大量智慧。自开放获取（OA）运动以来，随着学术资源共享程度的提高，越来越多的学术论文全文被大规模地开放获取，为基于全文本的知识扩散研究提供了便利的数据基础和广阔的应用前景。然而，现有研究在粒度上多以篇章、作者或主题等作为知识扩散的主要载体，较少关注来自文献全文本内容的软件工具类、模型方法类和数据语料类等微观实体。事实上，作为驱动知识扩散的主要内因，微观实体才是通过引用关系传播的实质内容。

鉴于此，本研究以学术文献全文本数据为依托，以微观实体及语义关系的抽取为基础，探究微观实体的发展轨迹、扩散类型、传播途径和主题动态演化等，揭示知识扩散的内因以及学科在微观层面的依赖关系，有助于厘清学科发展的脉络，明晰微观实体在学科间流动演化的规律与模式，预测微观实体未来发展的热度以及扩展或者收缩趋势，为学科知识的融合、转化和创新提供可靠的理论与实证依据。基于全文本的微观实体扩散机制研究深入揭示跨学科知识的流动和扩散规律，是预测创新领域及发展趋势、促进学科建设与科技进步的有效途径。本研究所提炼出的基于全文本的微观实体扩散机制方法体系比较完善，可以丰富科技情报分析的方法和理论，为科技战略决策、创新资源配置和产业发展布局提供重要的情报支撑。

1.2 国内外研究述评

1.2.1 引用内容分析方面

引用内容分析是研究引用动机、引用行为、引文重要性和引文情感分析的主要途径，当前研究主要从引用位置、引用强度和引用语境等角度展开。

（1）引用位置可以反映被引文献的不同作用，出现在引言部分的常常作为背景介绍，出现在方法部分的主要用作方法引入，而出现在讨论与结论部分的主要用于比较。Maričić 等（1998）对多学科的 357 篇文献的引文进行分析发现，一般引文主要出现在介绍部分，重要引文主要出现在方法、结论和讨论部分。章成志等（2018）分析了自然语言处理领域学术论文中算法的使用行为，发现算法主要出现在方法和评价位置，其次出现在介绍和相关工作方面。洪磊（2019）发现公安情报学文献的引文主要位于讨论部分，这表明公安情报学主要以理论研究为主。刘茜等（2013）根据被引位置随时间的变化情况，总结了被引文献所述观点被学术界认可的两种典型模式。Halevi 和 Moed（2013）分析了 2007 年刊载于 *Journal of Informetrics* 期刊上的论文后发现，方法部分对学科内文献的引用多于学科外文献，引言部分对学科外文献的引用多于学科内文献，其他部分的差异性并不明显。An 等（2017）以引文位置与引用语境为基础构建作者网络，发现高被引作者的学术特征与其文献的被引位置有密切联系。

（2）引用强度用来表示被引文献对施引文献的重要程度。Moravcsik 和 Murugesan（1975）将引用按照重要程度分为有组织引用和敷衍式引用两类。Chubin 和 Moitra（1975）将其扩展为基础的必要引用、辅助的必要引用、额外的补充引用、敷衍的补充引用、部分的负面引用、全面的负面引用六类。Wan 和 Liu（2014）把引文设置为五个重要等级，并通过回归分析对其进行估计。陆伟等（2014）结合引文重要性，提出了一种引文功能分类体系。Hassan 等（2018）基于长短时记忆（Long Short Term Memory，LSTM）深度学习模型完成了重要引文的识别。Ding 等（2013a）针对一篇文献在施引文献中被多次引用的现象，提出了一种文献被引次数的统计方法，可有效反映文献在引用强度上的差异。章成志等（2019）从引用位置、引用强度等方面分析中文图书的被引行为，并比较了不同学科领域之间的差异。

（3）通过分析引用语境中的内容词、主题词和线索词等，可以探究施引的动机和情感。Frøsig（2011）结合语类理论（genre-theory）与引文分析理论构建了引用语境研究模型，发现可以通过引用位置预测施引文献与被引文献之间的相似度。Small（2011）提出了引用情感的概念，并将引用情感分为 11 类（这里的情感类别类似于引用动机）。廖君华等（2018）结合情感词典，利用情感分析技术识别引用语境的情感（正面、负面和中性）。Zhang 等（2013）提出了较为系统的引用内容分析研究框架，涵盖了引用内容的语法分析和语义分析。胡志刚等（2017）通过分析引用语境中的线索词，推测引用的功能和动机。徐庶睿等（2017）利用引用语境所蕴含的主题与学科交叉度分布熵，开展学科交叉研究。彭秋茹等（2019）基于引用强度、引用位置、引用情感等信息计算引文指标，对引用价值进行深入分析。徐琳宏等（2020）在分析引文情感表达方式的基础上，提出了一套适用于引文情感表示的标注体系，并构建了中文文献引文情感语料库。

1.2.2 微观实体方面

微观实体主要包括数据、工具和方法等知识单元（Ding et al.，2013b；McKeown et al.，2016），目前相关研究主要集中在微观实体抽取及其影响力评估方面。由于微观实体通常嵌在学术文献的非结构化文本内容部分，因此微观实体抽取是开展影响力评估和知识扩散研究的第一步。

（1）微观实体抽取主要集中在基于模式匹配和基于机器学习两类方法。基于模式匹配的实体类型抽取起源较早，1992 年赫斯特（Hearst）就提出了利用启发式规则匹配的方法抽取微观实体，虽然该方法的准确率较高，但其召回率偏低，并且领域适应性较差。郑家恒等（2007）针对文本中出现的地名、人名、组织机构名三种专有命名实体，提出基于模式匹配三种实体的自动识别方法。Shi 等（2010）比较了基于模式匹配和基于分布相似度的两种方法，认为基于模式匹配的方法更适用于名词类短语的类型抽取。基于机器学习的方法大多将微观实体的抽取看作序列标注（sequence labeling）问题，所用模型从隐马尔可夫模型（HMM）、最大熵（MaxEnt）、条件随机场（CRF），一直发展到最近的深度学习。笔者申请人基于 CRF 研发了生物医学领域微观实体抽取系统，F 值在 0.82 左右（Xu et al.，2015）。Huang 等（2016）首次将 BiLSTM 模型与 CRF 模型相结合，用于命名实体的识别任务。朱丹浩等（2016）重新定义了循环神经网络（RNN）模型的输入和输出，提出了字符级别的循环网络标注模型，将深度学习应用于微观实体的抽取研究。Li 等（2018）和 Gridach（2017）把 BiLSTM-CRF 模型应用到生物医学领域不规则实体的识别中，得到了较高的识别率。BiLSTM-CRF 模型的优势在术语抽取任务中进一步得到了验证（赵洪和王芳，2018）。

（2）微观实体评估研究涉及数据、工具和算法等类型。Pettigrew 等（2001）追踪了信息科学领域 100 多种理论的使用情况，发现这些理论在信息科学领域之外并未得到很好的应用。Mckeown 等（2016）在 380 万篇 Elsevier 全文和 4800 万条 Web of Science（WoS）元数据的基础上，通过提取全文特征和元数据特征来预测科学概念的未来影响。丁楠等（2014）依据数据发布量、数据被引量、数据平均被引频次以及 h 指数等指标，构建了基于引用的数据评价体系。Belter（2014）以海洋学领域的三个数据集为例，依据被引次数开展数据集引用行为研究。Park（2018）使用全球 350 多个存储库中超过 50 万个开放式研究数据实体，评估数据共享和重用对 STEM（科学、技术、工程和数学）领域数据引用的影响。杨波等（2016）分析了生物信息学领域论文中科学软件的使用行为，并以此为基础度量软件的质量与影响力。赵蓉英等（2017）借助 Python 社区中软件的下载量、文献被引次数以及软件复用次数等指标，评估开源软件的学术影响力。Pan 等（2019）研究了科学软件对图书情报领域（LIS）研究的贡献。章成志等（2018）则对自然语言处理领域十大数据挖掘算法的影响力进行了量化评估。

1.2.3 知识扩散研究方面

知识扩散研究最早可追溯至 1924 年卡耐基基金会的勒尼德（Learned）

所编著的《美国公共图书馆与知识扩散》一书。目前，知识扩散研究主要借助文献引证及作者合作关系，探讨知识在学科间扩散过程中形成的静态分布和历史演变，研究对象涉及篇章、期刊、作者、主题、地区及国家等。学科交叉使得主题结构缺乏明确的边界，Xu 等（2018）将主题揭示看作重叠社区探测问题，利用混合隶属度随机块模型（MMSB）有效解决了大规模引文网络主题结构揭示的问题。

（1）Liu 等（2010）通过引文关系构建了中国跨学科知识网络，研究学科间的知识交换结构及其演化过程。赵星等（2015）构建了中国 82 个文科领域的引文网络，定量地刻画了该领域的知识扩散情况。邱均平和李小涛（2014）发现国内知识图谱研究由科技管理领域扩散到图书情报领域，进而推广应用于教育学等学科领域。Ma 和 Yan（2016）基于作者引文网络揭示了学科专业知识交流模式与特征。Nakamura 等（2011）提出了引文滞后指标，用于表征某个学科领域内部的各分支子群之间的知识扩散情况。黄颖等（2019）对跨学科的外部知识融合、内在知识汇聚与科学合作模式三个维度进行分解和整合，探索了不同测度方法的内在联系。岳增慧和许海云（2019）将文献引证作为学科知识传播路径，系统地研究了学科知识扩散特征。Ding 等（2017）利用专利论文引证数据，探索了促进从科学到技术的知识流动的文献特征。梁镇涛等（2020）基于文献引证网络构建知识模因（knowledge meme）的扩散级联网络，计算分析扩散级联网络的基础特征及其特征分布情况，用于考察不同知识模因在学科领域内的扩散模式。Xu 等（2019）提出了一种统计实体主题模型（CCorrLDA2 模型），纳入了领域微观实体知识，将科学与技术间的知识流动看作最优运输问题进行求解，并绘制了知识流动强度图谱。Min 等（2018）和闵超等（2020）通过被引、引用、文献耦合与共被引等文献关系为单篇论著构建引用扩散网络，探讨科学文献网络中的引文扩散。

（2）知识扩散的演化机理及其预判研究需要从模型构建入手，知识扩散模型主要有知识贸易模型、流行病模型和贝叶斯网络模型等。知识贸易模型主要用于揭示跨学科知识交流过程的输入/输出特性，Yan 等（2013）及 Zhu 和 Yan（2015）较为详细地阐述了该模型，将国际贸易中的常用概念映射到科学知识贸易，并定义了相应的引文测度指标。李林等（2017）以图书情报学和管理学跨学科知识交流为例，使用知识贸易模型揭示学科间知识的扩散与演进过程。流行病模型又称为人口传染模型，常用于描述和模拟知识传播现象。Bettencourt 等（2008）根据 SIR、SEIR 和 SEIZR 疾病传播理论，构建了费曼图知识在美国、日本和苏联理论物理领域的传播扩散模型。Wang 等（2019）基于传染病传播模型，提出了 Naive-Evangelical-Agnostic（NEA）知识传递模型。Zhu 和 Ma（2018）基于流行病传播模型，探索了复杂网络创新机制的知识扩散过程。彭程等（2020）使用 SIR 传染病模型与灰色预测模型（EGM），对政府微博历史数据进行模拟与检验，用于舆情预警与防控。贝叶斯网络模型具有强大的知识表达、概率推理以及时序过程建模能力，常被用于复杂系统研究。Daraio 等（2018）通过复杂系统与科学研究系统的类比，将学科知识扩散看作贝叶斯网络模型的推断问题，伪最大似然技术被用于参数估计。申请人提出了一种分段伪最大似然估计方法，提高了贝叶斯网络模型的推断精度（An et al.，2011）。

1.2.4　当前研究的不足

综上所述，国内外学者在引用内容分析、微观实体和知识扩散等方面开展了大量研究工作，取得了显著成效。但仍存在一些不足之处，主要体现在以下方面：

（1）目前研究在粒度上多将篇章、作者或主题等作为知识扩散的主要载体，较少关注来自文献全文本内容的微观实体，这不利于揭示知识扩散的内因和微观层面学科间的依赖关系。

（2）当前微观实体方面的研究主要聚焦于自动抽取和影响力评价，深入分析微观实体扩散结构的研究较少，这将导致微观实体溯源、演化时序路径和知识传承等结构挖掘明显不足。

（3）知识扩散的机理研究多限于静态模型，忽视了微观实体影响力与时间的关系，未考虑学术文献的引文生命周期过程，难以真正反映微观实体扩散过程的动力学机制。

（4）当前研究中的主题识别模型较少考虑文本实体信息的融合，对主题的演化研究无法解决时滞性问题，难以了解主题、实体和实体类别间的关系，缺少对主题语义特性的深层次挖掘。

基于以上分析，本研究着眼于驱动知识扩散的微观实体，以学术文献全文本数据为依托，研究知识在微观层面扩散的内因和传播机理，以期厘清学科发展的脉络，明晰微观实体在学科间的扩散规律与模式，为学科知识的融合、转化和创新提供可靠的理论与实证依据。

1.3 研究内容与思路

本研究的内容分为五个模块：①基于全文本的引文重要性分类及其文献主题识别；②基于全文本的微观实体及语义关系抽取；③微观实体扩散网络构建及扩散模式分析；④微观实体扩散动力学研究；⑤基于全文本的领域实体抽取及主题动态演化研究。

研究内容及思路框架如图 1.1 所示。

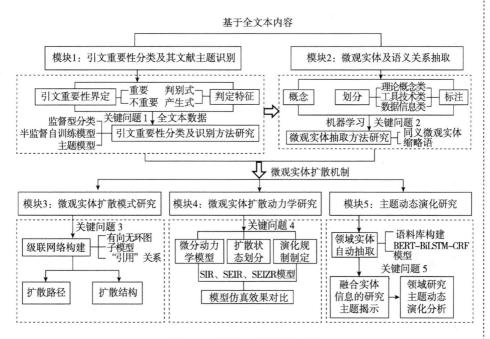

图 1.1 研究内容及思路框架

1.4 研究方案与技术路线

本研究以学术文献全文本数据为依托，通过分析微观实体扩散网络，揭示微观实体的扩散机制、发展轨迹和扩散类型，探索微观实体扩散过程的动力学机制，研究分析主题的动态演化过程，为学科知识的融合、转化和创新提供可靠的理论与实证依据，并据此提炼出较为完善的方法体系。

本研究所形成的技术路线如图 1.2 所示，其中包括 5 项关键技术：引文重要性分类、微观实体及语义关系标注、微观实体扩散网络构建、微观实体扩散状态划分及演化规制制定、领域实体自动抽取和融合实体信息的研究主题揭示。

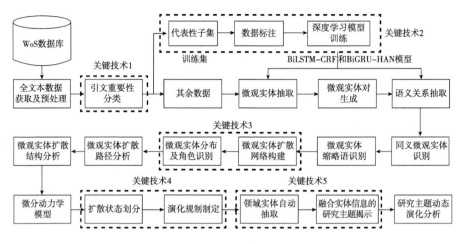

图1.2 技术路线

1.5 研究特色与创新

本研究的特色与创新点主要体现在以下几个方面：

（1）从微观实体视角探究知识扩散机制，有助于厘清微观实体的发展轨迹和知识传承路径，揭示知识扩散的内因以及学科间在微观层面的依赖关系。

（2）将引文重要性分类、微观实体抽取、同义微观实体及其缩略语识别融为一体，可对大规模微观实体扩散现象开展深入的研究，所揭示的扩散规律更具普遍性。

（3）所构建的微观实体扩散动力学模型引入了知识质疑者状态，可更加精准地预测微观实体未来发展的热度以及扩展/收缩趋势。

（4）建立融入实体信息的主题提取模型和主题演化框架，可精准地揭示研究领域主题，并探究其动态演化规律，为相关政策的制定提供科技情报支撑。

本章参考文献

[1] 丁楠，黎娇，李文雨泽，等．基于引用的科学数据评价研究［J］．图书与情报，2014（5）：95－99．

[2] 洪磊．引文内容分析视角下的公安情报学发展探析［J］．情报理论与实践，2019，42（1）：22－27．

[3] 胡志刚，孙太安，王贤文．引用语境中的线索词分析：以 Journal of Informetrics 为例［J］．图书情报工作，2017，61（23）：25－33．

[4] 黄颖，张琳，孙蓓蓓，等．跨学科的三维测度：外部知识融合、内在知识会聚与科学合作模式［J］．科学学研究，2019，37（1）：25－35．

[5] 李林，李秀霞，刘超，等．跨学科知识贸易动态影响和扩散模式研究：以图书情报学和管理学为例［J］．情报杂志，2017，36（2）：182－186，158．

[6] 梁镇涛，毛进，操玉杰，等．基于知识模因级联网络的领域知识扩散模式分析［J］．情报理论与实践，2020，43（4）：40－46．

[7] 廖君华，刘自强，白如江，等．基于引文内容分析的引用情感识别研究［J］．图书情报工作，2018，62（15）：112－121．

[8] 刘茜，王健，王剑，等．引文位置时序变化研究及其认知解释［J］．情报杂志，2013，32（5）：166－184．

[9] 陆伟，孟睿，刘兴帮．面向引用关系的引文内容标注框架研究［J］．中国图书馆学报，2014，40（214）：93－104．

[10] 闵超，张帅，孙建军．科学文献网络中的引文扩散：以2011年诺贝尔化学奖获奖论文为例［J］．情报学报，2020，39（3）：259－273．

[11] 彭程，祁凯，黎冰雪．基于 SIR－EGM 模型的复杂网络舆情传播与预警机制研究［J］．情报科学，2020，38（3）：145－153．

[12] 彭秋茹，阎素兰，黄水清．基于全文本分析的引文指标研究：以 F1000 推荐论文为例［J］．信息资源管理学报，2019，9（4）：82－88．

[13] 邱均平，李小涛．基于引文网络挖掘和时序分析的知识扩散研究［J］．情报理论与实践，2014，37（7）：5－10．

[14] 徐琳宏，丁堃，陈娜，等．中文文献引文情感语料库构建［J］．情

报学报，2020，39（1）：25-37.

[15] 徐庶睿，章成志，卢超. 利用引文内容进行主题级学科交叉类型分析 [J]. 图书情报工作，2017，61（23）：15-24.

[16] 杨波，王雪，佘曾溧. 生物信息学文献中的科学软件利用行为研究 [J]. 情报学报，2016，35（11）：1140-1147.

[17] 岳增慧，许海云. 学科引证网络知识扩散特征研究 [J]. 情报学报，2019，38（1）：1-12.

[18] 章成志，丁睿祎，王玉琢. 基于学术论文全文内容的算法使用行为及其影响力研究 [J]. 情报学报，2018，37（12）：1175-1187.

[19] 章成志，李卓，赵梦圆，等. 基于引文内容的中文图书被引行为研究 [J]. 中国图书馆学报，2019，45（241）：96-109.

[20] 赵洪，王芳. 理论术语抽取的深度学习模型及自训练算法研究 [J]. 情报学报，2018，37（9）：923-938.

[21] 赵蓉英，魏明坤，汪少震. 基于 Altmetrics 的开源软件学术影响力评价研究 [J]. 中国图书馆学报，2017，43（2）：80-95.

[22] 赵星，谭旻，余小萍，等. 我国文科领域知识扩散之引文网络探析 [J]. 中国图书馆学报，2015，38（201）：59-67.

[23] 郑家恒，谭红叶，王兴义. 基于模式匹配的中文专有名词识别 [C]. 中国中文信息学会，2007：150-157.

[24] 朱丹浩，杨蕾，王东波. 基于深度学习的中文机构名识别研究：一种汉字级别的循环神经网络方法 [J]. 现代图书情报技术，2016，32（12）：36-43.

[25] AN J Y, KIM N, KAN M Y, et al. Exploring characteristics of highly cited authors according to citation location and content [J]. Journal of the Association for Information Science and Technology, 2017, 68（8）：1975-1988.

[26] AN X, LIU S L, XU S. Piecewise pseudo-maximum likelihood estimation for risk aversion case in first-price sealed-bid auction [J]. Computational Economics, 2011, 38（4）：439-463.

[27] BELTER C W. Measuring the value of research data：A citation analysis of oceanographic data sets [J]. PLoS ONE, 2014, 9（3）：e92590.

[28] BETTENCOURT L M A, KAISER D I, et al. Population modeling of the

emergence and development of scientific fields [J]. Scientometrics, 2008, 75 (3): 495 –518.

[29] CHUBIN D E, MOITRA S D. Content analysis of references: Adjunct or alternative to citation counting? [J]. Social Studies of Science, 1975, 5 (4): 423 –441.

[30] CORDELLA L P, FOGGIA P, SANSONE C, et al. An Improved Algorithm for Matching Large Graphs [C]. Proceedings of the 3rd IAPR-TC15 Workshop on Graph-based Representations in Pattern Recognition, 2001: 149 –159.

[31] DARAIO C, FABBRI F, GAVAZZI G, et al. Assessing the interdependencies between scientific disciplinary profiles [J]. Scientometrics, 2018, 116 (3): 1785 –1803.

[32] DING C G, HUNG W C, LEE M C, et al. Exploring paper characteristics that facilitate the knowledge flow from science to technology [J]. Journal of Informetrics, 2017, 11 (1): 244 –256.

[33] DING Y, LIU X, GUO C, et al. The distribution of references across texts: Some implications for citation analysis [J]. Journal of Informetrics, 2013a, 7 (3): 583 –592.

[34] DING Y, SONG M, HAN J, et al. Entitymetrics: Measuring the impact of entities [J]. PLoS ONE, 2013b, 8 (8): e71416.

[35] FRØSIG R E. Citation Classification Based on Genre: The Significance of the Textual Location of Citations [D]. Copenhagen: Royal School of Library and Information Science, 2011.

[36] GOEL S, ANDERSON A, HOFMAN J, et al. The structural virality of online diffusion [J]. Management Science, 2016, 62 (1): 180 –196.

[37] GOYAL A, BONCHI F, LAKSHMANAN L V S. Learning Influence Probabilities in Social Networks [C]. Proceedings of the 3rd ACM International Conference on Web Search and Data Mining, 2010: 241 –250.

[38] GRIDACH M. Character-level neural network for biomedical named entity recognition [J]. Journal of Biomedical Informatics, 2017, 70 (1): 85 –91.

[39] HALEVI G, MOED H F. The thematic and conceptual flow of disciplinary research: A citation context analysis of the Journal of Informetrics [J].

Journal of the American Society for Information Science and Technology, 2013, 64 (9): 1903 – 1913.

[40] HAN X, GAO T, YAO Y, et al. OpenNRE: An open and extensible toolkit for neural relation extraction [J/OL]. arXiv: 1909. 13078, 2019.

[41] HASSAN S U, IMRAN M, IQBAL S, et al. Deep context of citations using machine-learning models in scholarly full-text articles [J]. Scientometrics, 2018, 117 (3): 1645 – 1662.

[42] HEARST M A. Automatic Acquisition of Hyponyms from Large Text Corpora [C]. Proceedings of the 14th Conference on Computational Linguistics, 1992: 539 – 545.

[43] HUANG Z P, XU W, YU K. Bidirectional LSTM-CRF models for sequence tagging [J/OL]. arXiv: 1508. 01991, 2015.

[44] HUANG Z P, ZHENG Y D, CHENG R, et al. Meta Structure: Computing Relevance in Large Heterogeneous Information Networks [C]. Proceedings of the 22nd ACM SIGKDD International Conference on Knowledge Discovery and Data Mining, 2016: 1595 – 1604.

[45] LI F, ZHANG M, TIAN B, et al. Recognizing irregular entities in biomedical text via deep neural networks [J]. Pattern Recognition Letters, 2018, 105 (1): 105 – 113.

[46] LIU C, SHAN W, YU J. Shaping the interdisciplinary knowledge network of China: A network analysis based on citation data from 1981 to 2010 [J]. Scientometrics, 2010, 89 (1): 89 – 106.

[47] MA R M, YAN E J. Uncovering inter-specialty knowledge communication using author citation networks [J]. Scientometrics, 2016, 109 (2): 1 – 16.

[48] MARIČIĆ S, SPAVENTI J, PAVIČIĆ L, et al. Citation context versus the frequency counts of citation histories [J]. Journal of the American Society for Information Science, 1998, 49 (6): 530 – 540.

[49] MCKEOWN K, DAUME Ⅲ H, CHATURVEDI S, et al. Predicting the impact of scientific concepts using full-text features [J]. Journal of the Association for Information Science and Technology, 2016, 67 (11): 2684 – 2696.

[50] MIN C, DING Y, LI J, et al. Innovation or imitation: The diffusion of

citations [J]. Journal of the Association for Information Science and Technology, 2018, 69 (10): 1271 –1282.

[51] MORAVCSIK M J, MURUGESAN P. Some results on the function and quality of citations [J]. Social Studies of Science, 1975, 5 (1): 86 –92.

[52] NAKAMURA H, SUZUKI S, HIRONORI T, et al. Citation lag analysis in supply chain research [J]. Scientometrics, 2011, 87 (2): 221 –232.

[53] PAN X, YAN E J, CUI M, et al. How important is software to library and information science research? A content analysis of full-text publications [J]. Journal of Informetrics, 2019, 13 (1): 397 –406.

[54] PARK H. The Impact of Research Data Sharing and Reuse on Data Citation in STEM Fields [D]. Milwaukee: The University of Wisconsin-Milwaukee, 2018.

[55] PETTIGREW K E, MCKECHNIE L. The use of theory in information science research [J]. Journal of the American Society for Information Science and Technology, 2001, 52 (1): 62 –73.

[56] SHI S M, ZHANG H B, YUAN X J, et al. Corpus-base Semantic Class Mining: Distributional vs. Pattern-based Approaches [C]. Proceedings of the 23rd International Conference on Computational Linguistics, 2010: 993 –1001.

[57] SMALL H. Interpreting maps of science using citation context sentiments: A preliminary investigation [J]. Scientometrics, 2011, 87 (2): 373 –388.

[58] VALENZUELA M, HA V, ETZIONI O. Identifying Meaningful Citations [C]. The 2015 AAAI Workshop on Scholarly Big Data: AI Perspective, Challenges, and Ideas, 2015: 21 –26.

[59] WAN X J, LIU F. Are all literature citations equally important? Automatic citation strength estimation and its application [J]. Journal of the Association for Information Science and Technology, 2014, 65 (9): 1929 –1938.

[60] WANG J. Citation time window choice for research impact evaluation [J]. Scientometrics, 2013, 94 (3): 851 –872.

[61] WANG H Y, WANG J, MICHAEL S. Review mechanism promotes knowledge transmission in complex networks [J]. Applied Mathematics

and Computation, 2019, 340 (1): 113 - 125.

[62] XU S, AN X, ZHU L J, et al. A CRF-based system for recognizing chemical entity mentions (CEMs) in biomedical literature [J]. Journal of Cheminformatics, 2015, 7 (Suppl1): S11.

[63] XU S, HAO L Y, AN X, et al. Emerging research topics detection with multiple machine learning models [J]. Journal of Informetrics, 2019, 13 (4): 100983.

[64] XU S, HAO L Y, AN X, et al. Types of DOI errors of cited references in web of science with a cleaning method [J]. Scientometrics, 2019, 120 (3): 1427 - 1437.

[65] XU S, LIU J W, ZHAI D S, et al. Overlapping thematic structures extraction with mixed-membership stochastic blockmodel [J]. Scientometrics, 2018, 117 (1): 61 - 84.

[66] XU S, ZHAI D S, WANG F F, et al. A novel method for topic linkages between scientific publications and patens [J]. Journal of the Association for Information Science and Technology, 2019, 70 (9): 1026 - 1042.

[67] YAN E J, DING Y, CRONIN B, et al. A bird's-eye view of scientific trading: Dependency relation among fields of science [J]. Journal of Informetrics, 2013, 7 (2): 249 - 264.

[68] ZHANG G, DING Y, MILOJEVIĆ S. Citation content analysis (CCA): A framework for syntactic and semantic analysis of citation content [J]. Journal of the American Society for Information Science and Technology, 2013, 64 (7): 1490 - 1503.

[69] ZHU H, MA J. Knowledge diffusion in complex networks by considering time-varying information channels [J]. Physica A: Statistical Mechanics and its Applications, 2018, 494 (15): 225 - 235.

[70] ZHU X D, TURNEY P, LEMIRE D, et al. Measuring academic influence: Not all citations are equal [J]. Journal of the Association for Information Science and Technology, 2014, 66 (2): 408 - 427.

[71] ZHU Y, YAN E. Dynamic subfield analysis of disciplines: An examination of the trading impact and knowledge diffusion patterns of computer science [J]. Scientometrics, 2015, 104 (1): 335 - 359.

第 2 章　基于全文本的引文重要性分类特征研究

科学研究是"站在巨人的肩膀上"的活动，新的科学成就通常是基于前人的研究成果，引文作为科学知识传播、继承和发展的载体，在科学和文献计量分析中起着至关重要的作用。因此，引文分析被应用到各领域，如科研人员的学术表现评估、期刊评估、组织排名、国家排名等（Hirsch，2005；Bergstrom，2007；Guerrero-Bote and Moya-Anegón，2012；Fiala，2012）。而传统的文献计量方法采用数量指标（如 h 指数等）来评估已发表文章的受欢迎程度或影响，所有的引用均被视为简单、平等的线性关系，仅能反映出两篇文章之间具有引用关系，不能说明被引文献对于施引文献的具体贡献程度以及被引文献对于施引文献来说是否真的重要（陆伟等，2014）。

事实上，研究人员在撰写文章时引用他人的研究成果，有时可能只是出于背景介绍需要做简单引用，有时是在自己的论文中使用了他人的思想和方法，有时是对他人研究成果的扩展或批判等。因此，作者引用不同的文章时对自己所要撰写的文章的作用是不同的，不同的文章对于作者的重要性也是不同的，并不是所有的引用都同等重要。如今在评估学术文章质量与作者学术影响力方面常采用传统的引文分析方法，忽视了引用成果的具体贡献，存在一定的单一性与片面性。为此，本章面向科技文献全文本内容，实施传统的特征工程以及基于产生式模型的特征工程构建引文重要性分类特征体系，并对各特征进行描述性统计以及相关性分析。

2.1　引文功能和重要性分类体系

科研人员在论文写作过程中会引用前人的研究成果，关于此种引用行为产生的原因，学术界存在两种相互对立的理论观点：引用行为的规范理论（或认可论）和引用行为的社会构建观（或说服论）。规范理论（或认可论）认为，科学家们通过引用某一论文来表示对同行工作的赞扬，因此引文代表着对科学工作的知识或认知影响（Bornmann and Daniel，2008）。社会构建观（或说服论）的观点是建立在建构主义科学社会学基础上的。这种观点对规范理论的假设产生怀疑，并且质疑了评价性引文分析的有效性。建构主义者认为，文章的认知内容对文章如何被引用的影响很小，科学知识是社会通过操控政治和经济资源以及使用修辞手段而构建的（Cetina，1991）。引文是科学话语系统的一个组成部分，是被用作说服读者以及增加权威性和可信度的工具（刘宇和李武，2013）。因此，无法通过文章本身的知识内容来一维地描述引文。科学家具有复杂的引用动机，这些动机根据知识和实践环境的不同而在社会上有所不同（例如，捍卫自己的主张免受攻击，增加自己的利益，说服他人并在科学界占据统治地位等）（Bornmann and Daniel，2008）。

这两种相互对立的理论观点对引文本质和引用行为提出了截然不同的解释，可见引用行为是一个相当复杂的心理认知过程，受到各种引用动机的影响。因此，为了探究学术论文写作中的引用动机，学者们深入研究引文内容，构建引文分类体系，对引文在施引文献中的功能进行分类，挖掘不同的引文对施引文献的重要性，通过人工标注对引文进行编码或者运用问卷调查法直接挖掘作者的引用动机。

Garfield（1965）开创了引文行为研究的先河，他提出了15种一篇文章被引用的原因，以此来分析自动化引文索引的可行性，之后涌现出大量关于引用行为的研究，构建了不同的引文功能和重要性分类体系。Moravcsik 和 Murugesan（1975）构建了一个基于4类二元选择的引文功能标注框架：概念性或操作性、有机性或敷衍性、变革性或并置性、证实性或否定性，从《物理学评论》期刊中随机抽取30篇文章，对其中575个参考文献进行标注，发现有41.0%的文献是敷衍的，14.0%的文献是否定性的。Chubin 和 Moitra（1975）参照 Moravcsik 和 Murugesan 方案中的两个方面（证实性或否定性、有机性或敷衍性），重新定义了6个互斥的类别，从肯定到否定、本质到补充、基本到附属的角度进行了分类。Lin（2018）同样参照这两个方面，构造了一个二维矩阵，其中包含8种引文功能，通过对18个人文与社会科学领域期刊中的360篇文章进行标注，发现引用行为在不同的主题和领域中有所不同。Finney（1979）为了实现引文的自动

分类，构建了一个包含 7 个类别的引文分类体系。Garzone 和 Mercer
（2000）则基于 Finney 的思想将引文分类框架扩展至 35 个，其中包括 10
个大类：否定类、肯定类、假设类、暂定类、方法类、解释类、未来研究
类、使用概念材料类、对比类和读者通报类。之后，Radoulov（2008）对
Garzone 和 Mercer 的框架进行修改，提出了一个包含 3 个类别（引用原因、
引用客体、其他）、20 种引文功能的框架。

　　由于类别分布的不均衡，为了方便人工标注以及构建具有良好性能的
机器学习模型，学者们对引文类别进行了简化。Teufel 等（2006）提出了
一个包含 12 个类别的引文功能标注框架，并进一步将其分为 4 个大的类别
（弱点、使用、对比、中性），通过标注计算与语言学领域的 26 篇文章，
发现有 62.7% 的引文为"中性"类别，"使用"类别也有着相对较高的频
率。Abu-Jbara 等（2013）在 Teufel 等分类的启发下提出了一个包含 6 个类
别的引文目的标注框架（批评、对比、使用、证实、基础、其他），由具
有良好自然语言处理背景的学生对 30 篇国际计算语言学学会语料库中的
3500 篇引文进行标注，结果同样显示出"其他（中性）"和"使用"类别
有着更高的频率，分别为 47.0% 和 17.7% 。Dong 和 Schäfer（2011）将引
文功能分为 4 类，包括背景、基本理念、技术基础以及对比。Li 等
（2013）则将能够反映引用态度的功能加入分类框架中，提出了更具细粒
度水平的包括 12 种引文功能的标注框架。Zhu 等（2015）将引文分为有影
响的和没有影响的，他们认为施引文献的作者是判断哪些参考文献对其更
有影响的最佳注释者，因此调查了 40 位作者，让他们从自己的作品中找出
有影响力的参考文献，其中有 3/4 的作者来自计算机科学领域，最终收集
了 100 篇学术文章，产生了 3143 个论文—参考文献对，其中仅有 322 个被
标记为有影响力的。Valenzuela 等（2015）则将引文分为重要和不重要两
类，并在更细粒度水平上分为 4 类（相关工作和对比为不重要类别，使用
和扩展为重要类别），通过手工标注 465 篇国际计算语言学学会（ACL）
选集中的引文，发现仅有 14.6% 的引文被标记为重要类别。由于简单和易
于理解，并且更加适用于机器学习分类，Valenzuela 等的分类框架被之后
的多位学者沿用以进行引文重要性的自动分类（Hassan et al. ，2017；
Hassan et al. ，2018a，2018b；Qayyum and Afzal，2019；Wang et al. ，2020）。

　　国内也有部分学者对引用行为进行研究，同样构建了不同的引文分类
体系。崔红（1998）对 104 名科技人员的 1656 条引文的引用动机进行聚

类，得到 4 类引用动机：背景性、方法性、主题性以及尊重性引用。马凤和武夷山（2009）将科研人员的引用动机分为 17 种，通过对《中国科技期刊研究》和《中国情报学》作者进行问卷调查，以了解科研人员的引用动机。陆伟等（2014）将引文功能和引文重要性进行结合，制定了一个结合引文重要性的功能分类体系，设定了 15 个功能分类类目，并按相对重要性划分为 5 个重要性等级，在其标注的 20 篇主题模型文献中，"相关研究"和"简单引用"是出现频次最高的引用功能。邱均平等（2015）将引用动机分为内在引用动机和外在引用动机，发现引用行为会受到知识主张、信息源便利性和价值感知等动机的影响。尹莉等（2018）从功能、极性、属性解释及影响力四个方面对引文进行分类，其中引用功能包括使用、比较、批评和背景，引用极性包括正极性、负极性和中性，引用影响力包括中性的、明显正面的和明显负面的。窦煦（2018）将引文情感分为正向、负向和中立三类，并将"敷衍"类别加入引文功能分类中，通过人工标注发现"中性"类别的引文数量最多。李卓等（2019）将图书被引动机分为使用、比较和背景引用三类，发现"使用"动机占比最大，且与引用位置显著相关。

通过以上研究可以看出，由于引文动机的复杂性、引文功能的多样性，不同的学者在研究中采用的分类标准不同、判断规则不同，目前的分类标准多是基于研究者个人的研究目的而定，缺乏统一的认识和理解，王文娟等（2016）在引文分类的研究综述中也提到，目前没有统一的标准对引文进行分类，中文引文文本分析文献较少。为了方便人工标注以及构建具有良好性能的机器学习模型，引文功能和重要性分类体系总体呈现出类别简化的趋势，对引文的重要性进行自动化分类得到了越来越多的关注。为了对数据进行标注，可以通过分析引文内容，按照设定的分类体系进行人工判断或者运用问卷调查法直接挖掘作者的引用动机，但这需要耗费大量的时间和精力，因此目前已标注的数据集还较少且规模很小，多属于计算语言学领域。此外，引用行为在不同的主题和领域中有所不同，但总体呈现出类别分布不均衡，大部分引文属于不重要的或中性类别，作者在引用被引文献时更多的是对引用工作进行中性描述等现象。

2.2 数据来源及预处理

2.2.1 数据来源

本章使用两个不同特征的数据集进行引文重要性分类实验，包括有标签数据和无标签数据。

第一个数据集来自 ACL 选集，为 Valenzuela 等（2015）所标注的数据集。具体来说，该数据集共包括 465 对施引文献—被引文献对，根据引文功能被人工标注为"相关工作（related work）""对比（comparison）""使用（using the work）"和"扩展（extending the work）。为了进行引文重要性分类，本章将"相关工作"和"对比"归为不重要类，标记为 0；将"使用"和"扩展"归为重要类，标记为 1。在收集并预处理全文本信息之后（请参阅下一节），将一些缺失数据删除。最终，共收集到 456 个已标注施引文献—被引文献对，其中被标记为"重要类"标签的为 67 对，约占该标注数据的 14.7%（详见表 2.1）。

表 2.1　Valenzuela 等（2015）已标注数据集

标签	原始引文标签	合并后类型	样本数（占比）
0	相关工作（0） 对比（1）	不重要	389（85.3%）
1	使用（2） 扩展（3）	重要	67（14.7%）

第二个数据集来自 Zhu 等（2015）收集的作者标注数据集，他们认为施引文献的作者是评估一篇参考文献是否对其有重要影响的最佳人选。因此，他们邀请了一些研究人员进行问卷调查，列出其所写的文章名以及对应的其认为最重要（most essential）的参考文献。最终有 40 位研究人员贡献了超过 100 篇文章，其中约有 1/2 的回答者来自美国和加拿大，1/3 来自计算机科学领域。其他作者的学科背景还包括生物物理学、化学、生态学、遗传学、地球物理学、数学、物理学、信号处理学和翻译学等。因此，该数据集为一个混合学科数据集。为了进行引文重要性分类，本章将作者标注为"mostessential"的参考文献归为重要类，标记为 1；其余则归为不重要类，标记为 0。在收集到全文本信息并进行预处理后，共收集到

2685 个已标注施引文献—被引文献，其中被标记为"重要类"标签的为 311 对，约占该标注数据的 11.6%（见表 2.2）。可以看到，该数据集相对于第一个数据集更加不平衡。

表 2.2　Zhu 等（2015）已标注数据集

标签	原始引文标签	重定义后类型	样本数（占比）
0	Non-essential reference	不重要	2374（88.4%）
1	Essential reference	重要	311（11.6%）

2.2.2　数据预处理

为了构建目标数据集及提取相关特征，本章的数据预处理过程包括如下几个步骤，图 2.1 展示了数据预处理流程。

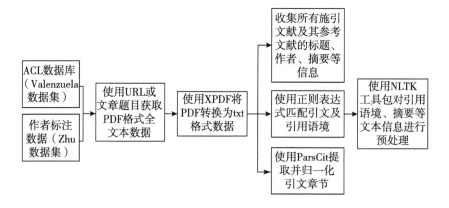

图 2.1　数据预处理流程

（1）针对第一个数据集，应用文章的 URL（如 www. aclweb. org/anthology/A00 - 1019）从 ACL 数据库（http：//www. aclweb. org/anthology）中获取施引文献的 PDF 格式数据；针对第二个数据集，则通过作者提供的文章题目或 URL 下载 PDF 格式数据。通过文本转换工具 XPDF（http：//xpdfreader. com）将 PDF 格式文件转换为文本格式，对转换后的文本进行规范化处理，包括删除文本中的换行符、将连续的空格合并等。

（2）应用 ParsCit 工具（Councill et al.，2008）解析包含全文本信息的文本格式数据，提取施引文献的标题、作者、摘要以及所有参考文献的题目。应用学术搜索引擎搜集所有参考文献的摘要、作者等信息，并将前述施引文献的缺失数据补齐。将参考文献中的书籍、非英文文章以及没有摘要的文章删除后，针对第一个数据集和第二个数据集的施引文献分别得到 4589 篇和 2579 篇不同的参考文献。表 2.3 列出了去重后的施引文献、有标签被引文献、参考文献以及无标签施引文献—被引文献对的统计数据。可以看到，Valenzuela 数据集中仅有一部分为有标签数据，无标签施引文献—被引文献对有 8085 个，为了进行半监督实验，对其他无标签数据进行同样的数据收集及预处理步骤。

表 2.3　施引文献、被引文献及参考文献统计数据

数据集	去重施引文献数量	去重有标签被引文献数量	去重参考文献数量	无标签施引文献—被引文献对数量
Valenzuela 数据集	434	51	4589	8085
Zhu 数据集	112	2579	2579	0

（3）为了提取引文及引用语境信息，应用被引文献的作者和出版年份信息，构建如下正则表达式：①如果一篇论文只有一位作者，则作者的姓氏和出版年份将被直接合并在一起，如（Smith，2017）和 Smith（2017）；②当被引文献由两位作者撰写时，第一位和第二位作者的姓氏以及出版年份用于建立匹配模式，如（Smith and Brown，2017）、（Smith ＆ Brown，2017）、Smith and Brown（2017）和 Smith ＆ Brown（2017）；③如果被引文献的作者人数大于或等于 3 人，则使用第一位作者的姓氏加"et al."作为匹配规则，如（Smith et al.，2017）和 Smith et al.（2017）。之后应用莱文斯坦（Levenshtein）相似度匹配正则表达式与施引文献文本，以提取引文句及其前一句和后两句，构成引用语境信息。

（4）利用 ParsCit 工具自动识别引文锚所在的位置，提取并归一化相应章节的标题为"引言（introduction）""相关工作（related work）""方法（method）""实验（experiment）""讨论（discussion）"及"结论（conclusion）"。如果多篇被引文献有相同的引用模式，或者某位学者在同一年撰写了多篇文章，那么在匹配引用语境及其位置时可能会出现错误。因此，为了确保实验对的稳定性与准确性，本章对引用语境及其所在位置进行了人工校正。

（5）使用 NLTK（Natural Language Toolkit）工具包对所有的引用语境、摘要等文本信息进行预处理，包括去除所有的标点、数字、HTML，并进行分词、词性标注、词形还原、停用词过滤等，得到清洗后的引用语境、摘要等文本信息。

2.3　传统特征工程

为了进行引文重要性分类，本节设计面向全文本的引文重要性分类特征，首先基于前人的研究实施传统的特征工程，提取基于结构、被引次数、单独引用、作者重叠、线索词、相似度的特征。下面对各传统特征进行详细的介绍。

2.3.1　基于结构的特征

一篇文章在撰写时会遵循一定的章节结构，不同的章节阐述不同的内容，可以推断如果在方法（method）或实验（experiment）章节引用了某篇参考文献，则可能暗示施引文献使用或扩展了该参考文献（Valenzuela et al.，2015），因此，在方法或实验章节中引用的参考文献可能比在引言或相关工作章节中引用的参考文献更具参考价值，对于施引文献来说可能也更重要。此外，频繁出现在多个章节的参考文献相对于仅出现在一个章节的参考文献来说，可能对作者更加重要（Zhu et al.，2015）。该特征组共包含7个特征，分别统计相应的引文被"引言""相关工作""方法""实验""讨论"及"结论"6个章节提及的频次，以及提及该引文的章节数量。例如，一篇被引文献被施引文献引用了5次，3次出现在"相关工作"章节，2次出现在"方法"章节，则"相关工作"和"方法"特征分别为3和2，"提及引文章节数"特征为2，其余特征则为0。

2.3.2　基于被引次数的特征

学术论文的被引用次数可以在一定程度上反映其在相应领域的影响，一名科研工作者在论文的写作过程中更可能引用对自身研究领域具有较大影响的文章，因此被高引用的文章往往更容易被引用（Bornmann and Daniel，2008），这就是所谓的马太效应。文献的被引频次也可在一定程度上反映施引文献作者对被引文献的重视程度。因此，本章在 Google Scholar 上获取被引文献截至施引文献出版年份时的总被引次数，应用式（2.1）对其进行标准化。

$$F10 = \frac{TC}{Y_{\text{citing}} - Y_{\text{cited}} + 1} \qquad (2.1)$$

式中，TC 是被引文献截至施引文献出版年份时的引用总数；Y_{citing} 和 Y_{cited} 分别是施引文献和被引文献的出版年份。

2.3.3　基于单独引用的特征

如果一篇参考文献出现在一组参考文献中，那么它通常传达出与这组参考文献相同的思想，这表明其对施引文献具有同等重要性。因此，单独引用的参考文献可能比与其他参考文献共同引用时更加重要（Li et al.，2013）。该特征通过计算施引文献中被引文献被单独引用的次数占所有引用次数的比例得到，即

$$F11 = \frac{S_c}{G_c} \qquad (2.2)$$

式中，S_c 是目标被引文献被单独引用的次数；G_c 是该文献在施引文献正文中被提及的总次数。例如，对于目标被引文献来说，如果某篇施引文献的正文中共提及该目标被引文献 10 次，其中被独立提及 7 次，则此特征值为 $7 \div 10 = 0.7$。

2.3.4　基于作者重叠的特征

该特征是基于如果施引文献和被引文献有共同作者，可能代表着施引文献对被引文献的观点等进行了扩展的思想（Valenzuela et al.，2015）。本章通过将姓氏、名字和中间名的首字母组合成每个作者的标识符来识别与区分作者，同时使用杰卡德（Jaccard）相似系数来度量施引文献作者集与被引文献作者集之间的相似度，即共同作者的数量除以施引文献与被引文献作者并集数，即

$$F12 = J(Citing, Cited) = \frac{|\, Citing \cap Cited \,|}{|\, Citing \cup Cited \,|} \qquad (2.3)$$

2.3.5　基于线索词的特征

当一个作者在其撰写的文章中引用他人的作品用于不同的目的时，引文锚前后特定的词语可能暗示了引用的不同意图和重要性（Valenzuela et al.，2015；Hassan et al.，2017）。例如，"use""follow"等单词出现在引文锚之前可能预示着该施引文献使用或拓展了被引文献的某些方法等，意味着该被引文献更加重要。而出现像"however""although"等单词时，可能意味着施引文献只是对被引文献进行对比、阐述等，因此相对来说可

能更加不重要。本章使用 Hassan 等（2017）创建的线索词列表进行线索词的识别，其中包含 81 个重要线索词和 51 个不重要线索词，具体线索词列表详见附录 A。该特征组通过正则表达式匹配来统计出现在引文中的重要线索词和不重要线索词的数量。

2.3.6　基于相似度的特征

如果施引文献与被引文献之间存在高度的语义相似性，则可能表明被引文献对施引文献的影响更大。本章使用 TF-IDF（Term Frequency-Inverse Document Frequency）将引用语境与被引文献摘要进行向量化表示，然后通过余弦相似度计算被引文献摘要与施引文献引用语境之间的相似性，即

$$F15 = \cos(\boldsymbol{a}, \boldsymbol{b}) = \frac{\boldsymbol{a}^{\mathrm{T}}\boldsymbol{b}}{\| \boldsymbol{a} \| \cdot \| \boldsymbol{b} \|} \tag{2.4}$$

式中，$\boldsymbol{a}$ 和 $\boldsymbol{b}$ 分别为被引文献摘要和施引文献引用语境的 TF-IDF 向量化表示。当一篇参考文献在施引文献中被多次引用时，则计算相似性的平均值。

2.4　基于产生式模型的特征工程

2.4.1　产生式模型概述

在机器学习中，根据模型学习输入数据与输出数据的概率分布形式，可以分为判别式模型（discriminative model）和产生式模型（generative model）（檀婧，2019）。

对于给定的训练数据集 $T = \{(a_1, b_1), (a_2, b_2), \cdots, (a_n, b_n)\}$，$a_i \in A = R^n, b_i \in B = \{-1, 1\}$，$i = 1, 2, \cdots, N$。判别式模型主要是寻找不同类别之间的最优分类面，以反映不同类别之间数据的差异，因此对条件概率建模，根据数据直接学习条件概率分布 $P(b \mid a)$，对应的最大的 $P(b \mid a)$ 即为分类结果。常见的判别式模型包括支持向量机（SVM）、随机森林、逻辑回归、K 最近邻等。

产生式模型主要是描绘数据的分布情况，反映同类数据间的相似度，因此对观测值和目标变量间的联合概率分布 $P(a, b)$ 进行建模，由此求出条件概率分布 $P(b \mid a)$ 作为预测模型。即使用贝叶斯公式

$$P(b \mid a) = \frac{P(a, b)}{P(a)} = \frac{P(b)P(a \mid b)}{P(a)} \tag{2.5}$$

常用的产生式模型包括朴素贝叶斯、贝叶斯网络、马尔可夫随机场、

隐狄利克雷分配（LDA）主题模型等。

可以看到，判别式模型由于仅是学习条件概率，以捕捉不同类别之间的差异信息，与产生式模型相比，其建模更加简单、直接，分类边界更加灵活，但是并不能反映出训练数据本身的特性，变量之间的关系比较模糊。而产生式模型能反映各类数据的分布情况，可以学习到更多的信息，具有更强的表达能力，能反映出数据本身的特性，且学习收敛的速度更快，但需要估计的隐变量更多，学习和计算过程比较复杂。Jaakkola 和 Haussler（1999）以及 Tsuda 等（2002）通过使用产生式模型——隐马尔可夫模型（HMM）构造核函数，并将其应用到判别式模型（SVM）上，使判别式模型的性能得到了提升。因此，为了同时利用产生式模型与判别式模型的优点，本章将产生式模型与判别式模型相结合，尝试从产生式模型——引用影响模型（CIM）中提取特征，以便将其应用到判别式模型上。

2.4.2　CIM 简介

本小节将对 CIM 以及基于 CIM 的特征提取算法进行介绍。

为了提取基于产生式模型的特征，本章应用的产生式模型为引用影响模型（Dietz et al.，2007；Xu et al.，2019），该模型是基于一阶马尔可夫假设，即施引文献仅被其直接引用的参考文献所影响。这样，引用链接网络便可以转换为二分图，其中具有传入引用链接的出版物充当左节点，具有传出引用链接的出版物充当右节点。原始引文链接网络中同时具有传出和传入链接的节点在转换后的二分图中同时转换为左、右节点。该模型结合了主题创新与主题继承，施引文献的单词主题可以从被引文献的主题中提取以代表主题继承，或者从自己的主题中提取以代表主题创新。

CIM 的概率图模型表示如图 2.2 所示。其中，M 和 $\tilde{M}$ 分别是施引文献和被引文献的数量；N_m 和 $\tilde{N}_{\tilde{m}}$ 分别是施引文献 m 和被引文献 $\tilde{m}$ 的文档长度；K 是主题数量；$\vec{\varphi}_k$ 是特定于主题 k 的词汇多项式分布；$\vec{\vartheta}_m$ 和 $\vec{\tilde{\vartheta}}_{\tilde{m}}$ 分别是特定于施引文献 m 和被引文献 $\tilde{m}$ 的主题多项式分布；$z_{m,n}$ 是分配给施引文献 m 中单词 $w_{m,n}$ 的主题标签，$z_{m,n}$ 需要根据状态变量 $s_{m,n}$ 从 $\vec{\vartheta}_m$ 或 $\vec{\vartheta}_{\tilde{m}}$ 中采样；$\vec{\lambda}_m$ 是特定于施引文献 m 的状态伯努利分布，控制状态变量 $s_{m,n}$；$\vec{\psi}_m$ 是特定于施引文献 m 的参考文献多项式分布；$c_{m,n}$ 是分配给施引文献 m 中单词 $w_{m,n}$ 的被引文献标签；$\tilde{z}_{\tilde{m},\tilde{n}}$ 是分配给被引文献 $\tilde{m}$ 中单词 $\tilde{w}_{\tilde{m},\tilde{n}}$ 的主题标签；δ_m，$\vec{\alpha}$，

$\vec{\beta}$ 和 $\vec{\mu}$ 是超参数。

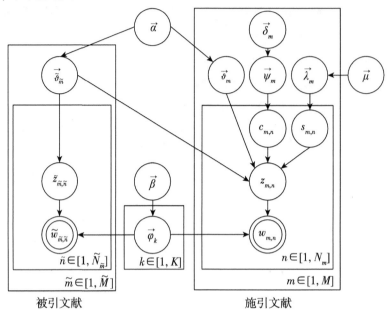

图 2.2　CIM 的概率图模型表示

对于很多贝叶斯模型来说，无法对此模型进行精确的后验推断。最初 Dietz 等（2007）采用吉布斯采样［一种马尔可夫链蒙特卡洛（MCMC）的特例］进行近似后验推断，但得到了不正确的后验分布，后来 Xu 等（2019）重新推导了后验分布，因此本章采用该方法进行后验推断。此外，可以看到 CIM 并不强制施引文献中的单词必须来自其参考文献，但施引文献中的单词主题是从参考文献的主题组合或其自身的主题组合中抽取的。但是，该模型并未考虑施引文献中参考文献的不同重要性，因此在下文中将设计特征提取算法来优化此问题。

2.4.3　基于 CIM 的特征提取算法

为了实施基于 CIM 的特征提取算法，将施引文献及其参考文献的标题、摘要及引用关系等信息输入 CIM 中。由于 CIM 中 $\vec{\psi}_m$ 表示施引文献 m 的参考文献的多项式分布（见图2.2），因此可提取其作为一个特征来表征不同的参考文献对施引文献的重要程度。由于 $\vec{\vartheta}_m$ 和 $\vec{\vartheta}_{\widetilde{m}}$ 分别表示特定于施引文献 m 和被引文献 $\widetilde{m}$ 的主题多项式分布，因此可以计算 $\vec{\vartheta}_m$ 和 $\vec{\vartheta}_{\widetilde{m}}$ 之间的对称 KL（Kullback-Leibler）散度（Kullback and Leibler, 1951），以此作为另一个特征来代表施引文献和被引文献主题空间的相似度，由此提取两个基于产生式模型的特征加入指标体系中（见表2.4中的 $G1$）。

表2.4　引文重要性分类特征体系

特征组			特征描述
$G1$	基于产生式模型（CIM）的特征	$F1$	CIM 中参考文献的多项式分布，以此表征不同的参考文献对施引文献的重要程度
		$F2$	CIM 中表征施引文献和被引文献主题的多项式分布之间的对称 KL 散度
$G2$	结构特征	$F3$	提及相应引文的章节数量
		$F4$	出现在"引言"章节的次数
		$F5$	出现在"相关工作"章节的次数
		$F6$	出现在"方法"章节的次数
		$F7$	出现在"实验"章节的次数
		$F8$	出现在"讨论"章节的次数
		$F9$	出现在"结论"章节的次数
$G3$	被引次数特征	$F10$	截至施引文献出版年份时被引文献的平均被引次数
$G4$	单独引用特征	$F11$	被引文献被单独引用次数占所有引用次数的比例
$G5$	作者重叠特征	$F12$	施引文献作者集和被引文献作者集之间的杰卡德相似系数
$G6$	线索词特征	$F13$	引文中出现的重要线索词个数
		$F14$	引文中出现的不重要线索词个数
$G7$	相似度特征	$F15$	施引文献引用语境与被引文献摘要之间的余弦相似度

在实践中为了简化算法，通常假设对称的 Dirichlet 先验，即 $\vec{\delta}_m$ 中所有元素有相同的值，也就是说此参数设置暗含着一个假设：所有参考文献对于施引文献有着相同的重要程度。为了克服这个限制，狄利克雷（Dirichlet）先验（$\vec{\delta}_m$）并未通过狄利克雷多项式/波利亚（Pólya）分布的定点迭代进行优化，而是通过产生式模型和判别式模型的替代优化算法进行学习，算法 1 展示了该学习算法。在该算法下可以通过引文重要性分类对参数优化进行监督。

算法 1 学习狄利克雷先验 $\vec{\delta}_m$ 算法

Precondition：$niters$ 是迭代次数；

Precondition：τ 是用户预设的阈值；

1：计算其他传统特征（表 2.4 中 $G2 \sim G6$）；

2：$i \leftarrow 0$ ；

3：$\delta_{m,l}^i \leftarrow 0.01$ for $\forall m$ ，$\forall l$ ；

4：　　**for** $i \leftarrow 1$ to $niters$ **do**

5：　　　使用收缩型吉布斯采样（collapsed Gibbs sampling）进行后验推断直至收敛；

6：　　　计算基于 CIM 的两个特征；

7：　　　使用分类器（如 SVM、RF 等）估计施引文献 m 的参考文献 l 属于重要类别的概率 $p_{m,l}$ ；

8：　　　$\delta_{m,l}^i \leftarrow p_{m,l}$

9：　　　**if** $\sum_m \| \vec{\delta}_m^i - \vec{\delta}_m^{i-1} \| \leqslant \tau$ 　　**then**//所有估计概率变化很小

10：　　　　　break；//停止迭代

11：　　　　**end if**

12：**end for**

2.5 特征分析

2.5.1 描述性统计

基于传统特征工程和产生式模型的特征工程，本章构建的引文重要性分类特征体系共包含七组特征（$G1 \sim G7$），表 2.4 列出了各特征及其描述。首先基于前人的研究实施传统的特征工程，提取基于结构（$G2$）、被引次数（$G3$）、单独引用（$G4$）、作者重叠（$G5$）、线索词（$G6$）、相似度（$G7$）的特征。基于 CIM 设计特征提取算法，提取 CIM 中的参考文献多项式分布，以此表征不同的参考文献对施引文献的重要程度（$F1$），并提取 CIM 中表征施引文献和被引文献主题多项式分布之间的对称 KL 散度（$F2$），以此代表施引文献和被引文献主题空间的相似度，由此提取两个基于产生式模型的特征加入特征体系（$G1$）中。

在对各特征进行汇总的基础上，本节对 Valenzuela 数据集和 Zhu 数据集的各特征情况进行描述性统计。表 2.5 列出了 Valenzuela 数据集、Valenzuela 有标签数据和无标签数据、Zhu 数据集中各特征的平均值。在 Valenzuela 数据集（包括有标签数据和无标签数据）中，共收到引用次数 11120 次，其中单独引用的平均比例为 0.6236，平均出现在 1.2826 个章节，重要线索词个数平均出现 1.1396 次，不重要线索词个数平均出现 0.2740 次，作者重叠的平均杰卡德相似度为 0.0497，施引文献引文和被引文献摘要的平均余弦相似度为 0.1259。在有标签数据中，被引文献平均被引次数为 45.1436 次。在 Zhu 数据集中，共收到引用次数 4480 次，其中单独引用的平均比例为 0.5703，平均出现在 1.2786 个章节，重要线索词个数平均出现 0.9650 次，不重要线索词个数平均出现 0.3553 次，作者重叠的平均杰卡德相似度为 0.0401，施引文献引文和被引文献摘要的平均余弦相似度为 0.1278，被引文献平均被引次数为 27.9703 次。由此可以看到，在各数据集中，作者重叠的平均杰卡德相似度较小，大部分文献对之间的作者重叠情况较少，也就是说，施引文献的作者大部分引用其他学者的文章，较少对自己的文章进行引用，这也与前文基于作者重叠的特征思想以及大部分的引文为不重要的实际相吻合，如果出现了作者重叠的情况，则可能代表着施引文献对被引文献的观点等进行了扩展，即被引文献对施引文献更加重要。

表2.5　各特征的平均值

特征	Valenzuela 数据集	Valenzuela 有标签数据	Valenzuela 无标签数据	Zhu 数据集
$F1$	0.0245	0.0355	0.0239	0.0242
$F2$	0.9908	0.9740	0.9918	1.6885
$F3$	1.2826	1.3311	1.2799	1.2786
$F4$	0.3587	0.3333	0.3602	0.5337
$F5$	0.3635	0.3070	0.3667	0.3020
$F6$	0.4922	0.6490	0.4836	0.3542
$F7$	0.2799	0.3004	0.2788	0.2283
$F8$	0.0508	0.0614	0.0502	0.1832
$F9$	0.0320	0.0439	0.0313	0.0670
$F10$	—	45.1436	—	27.9703
$F11$	0.6236	0.7278	0.6177	0.5703
$F12$	0.0497	0.0255	0.0511	0.0401
$F13$	1.1396	1.1689	1.1379	0.9650
$F14$	0.2740	0.2456	0.2756	0.3553
$F15$	0.1259	0.0966	0.1276	0.1278

　　图2.3和图2.4分别为 Valenzuela 有标签数据、无标签数据提及相应引文的章节数量概率分布和 Zhu 数据集提及相应引文的章节数量概率分布。从图中可以看到，在各数据集中，提及相应引文的章节数量概率分布大致相同，大部分的引文只出现在 1~2 个章节，分别占到 92.32%、94.69% 和 94.57%。说明作者在撰写文章时大部分只在 1~2 个章节对被引文献进行引用，可以推断当一篇被引文献反复出现在多个章节时，可能预示着该被引文献对于施引文献更加重要。

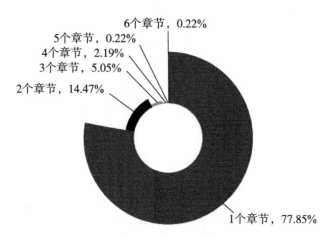

6个章节，0.22%
5个章节，0.22%
4个章节，2.19%
3个章节，5.05%
2个章节，14.47%
1个章节，77.85%

(a) Valenzuela有标签数据提及相应引文的章节数量概率分布

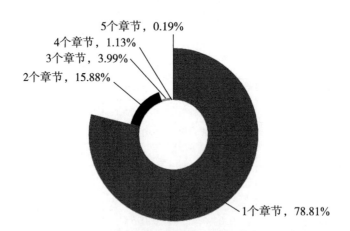

5个章节，0.19%
4个章节，1.13%
3个章节，3.99%
2个章节，15.88%
1个章节，78.81%

(b) Valenzuela无标签数据提及相应引文的章节数量概率分布

图2.3　Valenzuela 有标签数据、无标签数据提及相应引文的
章节数量概率分布

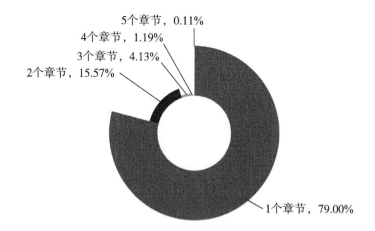

5个章节，0.11%
4个章节，1.19%
3个章节，4.13%
2个章节，15.57%
1个章节，79.00%

图2.4 Zhu 数据集提及相应引文的章节数量概率分布

图2.5和图2.6分别展示了 Valenzuela 有标签数据、无标签数据引文出现在各章节概率分布和 Zhu 数据集引文出现在各章节概率分布。从图中可以看到，在各数据集中，大部分引文出现在"引言"和"相关工作"章节，其次是"方法"和"实验"章节，出现在"讨论"和"结论"章节的引文较少。与数据集中大部分引文为不重要的事实以及前文在"方法"或"实验"章节中引用的参考文献可能比在"引言"或"相关工作"章节中引用的参考文献更具参考价值的推断相符合。

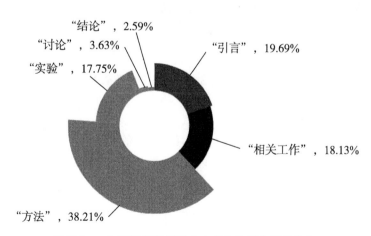

"结论"，2.59%
"讨论"，3.63%
"实验"，17.75%
"引言"，19.69%
"相关工作"，18.13%
"方法"，38.21%

(a) Valenzuela有标签数据引文出现在各章节概率分布

图2.5 Valenzuela 有标签数据、无标签数据引文出现在各章节概率分布

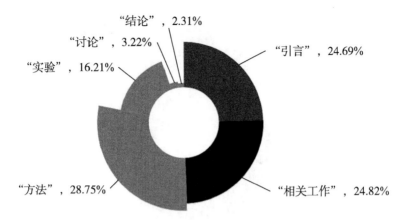

(b) Valenzuela无标签数据引文出现在各章节概率分布

图 2.5   Valenzuela 有标签数据、无标签数据引文出现在各章节概率分布（续）

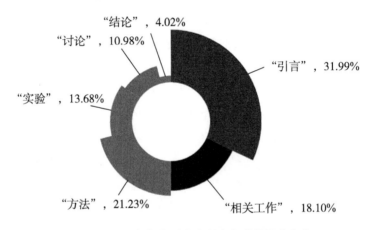

图 2.6   Zhu 数据集引文出现在各章节概率分布

2.5.2   相关性分析

图 2.7、图 2.8 和图 2.9（另见彩图 2.7～彩图 2.9）分别为 Valenzuela 有标签数据、Valenzuela 无标签数据和 Zhu 数据集中各特征的相关系数热力图。从图中可以看到，在 Valenzuela 有标签数据中，"提及相应引文的章节数量"（$F3$）与"重要线索词个数"（$F13$）和"不重要线索词个数"（$F14$）的相关系数最大，分别为 0.63 和 0.51，为中等程度相关，其他特征之间的相关系数均小于 0.50，基本不存在线性相关关系。在 Valenzuela 无标签数据中，"提及相应引文的章节数量"（$F3$）与"重要线索词个数"（$F13$）的相关系数最高，为 0.50，其他特征之间的相关系数均小于 0.50。

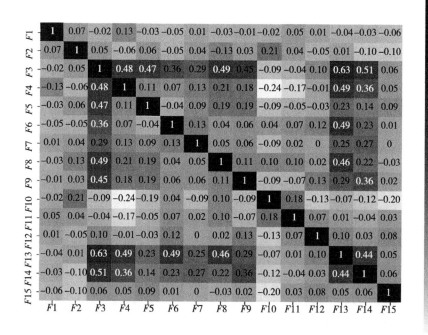

图 2.7　Valenzuela 有标签数据相关系数热力图

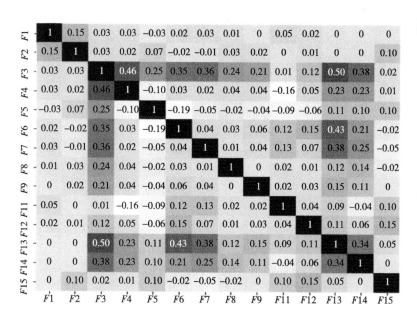

图 2.8　Valenzuela 无标签数据相关系数热力图

在 Zhu 数据集中，所有特征之间的相关系数均小于 0.50，基本不存在线性相关关系，同样"提及相应引文的章节数量"（$F3$）与"重要线索词个数"（$F13$）之间的相关系数最高，但也仅为 0.46。这一结论符合客观事实，一般而言，"提及相应引文的章节数量"越多，"（不）重要线索词个数"出现的概率可能就越大。这从另一方面也说明了在解决这样的问题时，无法使用线性回归等传统的回归模型，而应该用适用范围更广的二分类模型，如 SVM、RF 等，这些模型不需要验证自变量是否存在多重共线性，可以用超平面等去划分类别空间，更符合对引文重要性分类任务的要求。

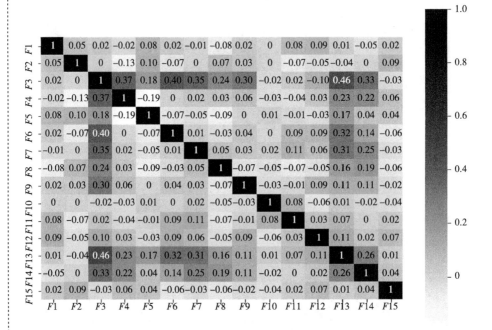

图 2.9　Zhu 数据集相关系数热力图

2.6　本章小结

本章实施了面向全文本的引文重要性分类特征工程。首先，对数据来源及预处理过程进行阐述，第一个数据集来自 ACL 选集，为 Valenzuela 等所标注的数据集，在经过数据预处理等过程后，共收集到 456 个有标签施引文献—被引文献对，以及 8085 个无标签数据对。第二个数据集来自 Zhu 等收集的作者标注数据集，该数据集混合了多个学科，经过数据预处理后，共收集到2685个有标签施引文献—被引文献对。

其次，基于前人的研究实施传统的特征工程，提取了基于结构、被引次数、单独引用、作者重叠、线索词、相似度的特征。基于产生式模型（CIM）设计特征提取算法，提取CIM中的参考文献多项式分布，以此表征不同的参考文献对施引文献的重要程度，并提取CIM中表征施引文献和被引文献主题多项式分布之间的对称KL散度，以此代表施引文献和被引文献主题空间的相似度，由此提取两个基于产生式模型的特征加入特征体系中。

最后，对Valenzuela数据集和Zhu数据集各特征情况进行了描述性统计，发现大部分文献对之间的作者重叠情况较少，作者在撰写文章时大部分只在1~2个章节中对被引文献进行引用，且大部分引文出现在"引言"和"相关工作"章节，与提取特征时的推断相符合。此外，各特征之间的相关系数表明，各数据集中的大部分特征之间基本不存在线性相关关系，仅有Valenzuela有标签数据中"提及相应引文的章节数量"与"重要线索词个数"和"不重要线索词个数"之间的相关系数相对较大，因此推断本书应使用适用范围更广的二分类模型，为下文的分类实验提供了基础。

本章参考文献

［1］崔红．我国科技人员引文动机聚类分析［J］．情报杂志，1998（2）：68-70．

［2］窦煦．基于无监督域适应分类的引文情感分析［D］．北京：北京交通大学，2018．

［3］李卓，赵梦圆，柳嘉昊，等．基于引文内容的图书被引动机研究［J］．图书与情报，2019（3）：96-104．

［4］刘宇，李武．引文评价合法性研究：基于引文功能和引用动机研究的综合考察［J］．南京大学学报（哲学·人文科学·社会科学版），2013，50（6）：137-148，157．

［5］陆伟，孟睿，刘兴帮．面向引用关系的引文内容标注框架研究［J］．中国图书馆学报，2014，40（6）：93-104．

［6］马凤，武夷山．关于论文引用动机的问卷调查研究：以中国期刊研究界和情报学界为例［J］．情报杂志，2009，28（6）：9-14，8．

［7］邱均平，陈晓宇，何文静．科研人员论文引用动机及相互影响关系研究［J］．图书情报工作，2015，59（9）：36-44．

［8］檀婧．基于深度学习的生成式模型研究［D］．北京：北京邮电大学，2019．

［9］王文娟，马建霞，陈春，等．引文文本分类与实现方法研究综述［J］．图书情报工作，2016，60（6）：118-127．

［10］尹莉，郭璐，李旭芬．基于引用功能和引用极性的一个引用分类模型研究［J］．情报杂志，2018，37（7）：139-145．

［11］ABU-JBARA A, EZRA J, RADEV D. Purpose and Polarity of Citation：Towards NLP-Based Bibliometrics［C］//Proceedings of the 2013 Conference of the North American Chapter of the Association for Computational Linguistics：Human Language Technologies，2013：596-606．

［12］BERGSTROM C. Eigenfactor：Measuring the value and prestige of scholarly journals［J］．College & Research Libraries News，2007，68（5）：314-316．

[13] BORNMANN L, DANIEL H D. What do citation counts measure? A review of studies on citing behavior [J]. Journal of Documentation, 2008, 64 (1): 45 – 80.

[14] CETINA K K. Merton's sociology of science: The first and the last sociology of science? [J]. Contemporary Sociology-A Journal of Reviews, 1991, 20 (4): 522 – 526.

[15] CHUBIN D E, MOITRA S D. Content analysis of references: Adjunct or alternative to citation counting? [J]. Social Studies of Science, 1975, 5 (4): 423 – 441.

[16] COUNCILL I G, GILES C L, KAN M Y. ParsCit: An Open-source CRF Reference String Parsing Package [C] //LREC, 2008, 8: 661 – 667.

[17] DIETZ L, BICKEL S, SCHEFFER T. Unsupervised Prediction of Citation Influences [C] //Proceedings of the 24th International Conference on Machine Learning, ACM, 2007: 233 – 240.

[18] DONG C L, SCHÄFER U. Ensemble-style Self-training on Citation Classification [C] //Proceedings of 5th International Joint Conference on Natural Language Processing, 2011: 623 – 631.

[19] FIALA D. Bibliometric analysis of citeSeer data for countries [J]. Information Processing & Management, 2012, 48 (2): 242 – 253.

[20] FINNEY B. The Reference Characteristics of Scientific Texts [D]. London: City University, 1979.

[21] GARFIELD E. Can Citation Indexing be Automated [C] //Statistical Association Methods for Mechanized Documentation, Symposium Proceedings, Washington: National Bureau of Standards, Miscellaneous Publication 269, 1965, 269: 189 – 192.

[22] GARZONE M, MERCER R E. Towards an Automated Citation Classifier [C] // Proceedings of the 13th Biennial Conference of the Canadian Society on Computational Studies of Intelligence: Advances in Artificial Intelligence, Montreal: Lecture Notes in Computer Science, LNAI 1822, 2000: 337 – 346.

[23] GUERRERO-BOTE V P, MOYA-ANEGÓN F. A further step forward in measuring journals' scientific prestige: The SJR2 indicator [J]. Journal

of Informetrics, 2012, 6 (4): 674 –688.

[24] HASSAN S U, AKRAM A, HADDAWY P. Identifying Important Citations Using Contextual Information from Full Text [C] //2017 ACM/IEEE Joint Conference on Digital Libraries (JCDL), IEEE, 2017: 1 –8.

[25] HASSAN S U, IMRAN M, IQBAL S, et al. Deep context of citations using machine-learning models in scholarly full-text articles [J]. Scientometrics, 2018a, 117 (3): 1645 –1662.

[26] HASSAN S U, SAFDER I, AKRAM A, et al. A novel machine-learning approach to measuring scientific knowledge flows using citation context analysis [J]. Scientometrics, 2018b, 116 (2): 973 –996.

[27] HIRSCH J E. An index to quantify an individual's scientific research output [J]. Proceedings of the National Academy of Sciences, 2005, 102 (46): 16569 –16572.

[28] JAAKKOLA T, HAUSSLER D. Exploiting Generative Models in Discriminative Classifiers [C] //Advances in Neural Information Processing Systems, 1999: 487 –493.

[29] KULLBACK S, LEIBLER R A. On information and sufficiency [J]. The Annals of Mathematical Statistics, 1951, 22: 79 –86.

[30] LI X, HE Y F, MEYERS A, et al. Towards Fine-grained Citation function Classification [C] //Proceedings of the International Conference Recent Advances in Natural Language Processing RANLP, 2013: 402 –407.

[31] LIN C S. An analysis of citation functions in the humanities and social sciences research from the perspective of problematic citation analysis assumptions [J]. Scientometrics, 2018, 116 (2): 797 –813.

[32] MORAVCSIK M J, MURUGESAN P. Some results on the function and quality of citations [J]. Social Studies of Science, 1975, 5 (1): 86 –92.

[33] QAYYUM F, AFZAL M T. Identification of important citations by exploiting research articles' metadata and cue-terms from content [J]. Scientometrics, 2019, 118 (1): 21 –43.

[34] RADOULOV R. Exploring Automatic Citation Classification [D]. Waterloo: University of Waterloo, 2008.

[35] TEUFEL S, SIDDHARTHAN A, TIDHAR D. Automatic Classification of

Citation Function ［C］//Proceedings of the 2006 Conference on Empirical Methods in Natural Language Processing, Association for Computational Linguistics, 2006: 103 – 110.

［36］ TSUDA K, KAWANABE M, RÄTSCH G, et al. A New Discriminative Kernel from Probabilistic Models ［C］//Advances in Neural Information Processing Systems, 2002: 977 – 984.

［37］ VALENZUELA M, HA V, ETZIONI O. Identifying Meaningful Citations ［C］//Workshops at the Twenty-ninth AAAI Conference on Artificial Intelligence, 2015.

［38］ WANG M, ZHANG J, JIAO S, et al. Important citation identification by exploiting the syntactic and contextual information of citations ［J］. Scientometrics, 2020, 125 (3): 2109 – 2129.

［39］ XU S, HAO L, AN X, et al. Emerging research topics detection with multiple machine learning models ［J］. Journal of Informetrics, 2019, 13 (4): 100983.

［40］ ZHU X, TURNEY P, LEMIRE D, et al. Measuring academic influence: Not all citations are equal ［J］. Journal of the Association for Information Science and Technology, 2015, 66 (2): 408 – 420.

第3章 基于机器学习方法的引文重要性分类研究

目前存在的"唯论文、唯职称、唯学历、唯奖项"的科研学术成果评价方式，会导致学术研究的短期化、功利化。为了增加自己发表文章的数量，一些学者会发表一些低质量的论文，或者依靠某些手段增加自己发表文章的被引次数，以此提升自身的学术影响力，长此以往不仅会阻碍科学研究的发展，也不利于学术资源的公平分配和人才的公平评价。因此，对学术成果的评价不能只考虑其数量等单一指标，需要把其对他人的具体影响和贡献体现出来，这样才能更好地体现知识的流动，更加客观地评估学术成果。可见，对引文的重要性进行分类对于科学评估被引文献的影响起着至关重要的作用。

根据训练学习过程中是否使用有标签数据，可以将机器学习算法分为监督学习、半监督学习以及无监督学习。监督学习（supervised learning）是指应用有标签数据来训练模型，从而使模型产生推断功能，使其能正确地预测出新的未知样本标签（徐洪学等，2020）。由于需要耗费大量的时间、精力对有标签数据进行人工标注，导致其较难获取且数量较少，而随着计算机技术的快速发展，大量的无标签数据更易获得，如何充分利用无标签数据改善学习性能促使半监督学习在机器学习算法的研究中受到关注。学者们也相继提出了很多半监督学习算法，如协同训练（co-training）、半监督支持向量机（S^3VC）、自训练（self-training）等，这些算法在实践中已被验证可有效地提高模型的性能。半监督学习（semi-supervised learning）在模型训练中同时应用有标签数据和大量的无标签数据，学习器的建立是基于数据分布上的模型假设，从而对无标签样本进行预测，利用无标签数据来辅助机器学习模型进行学习，以提高模型的学习性能，增强学习系统的泛化能力（牛罡等，2011；窦煦，2018）。无监督学习（unsupervised learning）的训练数据则均是无标签数据，主要是通过对无标签数据的学习来挖掘数据的潜在规律，分析数据的隐藏结构（杨剑锋等，2019），包括关联分析、聚类问题和维度约减等，通常需要人为设定一些规则进行分类。

对引文功能、重要性等进行手工标注时，存在时间、人力等方面的问题，尤其是在面对大量的数据时，全部手工标注是不现实的。为此，本书使用机器学习方法对引文重要性进行自动分类。需要说明的是，本书使用有规则的方法进行引文重要性分类，因此无监督学习不在本书的研究范围内。

3.1　机器学习在引文自动分类中的应用

随着科技的发展，更多机器可读格式的科研文献可以获得，并且随着自然语言处理方法及机器学习方法的发展，通过提取引文中所蕴含的特征，利用机器学习模型训练分类器，可以实现引文的自动分类。

Finney（1979）开创了引文自动分类的先河，她通过将线索词特征和引文位置相结合对引文进行自动分类，但最终的实验效果并不好。Garzone 和 Mercer（2000）基于 Finney 的线索词和引用位置的思想，形成了 195 个词法匹配规则和 14 个解析规则。因此，一些学者将 Garzone 和 Mercer 的方法视为第一种完全实现引文自动分类的方法（Zhu et al.，2015）。在此之后，不同学者纷纷提取了形态各异的特征，以期更好地实现引文的自动分类，主要包括线索词特征、引用位置特征、语法特征、引用次数特征、网络特征、相似度特征等。

Radoulov（2008）修改了 Garzone 和 Mercer（2000）的框架，提取了一系列词汇特征和句法特征，用于引文的自动分类。Teufel 等（2006）通过提取 12 种功能中共 892 个线索词以及引文位置、自我引用等特征进行引用功能的自动识别。Dong 和 Schäfer（2011）整合了包括文本特征、物理特征、语法特征在内的引文特征集，并通过实验证明了语法特征的有效性。Abu-Jbara 等（2013）提取了引用语境中的 11 种词汇特征和结构特征，用于训练引文目的和引文情感的分类器，发现词汇特征和结构特征都很重要。他们还发现，在词汇特征中，与目标参考文献有直接关系的线索词（如最接近的动词、形容词、副词等）更有用；在结构特征中，引用语境中的引用数更有用。Li 等（2013）结合了包括词汇特征和语义特征在内的共 7 种特征进行引文功能的自动识别，并将这 7 种特征分为表面特征和句法特征，发现句法特征可以更好地识别引文功能。陆伟等（2014）设计了包含文献特征、引文特征、语法特征在内的共 8 种引文属性特征，以支持引文的自动化识别和分类。Xu 等（2014）则利用异构特征对引文进行分类，包括从引用语境中提取的特征（线索词特征、文本外特征）和网络特征（作者关系、文章关系、中心性），发现文本特征相比于文本外特征起着更重要的作用，而且只有在不包含文本特征时，网络特征才有用。Zhu 等（2015）评估了基于引用次数的特征、基于相似性的特征、基于引用语境的特征、基于引用位置的特征和其他特征 5 类特征，发现表现最好的特征是被引文献在施引文献正文中被提及的次数。Valenzuela 等（2015）还考虑了引文中的间接引用，并提取了直接引用和间接引用中的共 12 种特征，其对各特征进行分析后发现，表现最佳的特征是每部分的直接引用数量以及直接引用总数，表现较差的特征是 PageRank 分数、传递闭包后的总施引文章数以及摘要之间的相似性，而其中的间接引用对整体的贡献较小。Hassan 等（2017）在 Valenzuela 等（2015）的前 8 种重要特征的基础上，提出了 6 种新的特征，包括参考文献的引文总数、被引文献摘要和施引文献引文之间的相似性、丰富的线索词特征等。通过对各特征进行分析发现，表现最佳的特征是被引文献摘要和施引文献引文之间的相似性，线索词特征也表现出了较好的性能。此外，Hassan 等（2018a）将从 Teufel 等（2006）、Abu-Jbara 等（2013）、Valenzuela 等（2015）、Hassan 等（2017）4 篇文章中提取的特征整合为 64 项特征，并应用极限树（Extra-Tree）提取了前 29 项特征进行引文重要性识别，发现所提取的包含 29 项特征的模型比其他特征模型表现得更好。刘兴帮等（2016）探索了多标签分类，通过提取词汇特征、句法特征、物理特征、整体特征和其他特征来识别引文全局功能。窦煦（2018）通过提取 3-gram 和 DS 两种特征对引文极性和引文功能进行分类。Qayyum 和 Afzal（2019）认为现有研究受限于全文本内容的可获得性，因此他们只应用了 2 种基于引文内容的特征和 5 种基于元数据的特征。Wang 等（2020）则通过挖掘引文的句法特征和引用语境信息来识别重要引文。

为了实现引文功能和重要性的自动分类，各学者主要采用了监督式机器学习模型，包括判别式模型以及产生式模型：随机森林、支持向量机、决策树、K 最近邻、逻辑回归、最大熵、朴素贝叶斯、贝叶斯网络等。在这些模型中，随机森林和支持向量机相比于其他传统的机器学习模型表现出了较好的性能（Abu-Jbara et al.，2013；Valenzuela et al.，2015；Hassan et al.，2017；Hassan et al.，2018a，2018b）。除了应用传统的监督式机器学习模型，部分学者也将研究扩展到了半监督模型、无监督模型以及深度学习模型。Dong 和 Schäfer（2011）认为在许多自然语言处理任务中，需要手工标注大量的数据才能提升引文分类的效果，因此提出了集成式自我训练模型，以便在较小的数据集中也可进行引文分类的训练，其设计了半监督学习算法，选择贝叶斯网络、序列最小优化（SMO）和朴素贝叶斯作为基本的分类器，仅使用 40 个标记示例即可将 Macro-F 值提高 5%。窦煦（2018）基于无监督域适应分类，采用 SVM 和深度对抗神经网络（DANN）对引文情感和功能进行分类。Hassan 等（2018a）在 29 个显著特征上训练 SVM、朴素贝叶斯、决策树、K 最近邻（KNN）、随机森林 5 个传统的机器学习模型，而在所有 64 个特征上训练基于长短期记忆模型（LSTM）的深度学习模型，并将两者的结果进行比较。结果表明，在所有传统的机器学习模型中，随机森林表现最优，其次是 SVM，而由于较小数据规模的限制，朴素贝叶斯分类器表现最差。当减小数据规模时，深度学习模型和传统的机器学习模型的性能没有显著的差异。

由此可以看到，机器学习在引文自动分类方面已经取得了一定的研究成果。现有研究已经挖掘出大量的引用特征，包括结构特征、词汇特征、语义特征和引文特征等，各类特征均表现出一定的重要性，为了提升引文自动分类的效果，应全面分析引文的各方面特征，以构造全面的引文特征体系。而目前得到的特征均是从引文内容、引用位置等角度进行提取，尚未有特征是从产生式模型中提取的，之前有学者将产生式模型与判别式模型相结合，从 HMM 中构造核函数应用到 SVM 中，成功地提高了 SVM 的性能（Jaakkola and Haussler，1999；Tsuda et al.，2002），这也为我们的研究提供了进一步的挖掘空间——从产生式模型中挖掘特征，将产生式模型与判别式模型相结合，以期更好地实现引文的自动分类。在机器学习模型的选取方面，现有研究主要还是应用监督学习，其中支持向量机和随机森林表现出了良好的性能，而深度学习模型受限于小规模的数据集表现不佳。

本书使用有规则的机器学习方法对引文重要性进行自动分类。具体地，首先利用 Valenzuela 数据集中的有标签数据和 Zhu 数据集，应用监督学习算法支持向量机和随机森林进行引文重要性分类，然后利用 Valenzuela

数据集中的无标签数据，应用半监督自训练模型来提升学习器的性能与适应性。

3.2 监督型引文重要性分类

3.2.1 基于 SVM 的引文重要性分类

支持向量机（SVM）是由 Cortes 和 Vapnik（1995）提出的一种用于二分类的机器学习模型。其基本思想是通过对训练样本求解最佳分类超平面进行决策边界的构造，使正、负样本的间隔达到最大。SVM 有着稀疏性和稳健性的优点，其在小样本训练集上有较好的分类效果，可以保证学习器具有较强的泛化能力，并且可广泛应用于引文分类问题。因此，本书选择 SVM 作为第一个进行引文重要性分类的分类器。

根据训练数据是否线性可分，可分为线性可分支持向量机、线性不可分支持向量机和非线性支持向量机（李航，2012）。线性可分支持向量机寻找的分类超平面为几何间隔最大。即对于训练集 $T = \{(p_1, q_1),(p_2, q_2),\cdots,(p_N, q_N)\}$，其中 $p_i \in P = R^n$，$q_i \in Q = \{-1, 1\}$，$i = 1, 2, \cdots, N$，当训练数据线性可分时，求解约束最优化问题，即

$$\min_{w,b} \frac{1}{2} \parallel w \parallel^2$$

$$\text{s. t. } y_i(w \cdot p_i + b) - 1 \geqslant 0, i = 1, 2, \cdots, N \tag{3.1}$$

由此可计算得到分离超平面和分类决策函数：

$$w^* \cdot p + b^* = 0$$

$$f(x) = \text{sign}(w^* \cdot p + b^*) \tag{3.2}$$

线性不可分支持向量机通过软间隔最大化构造分类器，即引入松弛变量 $\delta_i \geqslant 0$，使目标函数变为 $\frac{1}{2} \parallel w \parallel^2 + C \sum_{i=1}^{N} \delta_i$，其中，$C > 0$，为惩罚参数，其值越大，对误分类的惩罚越大。

当训练数据完全线性不可分时，非线性支持向量机则使用核技巧和软间隔最大化构造分类器。核函数 $K(p_i, p_j) = \varphi(p_i) \cdot \varphi(p_j)$ 通过非线性变换将原始样本空间映射到高维特征空间，从而在高维特征空间中寻找最优的分离超平面，学习线性支持向量机。选取适当的惩罚参数 C 和核函数求解最优化问题，从而得到分类决策函数：

$$f(x) = \text{sign}(\sum_{i=1}^{N} \alpha_i^* y_i K(p \cdot p_i) + b^*) \tag{3.3}$$

多项式核函数、高斯核函数等是常用的核函数。本书在经过网格搜索（grid search）优化模型参数后，应用的核函数为高斯核函数，即高斯径向基函数（Radial Basis Function，RBF）分类器，其具有可实现非线性映射、超参数少、不存在数值计算困难等优点。此时，分类决策函数为

$$f(x) = \text{sign}\left(\sum_{i=1}^{N} \alpha_i^* q_i \exp\left(-\frac{\|p-z\|^2}{2\sigma^2}\right) + b^*\right) \qquad (3.4)$$

优化的参数包括惩罚参数 C，其值越大，对误分类的惩罚就越大，模型的自由度越高，越容易出现过拟合；参数 $\gamma = \dfrac{1}{2\sigma^2}$，表示单个训练样本的影响，其值越大，支持向量的影响半径越小，越容易出现过拟合。经过网格搜索优化模型参数后，本节应用的 SVM 监督学习模型参数见表 3.1。

表 3.1 SVM 监督学习模型参数

数据集	参数		
	核函数	γ	C
Valenzuela 数据集	高斯核函数（RBF）	0.125	256
Zhu 数据集	高斯核函数（RBF）	0.25	0.25

3.2.2 基于 RF 的引文重要性分类

随机森林（RF）由 Breiman（2001）提出，是一种基于多个决策树的集成学习算法。即将多个分类与回归树（CART）弱分类器聚集，采用"Bagging"（并行）方法从样本中使用 Bootstrap 随机、有放回地选择训练数据，由此构建对应的决策树基分类器。当决策树中的每个节点分裂时，在所有特征中随机选择多个特征构成特征子集，从而选择最佳分裂特征（王奕森和夏树涛，2018）。最后模型的分类结果由各基分类器分类结果的众数所决定。

由此可以看到，随机森林作为一种灵活的集成学习算法，有着众多的优点，其相对于单个决策树分类器来说具有更好的分类性能、更稳健的预测结果，有效地提升了学习器的泛化能力。此外，随机森林可以在大样本数据集以及高维特征数据上有效地运行，并且在存在缺失数据、噪声数据或不平衡数据的情况下，仍可以保持一定的稳健性。其在引文分类实验中被广泛应用，并且相对于其他传统的机器学习模型显示出了良好的性能。

因此，本书选择随机森林作为第二个进行引文重要性分类的分类器。

应用网格搜索对随机森林进行调参，主要包括两部分：一是 Bagging 框架参数，即 estimator（最大的弱学习器个数）、criterion（CART 划分时特征的评价标准）；二是决策树参数，即 max_feature（决策树划分时的最大特征数）、max_depth（最大深度）、min_sample_split（内部节点划分时要求的最小样本数）、min_sample_leaf（叶子节点要求的最小样本数）。表3.2 列出了本节应用的 RF 监督学习模型参数设置。

表3.2　RF 监督学习模型参数设置

数据集	参数					
	estimator	criterion	max_feature	max_depth	min_sample_split	min_sample_leaf
Valenzuela 数据集	70	信息熵	自动	7	5	5
Zhu 数据集	70	基尼系数	自动	13	10	10

3.2.3　实验结果分析

由第2.1节可知，本书使用的数据集均为不平衡数据，因此将模型的类别权重设置为不重要类别：重要类别 $= \dfrac{n_1}{n_0 + n_1} : \dfrac{n_0}{n_0 + n_1}$ ，n_0 和 n_1 分别为不重要类别和重要类别的样本数量。由于简单的准确率（accuracy）评价指标（即分类正确的样本数与总样本数之比）不适用于本书的不平衡数据集，因此选择接收者操作特征（Receiver Operating Characteristic，ROC）曲线和查准率—查全率（Precision-Recall，PR）曲线作为模型性能的评价指标，在正、负样本不平衡时，这两项评价指标相对于准确率来说更加有效。

对于二分类问题，根据样本的实际类别与预测类别，可以绘制出混淆矩阵，由此可以计算出：真正例（True Positive，TP）——实际为正样本，预测也为正样本的数量；假正例（False Positive，FP）——实际为负样本，预测为正样本的数量；假反例（False Negative，FN）——实际为正样本，预测为负样本的数量；真反例（True Negative，TN）——实际为负样本，预测也为负样本的数量。基于此，可以计算出各项评价指标。

ROC 曲线以假正例率（False Positive Rate，FPR）为 x 轴，以真正例率（True Positive Rate，TPR）为 y 轴，通过变化阈值，根据不同阈值的分类结果计算出相应的 FPR 值和 TPR 值，从而对应到 ROC 空间中的点，由此绘制出 ROC 曲线。其中

$$FPR = \frac{FP}{TN + FP} \tag{3.5}$$

$$TPR = \frac{TP}{TP + FN} \tag{3.6}$$

ROC 曲线越凸向左上方，即 ROC 曲线下的面积 $AUC - ROC$ 值越大，模型的分类性能越好。

PR 曲线以查全率（$Recall$）为 x 轴，以查准率（$Precision$）为 y 轴，同样根据不同阈值的分类结果计算出相应的 $Recall$ 值和 $Precision$ 值，从而对应到 PR 空间中的点，由此绘制出 PR 曲线。其中

$$Recall = \frac{TP}{TP + FN} \tag{3.7}$$

$$Precision = \frac{TP}{TP + FP} \tag{3.8}$$

PR 曲线越凸向右上方，即 PR 曲线下的面积 $AUC - PR$ 值越大，模型的分类性能越好。在数据分布极不均衡时，PR 曲线相对于 ROC 曲线更能反映模型分类的性能。

图 3.1 展示了 Valenzuela 数据集和 Zhu 数据集 5 折交叉验证下的平均 ROC 及相应曲线下的面积。图 3.2 所示为对应 5 折交叉验证下各模型多次分类结果分布的箱线图。从图中可以看到，Valenzuela 数据集下 SVM 和 RF 分类模型的 $AUC - ROC$ 分别达到了 0.9451 和 0.9830，均优于以往的研究（Abu-Jbara et al.，2013；Valenzuela et al.，2015；Hassan et al.，2017；Hassan et al.，2018a，2018b）。Zhu 数据集下 SVM 和 RF 分类模型的 AUC - ROC 值分别达到了 0.7243 和 0.9334。各模型的 5 折交叉验证 ROC 值分布均在 0.0040 以内。此外，在两个数据集下，RF 模型的性能均优于 SVM 模型。

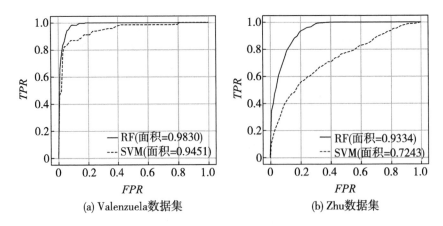

(a) Valenzuela数据集　　　　　　(b) Zhu数据集

图 3.1　Valenzuela 数据集和 Zhu 数据集下 SVM、RF 的 *ROC* 曲线

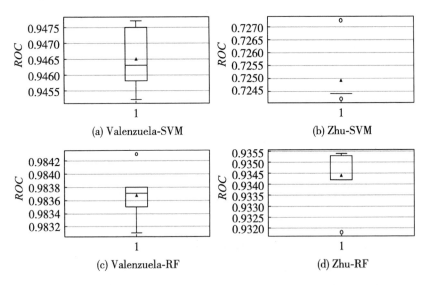

(a) Valenzuela-SVM　　　　　　(b) Zhu-SVM

(c) Valenzuela-RF　　　　　　(d) Zhu-RF

图 3.2　5 折交叉验证下 Valenzuela-SVM、Zhu-SVM、Valenzuela-RF 和
Zhu-RF 的 *ROC* 值分布

　　图 3.3 展示了 Valenzuela 数据集和 Zhu 数据集 5 折交叉验证下的平均 *PR* 曲线以及相应曲线下的面积。图 3.4 所示为对应 5 折交叉验证下各模型多次分类结果分布的箱线图。从图中可以看到，Valenzuela 数据集下 SVM 和 RF 分类模型 *PR* 曲线下的面积分别达到了 0.8058 和 0.9272，优于以往的研究（Hassan et al.，2018a，2018b）。而 Zhu 数据集下 SVM 和 RF 分类模型 *PR* 曲线下的面积仅为 0.3289 和 0.6774，效果相对较差。各模型的 5 折交叉验证 *PR* 值分布均在 0.0200 以内。与 *ROC* 曲线相同，RF 模型的性

能在两个数据集上均优于 SVM 模型。

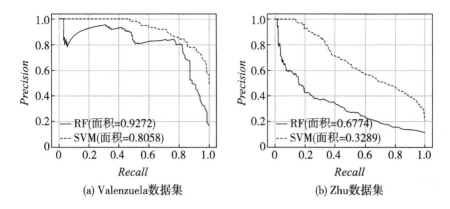

(a) Valenzuela数据集　　　　　(b) Zhu数据集

图3.3　Valenzuela 数据集和 Zhu 数据集下 SVM、RF 的 *PR* 曲线

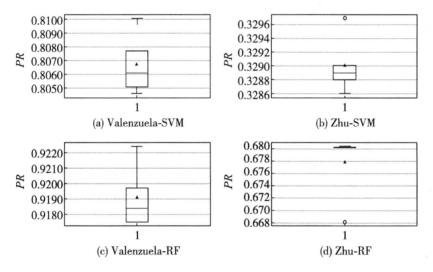

(a) Valenzuela-SVM　　　　　(b) Zhu-SVM

(c) Valenzuela-RF　　　　　(d) Zhu-RF

图3.4　5 折交叉验证下 Valenzuela-SVM、Zhu-SVM、Valenzuela-RF 和 Zhu-RF 的 *PR* 值分布

　　从图中可以看到，对于计算语言学领域的 Valenzuela 数据集来说，在本书的特征体系下，SVM 和 RF 模型的性能相对于前人的研究来说均有一定的提升，这或许可以归功于基于产生式模型——CIM 特征的提取，也就是说，将产生式模型应用到判别式模型时可以提高判别式模型的性能。而对于 Zhu 数据集来说，其混合了 10 多个学科的论文，模型效果相对较差，可能是由于重要引文的识别与所属学科领域相关，不同的学科领域在撰写文章时遵循的文章结构、语言特征等可能有所不同，而在两个数据集上应用了相同的特征体系，SVM 和 RF 模型从混合多学科领域的数据集中较难学习统一的分类模式。因此，在下文中主要基于 Valenzuela 数据集进行各项实验。

3.2.4 特征重要性对比

为了进一步评估所构建的特征体系中各特征的贡献，以及说明基于产生式模型特征组 $G1$ 的效果，使用 Valenzuela 数据集，保持结构特征组（$G2$）不变，将其他组特征分别加入判别式模型 SVM 和 RF 中，在 5 折交叉验证下观察使用不同特征组的平均 $AUC\text{-}PR$ 值和 $AUC\text{-}ROC$ 值的变化，以此对各特征贡献进行评估。对于每种特征组合，同样通过网格搜索优化模型参数。表 3.3 展示了不同特征组合下 SVM 和 RF 监督模型的 5 折交叉验证 PR、ROC 曲线下的面积，括号中为各特征组在相应评估指标下的排名，最后一列则计算了各特征组的平均排名。

表 3.3　不同特征组合下 SVM 和 RF 监督模型的平均 PR 值、ROC 值及特征组重要性排名

特征组	SVM		RF		平均排名
	PR	ROC	PR	ROC	
$G2$	0.6817（7）	0.8661（7）	0.7410（7）	0.4423（7）	7.00
$G2 + G1$	0.7079（4）	0.8943（3）	0.8850（1）	0.4883（1）	2.25
$G2 + G3$	0.7188（3）	0.8933（4）	0.7787（4）	0.4642（3）	3.5
$G2 + G4$	0.6964（5）	0.8806（6）	0.7579（6）	0.4522（5）	5.5
$G2 + G5$	0.7212（2）	0.9006（1）	0.7969（3）	0.4627（4）	2.5
$G2 + G6$	0.7415（1）	0.8887（5）	0.7757（5）	0.4521（6）	4.25
$G2 + G7$	0.6950（6）	0.8991（2）	0.8165（2）	0.4760（2）	3.00

从中可以看到，基于结构特征（$G2$）的 SVM 和 RF 监督模型分别达到了 0.6817、0.7410 的平均 $AUC\text{-}PR$ 值和 0.8661、0.4423 的平均 $AUC\text{-}ROC$ 值，表明引文出现的位置和数量为分类器提供了必要的信息。从平均排名来看，加入基于 CIM 特征（$G1$）的分类模型排名最高，RF 模型使 $AUC\text{-}PR$ 值提升到 0.8850、$AUC\text{-}ROC$ 值提升到 0.4883，SVM 模型使 $AUC\text{-}PR$ 值提升到 0.7079、$AUC\text{-}ROC$ 值提升到 0.8943。这表明基于产生式模型的特征可以显著提高重要引文识别的性能。基于作者重叠的特征（$G5$）排名第

二，提升效果次之，说明作者在撰写文章时的自引用可能表明对之前研究的扩展等，对识别重要引文有着重要作用。施引文献引用语境与被引文献摘要之间的余弦相似度（$G7$）同样展现出可观的模型效果提升作用。单独引用特征（$G4$）的提升效果相对较弱。但各特征组相对于监督模型的性能均有一定的提升，由此可以看到，本书基于全文本内容为引文重要性的自动分类提供了可靠的特征体系。

3.3 半监督型引文重要性分类

3.3.1 半监督自训练模型

自训练算法是半监督分类中的一种算法，其主要思想是通过对少量的已标记数据进行学习，训练出基分类器，使用该基分类器对未标记数据的标签进行预测，然后选取一定置信度的样本添加到已标记数据中，从而扩大已标记数据的规模。之后对新合成的有标签数据进行再次训练，重复执行该过程，直至收敛到没有满足条件的新样本为止。该算法有着简洁、高效的优点，且可以灵活地设置阈值，这也为模型的选择提供了更多的可能。因此，本节使用 Valenzuela 数据集中的少量有标签数据和大量无标签数据，采用半监督自训练算法来提升学习器的性能与适应性。

图 3.5 描述了本节采用的基于半监督自训练学习策略的重要引文识别框架。

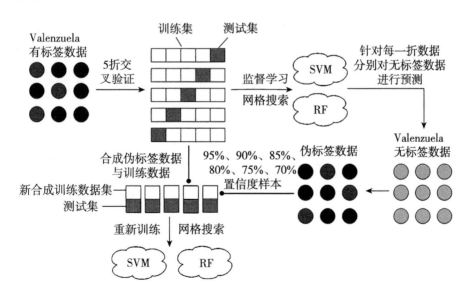

图 3.5 半监督自训练框架

首先，应用 5 折交叉验证，在 Valenzuela 有标签数据上训练监督学习模型 SVM 和 RF，分别对每一折数据的训练集进行学习，预测未标记数据的标签，分别选取 95%、90%、85%、80%、75%、70% 置信度以上的样本作为伪标签数据，重新加入训练集。对于每一折数据，在新合成的数据上对模型进行重新训练，并在测试集上对模型的性能进行评估。在每一次模型训练中，均应用网格搜索对相应的参数进行优化。

3.3.2 实验结果分析

本节应用 Valenzuela 数据集中的有标签数据和无标签数据进行半监督自训练，如第 2.1 节所述，该数据集中的有标签数据共 456 对、无标签数据共 8085 对。为了实施半监督自训练模型，对未标记数据进行特征提取，由于未标记数据较多且被引文献截至施引文献年份的被引次数较难获取，因此本节仅应用 $G1$、$G2$、$G4 \sim G7$ 的 14 个特征进行半监督模型的训练。首先对已标记数据进行监督学习，应用网格搜索优化模型参数，图 3.6 所示为 5 折交叉验证下 SVM 与 RF 监督模型的平均 ROC 曲线与平均 PR 曲线，图 3.7 所示为对应 5 折交叉验证下各模型多次分类结果分布的箱线图。从图中可以看到，SVM 和 RF 监督模型的 $AUC\text{-}ROC$ 分别为 0.9287 和 0.9798，$AUC\text{-}PR$ 分别为 0.7628 和 0.9056。与上一节全部 15 个特征下的模型效果相比，性能有微弱的下降。各模型的 5 折交叉验证 PR 值分布均在 0.0200 以内。

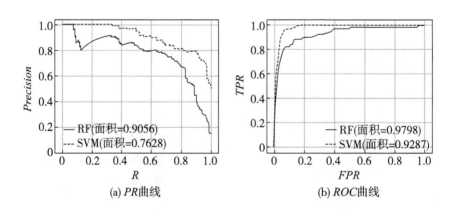

(a) PR 曲线　　　　　　　(b) ROC 曲线

图 3.6　Valenzuela 数据集 14 个特征下 SVM、RF 监督模型的
PR 曲线和 ROC 曲线

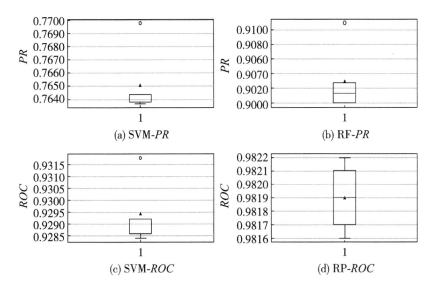

图 3.7　Valenzuela 数据集 14 个特征下 SVM、RF 监督模型 5 折
交叉验证的 *PR* 值和 *ROC* 值分布

　　基于以上 5 折数据分别对每一折数据的训练集进行学习后，预测未标记数据的标签，分别选取 95%、90%、85%、80%、75%、70% 置信度以上的样本加入训练集中，表 3.4 列出了 5 折数据在不同置信度水平下的新增样本数。之后对新合成数据重新进行训练，并应用网格搜索优化模型参数，求解测试集的 5 折平均 *PR* 曲线和 *ROC* 曲线下的面积。表 3.5 列出了不同置信度下 SVM 和 RF 半监督结果对比。从中可以看到，SVM 模型在 75% 置信度水平下 *PR* 值和 *ROC* 值达到最大，分别为 0.8102、0.9622，RF 模型在 95% 置信度水平下 *PR* 值和 *ROC* 值达到最大，分别为 0.9248、0.9841，均优于以上监督模型的结果。与上一节全部 15 个特征下 SVM 和 RF 的监督模型结果相比，SVM 的半监督自训练模型的 *PR* 值和 *ROC* 值均更优，*PR* 曲线下的面积从 0.8058 提升到了 0.8102，*ROC* 曲线下的面积从 0.9451 提升到了 0.9622。RF 的半监督自训练模型的 *ROC* 曲线下的面积从 0.9830 提升到了 0.9841，*PR* 曲线下的面积则基本持平，可能是由于 RF 模型的新增样本数相对较少，可用于学习的样本也较少，因此对模型性能提升的能力有限。但从中可以看到，本书的半监督自训练模型在一定程度上提升了监督模型的性能。图 3.8 所示为 95% 置信度水平下的 RF 模型和 75% 置信度水平下的 SVM 模型预测为重要类别的概率分布直方图。通过统计直方图中各概率区间的样本数，95% 置信度水平下的 RF 模型预测各样

本为重要类别的概率在 0.5 以上的有 1768 个，75% 置信度水平下的 SVM 模型预测各样本为重要类别的概率在 0.5 以上的有 1097 个。

表3.4 5 折数据在不同置信度水平下的新增样本数

数据折	模型	置信度（%）					
		95	90	85	80	75	70
1 折	SVM	4444	5977	6714	7067	7334	7533
	RF	1002	2406	3670	4709	5368	5909
2 折	SVM	3538	5863	6567	6999	7279	7502
	RF	944	2462	3674	4663	5387	6054
3 折	SVM	3993	5913	6649	7025	7306	7517
	RF	925	2462	3620	4624	5369	6086
4 折	SVM	4362	5940	6688	7040	7319	7521
	RF	944	2462	3674	4663	5387	6054
5 折	SVM	3411	5853	6555	6994	7271	7499
	RF	944	2462	3674	4663	5387	6054

表3.5 不同置信度下 SVM 和 RF 半监督结果对比

置信度（%）	SVM		RF	
	PR	ROC	PR	ROC
95	0.7380	0.9217	0.9248	0.9841
90	0.7290	0.9078	0.9015	0.9804
85	0.7525	0.9225	0.8811	0.9759
80	0.7545	0.9248	0.8463	0.9702
75	0.8102	0.9622	0.8331	0.9674
70	0.7522	0.9292	0.8374	0.9666

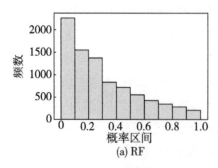
(a) RF

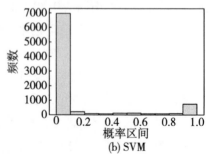
(b) SVM

图3.8 RF 和 SVM 预测为重要类别的概率分布直方图

3.3.3 特征重要性对比

为了进一步评估在半监督自训练模型下特征体系中各特征的贡献，同上一节相同，保持结构特征组（*G2*）不变，将其他特征组分别加入 75% 置信度水平下的 SVM 模型和 95% 置信度水平下的 RF 模型中，通过网格搜索分别优化模型参数，在 5 折交叉验证下观察使用不同特征组的平均 *AUC-PR* 值和 *AUC-ROC* 值的变化，并对每组特征计算平均排名，见表 3.6。从中可以看到，*G5*（作者重叠特征）和 *G1*（CIM 特征）结果的平均排名最高，表明基于作者重叠的特征和基于产生式模型的特征显示出一定的重要性，同上一节特征重要性对比实验的结果一致。

表 3.6　不同特征组合下 SVM 和 RF 半监督模型的平均 *PR* 值、*ROC* 值及特征重要性排名

特征组	SVM		RF		平均排名
	PR	*ROC*	*PR*	*ROC*	
G2	0.7600（3）	0.8906（6）	0.7903（5）	0.4743（5）	4.75
G2 + G1	0.7558（4）	0.8935（5）	0.9035（1）	0.4968（1）	2.75
G2 + G4	0.7448（5）	0.8971（4）	0.8183（2）	0.4885（3）	3.50
G2 + G5	0.9462（1）	0.9875（1）	0.8145（3）	0.4798（4）	2.25
G2 + G6	0.7822（2）	0.9065（3）	0.7065（6）	0.4604（6）	4.25
G2 + G7	0.6947（6）	0.9181（2）	0.7997（4）	0.4889（2）	3.50

3.4　本章小结

本章实施了面向全文本的引文重要性分类实验，主要分为两个部分。第一部分进行监督型引文重要性分类，基于 Valenzuela 数据集的有标签数据和 Zhu 数据集的有标签数据，应用判别式模型支持向量机（SVM）和随机森林（RF）对六组传统特征和一组基于产生式模型——CIM 的特征进行学习，将产生式模型和判别式模型相结合构建引文重要性分类器。在 5 折交叉验证下，Valenzuela 数据集的 SVM 和 RF 分类模型的 *AUC-ROC* 分别达到了 0.9451 和 0.9830，*PR* 曲线下的面积分别达到了 0.9272 和 0.8058，均优于以往的研究。而且在两个数据集下，RF 模型的性能均优于 SVM

模型。

第二部分基于 Valenzuela 数据集中的有标签数据和无标签数据进行半监督自训练模型的学习。在 5 折交叉验证监督学习的基础上预测未标记数据的标签，分别选取 95%、90%、85%、80%、75%、70% 置信度水平以上的样本加入训练集中进行重新训练。SVM 模型在 75% 置信度水平下 PR 值和 ROC 值达到最大，分别为 0.8102、0.9622，RF 模型在 95% 置信度水平下 PR 值和 ROC 值达到最大，分别为 0.9248、0.9841，均优于 14 个特征下监督模型的结果。与全部 15 个特征下 SVM 和 RF 的监督模型结果相比，SVM 的半监督自训练模型的 PR 值和 ROC 值均更优，RF 的半监督自训练模型的 ROC 曲线下的面积和 PR 曲线下的面积则基本持平。从中可以看到，本书的半监督自训练模型在一定程度上提升了监督模型的性能。

特征重要性对比实验结果显示，基于结构特征（$G2$）的监督模型（引文出现的位置和数量）为分类器提供了必要的信息。从平均的重要性排名来看，基于 CIM 的特征（$G1$）和基于作者重叠的特征（$G5$）表现出了更高的重要性，表明基于产生式模型的特征对于提升重要引文识别的性能有着重要的作用。并且各特征组相对于监督模型的性能均有一定程度的提升，由此可以看到，本书基于全文本内容为引文重要性的自动分类提供了可靠的特征体系。

本章参考文献

［1］窦煦. 基于无监督域适应分类的引文情感分析［D］. 北京：北京交通大学，2018.

［2］李航. 统计学习方法［M］. 北京：清华大学出版社，2012：95-131.

［3］刘兴帮，陆伟，孟睿. 基于多标签分类的引文全局功能识别研究［J］. 数字图书馆论坛，2016（3）：2-9.

［4］陆伟，孟睿，刘兴帮. 面向引用关系的引文内容标注框架研究［J］. 中国图书馆学报，2014，40（6）：93-104.

［5］牛罡，罗爱宝，商琳. 半监督文本分类综述［J］. 计算机科学与探索，2011，5（4）：313-323.

［6］王奕森，夏树涛. 集成学习之随机森林算法综述［J］. 信息通信技术，2018，12（1）：49-55.

［7］徐洪学，孙万有，杜英魁，等. 机器学习经典算法及其应用研究综述［J］. 电脑知识与技术，2020，16（33）：17-19.

［8］杨剑锋，乔佩蕊，李永梅，等. 机器学习分类问题及算法研究综述［J］. 统计与决策，2019，35（6）：36-40.

［9］ABU-JBARA A，EZRA J，RADEV D. Purpose and Polarity of Citation：Towards NIP-Based Bibliometrics［C］//Proceedings of the 2013 Conference of the North American Chapter of the Association for Computational Linguistics：Human Language Technologies，2013：596-606.

［10］BREIMAN L. Random forests［J］. Machine Learning，2001，45（1）：5-32.

［11］CORTES C，VAPNIK V. Support-vector networks［J］. Machine Learning，1995，20（3）：273-297.

［12］DONG C L，SCHÄFER U. Ensemble-style Self-training on Citation Classification［C］//Proceedings of 5th International Joint Conference on Natural Language Processing，2011：623-631.

［13］FINNEY B. The Reference Characteristics of Scientific Texts［D］. London：City University，1979.

［14］ GARZONE M, MERCER R E. Towards an Automated Citation Classifier Advances in Artificial Intelligence ［M］. Berlin：Springer, 2000.

［15］ HASSAN S U, AKRAM A, HADDAWY P. Identifying Important Citations Using Contextual Information from Full Text ［C］//2017 ACM/IEEE Joint Conference on Digital Libraries (JCDL), IEEE, 2017：1 – 8.

［16］ HASSAN S U, IMRAN M, IQBAL S, et al. Deep context of citations using machine-learning models in scholarly full-text articles ［J］. Scientometrics, 2018a, 117 (3)：1645 – 1662.

［17］ HASSAN S U, SAFDER I, AKRAM A, et al. A novel machine-learning approach to measuring scientific knowledge flows using citation context analysis ［J］. Scientometrics, 2018b, 116 (2)：973 – 996.

［18］ JAAKKOLA T, HAUSSLER D. Exploiting Generative Models in Discriminative Classifiers ［C］//Advances in Neural Information Processing Systems, 1999：487 – 493.

［19］ LI X, HE Y F, MEYERS A, et al. Towards Fine-grained Citation Function Classification ［C］//Proceedings of the International Conference Recent Advances in Natural Language Processing RANLP, 2013：402 – 407.

［20］ QAYYUM F, AFZAL M T. Identification of important citations by exploiting research articles' metadata and cue-terms from content ［J］. Scientometrics, 2019, 118 (1)：21 – 43.

［21］ RADOULOV R. Exploring Automatic Citation Classification ［D］. Waterloo：University of Waterloo, 2008.

［22］ TEUFEL S, SIDDHARTHAN A, TIDHAR D. Automatic Classification of Citation Function ［C］//Proceedings of the 2006 Conference on Empirical Methods in Natural Language Processing, 2006：103 – 110.

［23］ TSUDA K, KAWANABE M, RÄTSCH G, et al. A New Discriminative Kernel from Probabilistic Models ［C］//Advances in Neural Information Processing Systems, 2002：977 – 984.

［24］ VALENZUELA M, HA V, ETZIONI O. Identifying Meaningful Citations ［C］//Workshops at the Twenty-ninth AAAI Conference on Artificial Intelligence, 2015.

［25］ WANG M, ZHANG J, JIAO S, et al. Important citation identification by exploiting the syntactic and contextual information of citations ［J］. Scientometrics, 2020, 125 (3): 2109 – 2129.

［26］ XU S, SHI Q W, QIAO X D, et al. A dynamic users' interest discovery model with distributed inference algorithm ［J］. International Journal of Distributed Sensor Networks, 2014 (1): 1 – 11.

［27］ ZHU X, TURNEY P, LEMIRE D, et al. Measuring academic influence: Not all citations are equal ［J］. Journal of the Association for Information Science and Technology, 2015, 66 (2): 408 – 420.

第4章 基于引文重要性的
文献主题识别研究

学术文献是知识发展过程的累积形态，是学术成果的重要载体，被视为传播知识以及进行学术交流的重要途径，其中蕴含着大量揭示学科内容的主题信息。当前随着大数据时代的发展，学术资源共享程度逐渐提高，越来越多的计算机可读格式的学术论文全文可以被人们大规模地获取，为基于全文本内容的引文分析提供了丰富的数据基础，且随着数据挖掘、机器学习、自然语言处理技术的飞速发展，也为面向全文本的引文重要性分类提供了坚实的技术支撑。此外，面对主题多样、数量庞大的文献资源，如何通过引文把对他人的具体影响和贡献体现出来，从全文本内容中挖掘某领域的热点研究主题，探索基于引文重要性的文献主题识别方法，从而更加准确地提取文献主题，也成为亟待解决的问题。

4.1 基于引文的文献主题识别研究

主题模型从文档的隐含语义结构分析词汇之间的关系，可以得到文档在主题上的概率分布，以及主题在词项上的概率分布，从而提取出文档的主题。其思想起源于 TF-IDF 文档表示模型（Salton and McGill，1983），为了克服 TF-IDF 模型并不能揭示文档之间的统计结构的缺陷，潜在语义索引（LSI）模型（Deerwester et al.，1990）被提出，但这并不是概率生成模型。而后 Hofmann（1999）引入统计技术，提出了概率潜在语义索引（PLSI）模型。之后 Blei 等（2003）将 PLSI 贝叶斯化，得到了第一个完全的贝叶斯网络模型，即 LDA 模型，并广为流行。然而 LDA 模型的适用范围有限，其仅适合分析科技文档的内部特征，并不考虑外部特征（张晗等，2014）。因此，研究人员开始将文献外部特征引入，构造出各种满足不同需求的模型，如融合科研人员特征的 AT 模型（Rosen-Zvi et al.，2004），融合时间特征的 DTM 模型（Blei and Lafferty，2006）、ToT 模型（Wang and McCallum，2006），融合参考文献特征的 LTHM 模型（Gruber et al.，2012），以及融合多个外部特征的 ACT 模型（Tang et al.，2008）等。然而，传统的主题模型仅考虑了元数据如关键词、摘要、作者、时间等信息。随着技术的发展、全文本文献可获得性的提高，学者们意识到被引文献的引文包含更多的信息，对施引文献的主题会有一定的影响，因此部分学者尝试将引文引入主题模型中，以期更好地识别文献主题。

较早尝试在链接语料库中对文本和引文进行联合建模的模型为 PHITS（Probabilistic Hyperlink-Induced Topic Search）模型，其以类似于 PLSA 模型中单词的主题聚类方式，提出了引文的主题聚类（Cohn and Hofmann，2001）。Jo 等（2007）用引文量化文献之间的主题相似度，认为包含某个主题下的词项的文档，其引文子图密度更高。Nallapati 等（2008）将文本和引文引入主题模型框架中，提出了 Pairwise-Link-LDA 和 Link-LDA-PLSA 两种模型，其中数据被分为施引文档和被引文档两个子集，并且两个子集使用相同的全局参数进行不同的建模。之后，Kataria 等（2010）对 Nallapati 等（2008）的模型进行改进，提出了 Cite-LDA 和 Cite-PLSA-LDA 模型，对引文及其上下文的引用语境信息和文档内容进行联合建模，提升了主题识别的效果。Xia 等（2012）将引文作为先验信息引入 LDA 模型中，提出了 Plink-LDA 模型，认为在文档的生成过程中，文档的内容包含两部分：作者的想法和被引文献的知识。在建模过程中，文档及其引用均在生成主题层方面起着重要作用。相关实验表明，模型在聚类任务中的性能大大优于基本的 LDA 过程，同时还保持了文档之间的依赖性。叶春蕾和冷伏海（2013）对文献中的引文和关键词进行联合建模，提出了引文—主题概率模型（Citation-Topic Model，CTM），对"碳纳米纤维"科技文献中的主题内容进行识别，获得了主题下的关键词分布以及引文分布，通过实验表明该模型可较全面地识别科技文献的主题。张金松等（2013）利用 Labeled-LDA 模型，将引文及其上下文引入主题模型中，构建基于主题的文献引用网络。杨春艳（2015）和杨春艳等（2016）提出了一种基于语义和引用加权的文献主题识别算法，利用引用语境和关键词构建 Labeled-LDA 主题模型，使用 K-means 聚类提取文档集的主题内容。Lim 和 Buntine（2016）将文本、作者和引文网络加入主题模型中进行建模，提出了引文—网络主题模型（CNTM），并为该模型提出了一种新颖、高效的学习算法，利用狄利克雷和多项式分布的共轭性，使引文网络的采样与主题模型的吉布斯采样器具有相似的形式，从而使模型拟合和聚类任务性能得到了改进。

可以看到，目前基于引文的文献主题识别研究从将引文引入主题模型到利用引用语境信息，不断提升主题识别的效果，但均是将引文单一地引入主题模型，视不同引文具有平等的线性关系，根据前文所述，不同的引文对于施引文献有着不同的功能和重要性，大部分引文实际上是不重要的。还没有研究基于引文的重要性对文献主题进行分析，因此本书在构建包含引文的主题模型的基础上，拟基于引文重要性对文献主题的相似度进行进一步的挖掘，以分析引用链接的分配是否更倾向于重要程度更高的引文，从而为构建主题模型提供更多的参考思路，以开阔主题提取领域的研究视野，进而提高主题提取的质量。

4.2　基于引文的主题模型概述

PHITS 模型以类似于 PLSA 模型中单词的主题聚类方式，提出了引文的主题聚类（Cohn and Hofmann，2001），是较早尝试在链接语料库中对文本和引文进行联合建模的模型。Nallapati 等（2008）将 PHITS 模型贝叶斯化，提出了 Link-LDA 模型（图 4.1a），该模型假设共享相同超链接和相同单词的文档通常属于同一主题，但其生成过程过于简单，并没有明确地建立施引文献和被引文献间的主题依赖。为了克服这一限制，Nallapati 等（2008）提出了 Link-PLSA-LDA 模型（图 4.1c），该模型将数据分为施引文献集和被引文献集，对两个子集应用相同的全局参数分别进行建模，其中被引文献集的文档采用 PLSA 模型建模，施引文献集采用 Link-LDA 模型建模。该模型假设施引文献根据一个全局的主题—引文分布选择其引文，根据一个全局的词项—主题分布来生成词。之后，Kataria 等（2010）假设引用语境信息有助于提升词项与文档的主题识别效果，将引用语境定义为施引文献中引文前后一定数量的单词，并将同一被引文献的多个引用语境结合在一起，假设施引文献的作者首先选择一个主题，在撰写文档的文本时选择引用语境来描述一个引文，从而对文本内容和引文进行联合建模，提出了 Cite-LDA 模型（图 4.1b）和 Cite-PLSA-LDA 模型（图 4.1d）。其中，引用语境的生成基于词项和给定词项的引文之间的条件独立性假设，可以帮助单词和引文与文档之间建立更好的关联。此外，Cite-PLSA-LDA

模型与 Link-PLSA-LDA 模型相似，将数据分为施引文献集和被引文献集，对两个部分分别进行建模。

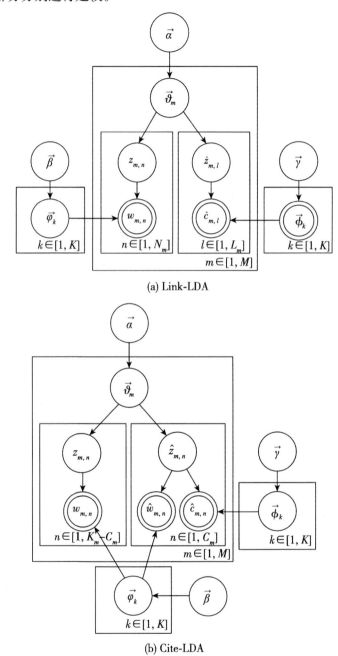

(a) Link-LDA

(b) Cite-LDA

图 4.1　Link-LDA、Cite-LDA、Link-PLSA-LDA、Cite-PLSA-LDA
模型的概率图模型表示

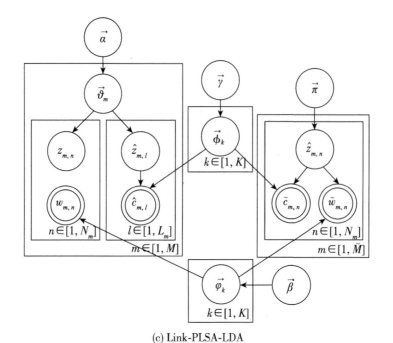

(c) Link-PLSA-LDA

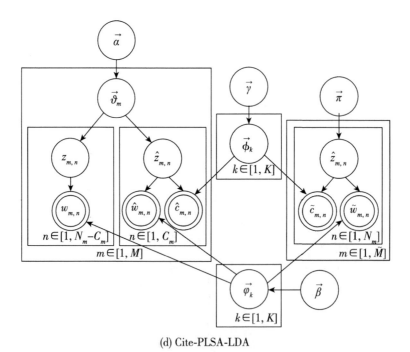

(d) Cite-PLSA-LDA

图 4. 1　Link-LDA、Cite-LDA、Link-PLSA-LDA、Cite-PLSA-LDA
模型的概率图模型表示（续）

可以看到，相较于其他模型，Cite-PLSA-LDA 模型通过对施引文献集和被引文献集分别建模，考虑被引文献的文本内容，可以更好地改进引文链接提供的信息，并且其考虑的引用语境信息中包含与所选主题相关的词项，这些词项有助于识别被引文献的主要主题；另外，引用语境中单词的主题也可以通过被引文献的主题来识别。因此，本章基于 Cite-PLSA-LDA 模型构建兼顾不同长度引文信息的主题模型，对 Valenzuela 数据集中的文献主题进行识别及对比分析。

4.3　Cite-PLSA-LDA 主题模型构建

本节对 Cite-PLSA-LDA 主题模型进行构建。Cite-PLSA-LDA 模型由 Kataria 等（2010）提出，其结合引用语境信息对文本内容和引文进行联合建模，假设施引文献的作者在撰写文章时首先选定一个主题，然后在撰写文档的文本时使用引用语境来描述引文，引用语境可以提供与施引文献主题相关的作者角度的对被引文献描述，其包含与所选主题相关的词项，这些词项有助于识别被引文献的主要主题；另外，引用语境中单词的主题也可以通过被引文献的主题来识别。其概率图模型表示如图 4.1d 所示，其中单圈圆表示隐变量，双圈圆表示可观测变量，各符号及其含义见表 4.1。

表 4.1　Cite-PLSA-LDA 模型中的各符号及其含义

符号	说明
K	主题数量
$M, \tilde{M}$	施引文献、被引文献数量
V	施引文献、被引文献中的词项数量
N_m	文档 m 中的词项数量
C_m	施引文献 m 中出现在引用语境中的词项数量
$\vec{\vartheta}_m$	施引文献 m 中的主题多项式分布
$\vec{\varphi}_k$	主题 k 中的词项多项式分布
$\vec{\phi}_k$	主题 k 中的引用多项式分布
$\vec{\pi}$	被引文献文档的主题多项式分布
$z_{m,n}$	施引文献 m 中不在引用语境中的第 n 个词项的主题
$\hat{z}_{m,n}$	施引文献 m 中在引用语境中的第 n 个词项的主题

符号	说明
$\tilde{z}_{m,n}$	被引文献 m 中第 n 个词项的主题
$\hat{c}_{m,n}$	施引文献 m 的引用语境中的第 n 个引用
$\tilde{c}_{m,n}$	被引文献 m 的文档内容
$w_{m,n}$	施引文献 m 中不在引用语境中的第 n 个词项
$\hat{w}_{m,n}$	施引文献 m 中在引用语境中的第 n 个词项
$\tilde{w}_{m,n}$	被引文献 m 中的第 n 个词项
$\vec{\alpha},\vec{\beta},\vec{\gamma}$	主题、词项、被引文献多项式分布的先验分布（即狄利克雷分布）的超参数

该模型采用二分图表示法将数据分为施引文献集和被引文献集，如图 4.2 所示，左侧为被引文献集，右侧为施引文献集，箭头方向表示被引用，仅为被引文献的用圆形节点表示，仅为施引文献的用正方形节点表示，同时在被引文献集和施引文献集中的分别用六边形与菱形节点表示。基于 LDA 模型对施引文献进行建模，假设施引文献中的词项和引文分别从主题—词项多项式分布（$\vec{\varphi}_k$）和主题—引用多项式分布（$\vec{\phi}_k$）中生成。而对于被引文献来说，基于 PLSA 模型建模，即假设被引文献文档和词项的生成是基于主题的经验分布（$\vec{\pi}$）。其中，引用语境的生成是基于词项和给定词项的引文之间的条件独立性假设，当一篇被引文献被多次提及时，所有引用语境中的词被组合在一起，即如果作者在撰写文章时充分缩小了主题的范围，那么从该主题中选择的单词并不取决于其将引用的文档的选择。

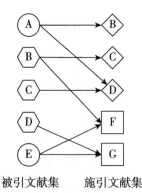

被引文献集　　施引文献集

图 4.2　二分图表示法

Cite-PLSA-LDA 模型的生成过程为：

（1）对于每一个主题 $k \in [1, K]$：$\vec{\varphi}_k \sim Dir(\vec{\beta})$，$\vec{\phi}_k \sim Dir(\vec{\gamma})$。

（2）对于每一篇被引文献 $m \in [1, \tilde{M}]$ 中的每一个词项 $n \in [1, N_m]$：选择主题 $\tilde{z}_{m,n} \sim Mult(\vec{\pi})$，选择被引文档 $\tilde{c}_{m,n} \sim Mult(\vec{\phi}_{\tilde{z}_{m,n}})$，选择词 $\tilde{w}_{m,n} \sim Mult(\vec{\varphi}_{\tilde{z}_{m,n}})$。

（3）对于每一篇施引文献 $m \in [1, M]$：

①文档的主题分布 $\vec{\vartheta}_m \sim Dir(\vec{\alpha})$。

②对于每一个不在引用语境中的词项 $n \in [1, N_m - C_m]$，选择主题 $z_{m,n} \sim Mult(\vec{\vartheta}_m)$，选择词 $w_{m,n} \sim Mult(\vec{\varphi}_{z_{m,n}})$。

③对于每一个在引用语境中的词项 $n \in [1, C_m]$，选择主题 $\hat{z}_{m,n} \sim Mult(\vec{\vartheta}_m)$，选择词 $\hat{w}_{m,n} \sim Mult(\vec{\varphi}_{\hat{z}_{m,n}})$，选择引用 $\hat{c}_{m,n} \sim Mult(\vec{\phi}_{\hat{z}_{m,n}})$。

利用吉布斯采样进行后验分布推断，得到训练过程中采样单词和引用属于某个主题的概率。其中，施引文献中不在引用语境中的词项主题概率为

$$p(z_{m,n} \mid \vec{w}, \vec{z}_{\neg(m,n)}, \vec{\alpha}, \vec{\beta}) \propto \frac{n_{z_{m,n}}^{(w_{m,n})} + \beta_{w_{m,n}} - 1}{\sum_{v=1}^{V} (n_{z_{m,n}}^{(v)} + \beta_v) - 1} \cdot (n_m^{z_{m,n}} + \alpha_{z_{m,n}} - 1)$$

$$(4.1)$$

施引文献中在引用语境中的词项—引用主题概率为

$$p(\hat{z}_{m,n} \mid \vec{\hat{w}}, \vec{\hat{c}}, \vec{\hat{z}}_{\neg(m,n)}, \vec{\alpha}, \vec{\beta}, \vec{\gamma}) \propto \frac{\hat{n}_{\hat{z}_{m,n}}^{(\hat{w}_{m,n})} + \beta_{\hat{w}_{m,n}} - 1}{\sum_{v=1}^{V} (\hat{n}_{\hat{z}_{m,n}}^{(v)} + \beta_v) - 1} \cdot$$

$$\frac{\hat{n}_{\hat{z}_{m,n}}^{(\hat{c}_{m,n})} + \gamma_{\hat{c}_{m,n}} - 1}{\sum_{c=1}^{\tilde{M}} (\hat{n}_{\hat{z}_{m,n}}^{(c)} + \gamma_c) - 1} \cdot (\hat{n}_m^{\hat{z}_{m,n}} + \alpha_{\hat{z}_{m,n}} - 1) \qquad (4.2)$$

被引文献中的词项—文档主题概率为

$$p(\tilde{z}_{m,n} \mid \vec{\tilde{w}}, \vec{\tilde{c}}, \vec{\tilde{z}}_{\neg(m,n)}, \vec{\pi}, \vec{\beta}, \vec{\gamma}) \propto \frac{\tilde{n}_{\tilde{z}_{m,n}}^{(\tilde{w}_{m,n})} + \beta_{\tilde{w}_{m,n}} - 1}{\sum_{v=1}^{V} (\tilde{n}_{\tilde{z}_{m,n}}^{(v)} + \beta_v) - 1} \cdot$$

$$\frac{\tilde{n}_{\tilde{z}_{m,n}}^{(\tilde{c}_{m,n})} + \gamma_{\tilde{z}_{m,n}} - 1}{\sum_{c=1}^{M} (\tilde{n}_{\tilde{z}_{m,n}}^{(c)} + \gamma_c) - 1} \cdot \frac{\sum_{c=1}^{\tilde{M}} n_k^{(c)}}{\sum_{m=1}^{\tilde{M}} N_m} \qquad (4.3)$$

从而计算词分布 $\vec{\varphi}_k$、引用分布 $\vec{\phi}_k$、隐变量主题分布 $\vec{\vartheta}_m$ 和被引文献主题分布 $\vec{\pi}$：

$$\varphi_{k,v} = \frac{n_k^{(v)} + \hat{n}_k^{(v)} + \tilde{n}_k^{(v)} + \beta_v}{\sum_{v=1}^{V}(n_k^{(v)} + \hat{n}_k^{(v)} + \tilde{n}_k^{(v)} + \beta_v)} \tag{4.4}$$

$$\phi_{k,c} = \frac{n_k^{(c)} + \hat{n}_k^{(c)} + \gamma_c}{\sum_{c=1}^{\tilde{M}}(n_k^{(c)} + \hat{n}_k^{(c)} + \gamma_c)} \tag{4.5}$$

$$\vartheta_{m,k} = \frac{n_m^{(k)} + \hat{n}_m^{(k)} + \alpha_k}{\sum_{k=1}^{K}(n_m^{(k)} + \hat{n}_m^{(k)} + \alpha_k)} = \frac{n_m^{(k)} + \hat{n}_m^{(k)} + \alpha_k}{N_m + \sum_{k=1}^{K}\alpha_k} \tag{4.6}$$

$$\pi_k = \frac{\sum_{c=1}^{\tilde{M}} n_k^{(c)}}{\sum_{m=1}^{\tilde{M}} N_m} \tag{4.7}$$

4.4 文献主题识别

4.4.1 实验数据及预处理

本节基于上一节构建的 Cite-PLSA-LDA 模型对第 2.1 节中的 Valenzuela 数据集进行文献主题识别。Valenzuela 数据集来自 ACL 选集，经数据预处理后，包含 434 篇施引文献、4594 篇去重后的被引文献，共生成 8892 个引用关系，其中有 168 篇施引文献同时在被引文献集中，用上一节提到的二分图表示法将 Valenzuela 数据集分为施引文献集和被引文献集。施引文献的文档内容为全文本，被引文献的文档内容包括标题和摘要，如果同时在施引文献集和被引文献集中，则其文档内容为全文本。

为了进行主题模型实验，需要对数据进行一定的预处理。首先对 4594 篇被引文献进行五位编码，即从"r0001"至"r4594"，作为各被引文献的唯一标识符。施引文献的标识符为原始文档的编码，如"A00 – 1019"，对同时在施引文献集和被引文献集中的文档的标识符进行一一对应，如"A00 – 1019"与"r4329"为同一篇文章。经观察，施引文献中的引用均为作者和年份相结合的形式，但仍可能存在不同的施引文献对同一篇被引文献的引用形式不同的情况，因此对施引文献中引用的引文锚使用被引文献的唯一标识符进行替换。表 4.2 列举了几个替换实例，可以看到被引文献"r2182"在 A00 – 1019 中的引用形式为"Och and Weber, 98"，而在 C00 – 1064 中的引用形式为"Och et al.（1998）"，经引文锚替换后，可以更好地识别被引文献及引用关系。

表4.2 施引文献中引文锚替换实例

施引文献	原始引文	替换后引文
A00 – 1019	Techniques for weakening the independence assumptions made by the IBM models 1 and 2 have been proposed in recent work (**Brown et al.**, **1993**; **Berger et al.**, **1996**; **Och and Weber**, **98**; **Wang and Waibel**, **98**; **Wu and Wong**, **98**). **Sato et al.** (**1998**) and **Och et al.** (**1998**)	Techniques for weakening the independence assumptions made by the IBM models 1 and 2 have been proposed in recent work (**r4041**; **r0207**; **r2182**; **r2815**; **r2653**). **r2687** and **r2182** proposed a model for
C00 – 1064	proposed a model for learning translation rules with morphological information and word category in order to improve statistical translation	learning translation rules with morphological information and word category in order to improve statistical translation

之后对引文及引用语境进行提取，本文共设置了三种引文长度的窗口 $windows = \{1,3,5\}$，分别为仅包含引文句1个句子（在下文中用"acl-1"表示该类数据）、包含引文句及其前一句和后一句共3个句子构成引用语境（在下文中用"acl-3"表示该类数据）、包含引文句及其前两句和后两句共5个句子构成引用语境（在下文中用"acl-5"表示该类数据），以此可以对不同的引用语境长度下识别的文献主题进行对比。最后对文本内容进行分句处理、分词处理、停用词过滤，将文本中的数字以"NUMBER"替换，并转换成 Cite-PLSA-LDA 模型所需的数据格式，最终得到27803个单词。

4.4.2 主题识别及评价

基于上一节构建的 Cite-PLSA-LDA 模型对 Valenzuela 数据集在三种引用语境长度下进行文献主题识别，参考经验值，将参数分别设置为 $\vec{\alpha} = 0.5$，$\vec{\beta} = 0.001$，$\vec{\gamma} = 0.001$，吉布斯采样迭代1000次，主题数为50。经过多次迭代后，分别生成不同引用语境长度下（acl-1、acl-3、acl-5）的主题—词项概率分布、主题—施引文献概率分布、主题—被引文献概率分布、主题—引用链接概率分布。其中，每个主题下生成20个单词、20篇施引文献、20篇被引文献以及20个引用链接。

使用困惑度（perplexity）指标对三种引用语境长度下的主题模型进行评价。困惑度是指给定模型的测试语料库中单词和引用链接似然值的几何平均值的倒数，通过文档中单词和引用链接观察值的联合分布整合所有参数来计算 Cite-PLSA-LDA 模型中 3 个单词向量和 2 个链接向量的似然值，即

$$
P(\overrightarrow{w}^{test}, \overrightarrow{\hat{w}}^{test}, \overrightarrow{\widetilde{w}}^{test}, \overrightarrow{\hat{c}}^{test}, \overrightarrow{\widetilde{c}}^{test} \mid \mathcal{M})
$$

$$
= \exp -\frac{\sum_{m=1}^{M} \log P(\overrightarrow{w}^{test}, \overrightarrow{\hat{w}}^{test}, \overrightarrow{\widetilde{w}}^{test}, \overrightarrow{\hat{c}}^{test}, \overrightarrow{\widetilde{c}}^{test} \mid \mathcal{M})}{\sum_{m=1}^{M} N_m + \sum_{m=1}^{\widetilde{M}} N_m}
$$

$$
= \prod_{n=1}^{N_m - C_m} \sum_{k=1}^{K} \varphi_{k, w_{m,n}^{test}} \vartheta_{m,k}^{test} + \prod_{n=1}^{C_m} \sum_{k=1}^{K} \varphi_{k, \hat{w}_{m,n}^{test}} \phi_{k, \hat{c}_{m,n}^{test}} \vartheta_{m,k}^{test} + \prod_{n=1}^{N_m} \sum_{k=1}^{K} \varphi_{k, \widetilde{w}_{m,n}^{test}} \phi_{k, \widetilde{c}_{m,n}^{test}} \pi_k
$$

$$(4.8)$$

困惑度越小，不确定程度越低，表示主题模型的效果越好。图 4.3 显示了 Cite-PLSA-LDA 模型在三种引用语境长度下迭代 1000 次的困惑度趋势，从左到右分别为 acl-1、acl-3、acl-5。从图中可以看到，acl-1 模型的困惑度最小，在迭代 600 次之后趋向于平稳，困惑度约为 5.0；其次是 acl-5 模型，在迭代 900 次之后，其困惑度约为 7.6；acl-3 模型的效果最差，其困惑度在迭代 1000 次之后仍高于 13.0。该结果说明仅应用引文句 1 个句子的模型，对于主题的识别效果最好。这可能是由于引文句理论上是与被引文献相关性最强的句子，此时主题模型可以更好地对文档主题进行确定。在扩大窗口时，该引文前后句的加入可能会为模型引入一定的噪声，从而增加了模型的困惑度。当窗口进一步扩大时，施引文献中更多与其文献主题相关的句子被引入引用链接中，此时模型的效果可能会有一定的提升。

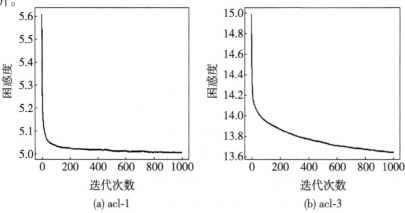

(a) acl-1　　　　　(b) acl-3

图 4.3　Cite-PLSA-LDA 主题模型困惑度

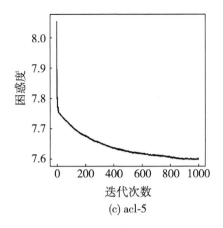

图 4.3　Cite-PLSA-LDA 主题模型困惑度（续）

之后，本节对 acl-1、acl-3、acl-5 生成的前 15 个主题（见附录 B）进行分析，同时也可进一步人工验证主题识别的效果。依据各主题下 20 个词项对主题进行分析汇总，同时以生成的主题—施引文献概率分布和主题—被引文献概率分布中各主题下的文档为参考，对各主题进行识别。从中可以看到，在 acl-1 下识别出的前 15 个主题包括领域学习（domain learning）、查询扩展（query expansion）、情感分析（sentiment analysis）、事件抽取（event extraction）、条件随机场（conditional random field）、标注语料（annotated corpus）、动词分类（verb classification）、文本摘要（document summary）、共指消解（coreference resolution）、依存树（dependency tree）、词义消歧（word sense disambiguation）、依存分析（dependency parsing）、问答系统（question-answering system）、命名实体识别（named entity recognition）、语言模型（language model）。

acl-3 相对于 acl-1 识别出的不同主题包括模型评估（model evaluation）、树核（tree kernel）、知识抽取（knowledge extraction）、机器翻译（machine translation）、词汇特征（word features）、关系抽取（relation extraction）、语言学习（language learning）、语法树（grammar tree）。acl-5 相对于 acl-1 和 acl-3 识别出的不同主题包括语音识别系统（speech recognition system）、数据空间（data space）、句子生成（sentence generation）、词性标注（part-of-speech tagging）、组合范畴语法（combinatory categorial grammar）、语义相似度（semantic similarity）。但从各主题及其中的词项观察可以看到，acl-3 中的主题较为宽泛，且词项中存在更多的普通词，在主题归纳时不连贯，

其含义更加不容易总结，在进行主题识别时相对来说更难聚焦。acl-5 的主题识别效果则处于 acl-1 和 acl-3 之间，这也符合上述困惑度的结果，即 acl-1 模型的效果最好，其次是 acl-5，最后是 acl-3。因此，本章之后的实验主要是基于 acl-1，即仅应用引文句 1 句的 Cite-PLSA-LDA 主题模型。

4.5 文献主题相似度分析

本节基于引文重要性对上一节识别出的文献主题进行进一步的分析，即通过对比施引文献的主题与包含重要引文的被引文献主题和不重要引文的被引文献主题的相似度，分析引用链接的分配是否更倾向于重要程度更高的引文，即重要引文的主题与施引文献的主题相似度更高。

4.5.1 相似度指标

根据上一节 acl-1 下的 Cite-PLSA-LDA 主题模型，可以得到每一篇施引文献在主题空间的多项式分布（即图 4.1d 中的 $\vec{\vartheta}_m$），同样也生成了每一篇被引文献在主题空间的多项式分布。通过计算施引文献的主题多项式分布与包含重要引文的被引文献主题多项式分布和不重要引文的被引文献主题多项式分布之间的相似度，便可以对其进行主题空间相似度的对比。分别使用余弦相似度和对称 KL 散度两个指标对该相似度进行度量。

余弦相似度通过计算夹角的余弦值来度量两个向量的相似性，余弦相似度越大，表明两个向量越相似，即

$$\cos(\boldsymbol{a}, \boldsymbol{b}) = \frac{\boldsymbol{a} \cdot \boldsymbol{b}}{\parallel \boldsymbol{a} \parallel \cdot \parallel \boldsymbol{b} \parallel} \tag{4.9}$$

KL 散度来源于信息论，其从熵的角度度量两个概率分布之间的差异，即用一个概率分布拟合另一个概率分布时产生的信息损耗

$$D_{\mathrm{KL}}(\boldsymbol{a} \parallel \boldsymbol{b}) = \sum_{x \in X} \boldsymbol{a}(x) \ln \frac{\boldsymbol{a}(x)}{\boldsymbol{b}(x)} \tag{4.10}$$

由于 KL 散度是非对称的，因此使用对称 KL 散度度量两个概率分布的相似性，对称 KL 散度越小，表明两个概率分布越相似，即

$$sym\_KLD = \frac{1}{2}(D_{KL}(\boldsymbol{a} \parallel \boldsymbol{b}) + D_{KL}(\boldsymbol{b} \parallel \boldsymbol{a}))$$

$$= \sum_{x \in X} \boldsymbol{a}(x) \ln \frac{\boldsymbol{a}(x)}{\boldsymbol{b}(x)} + \sum_{x \in X} \boldsymbol{b}(x) \ln \frac{\boldsymbol{b}(x)}{\boldsymbol{a}(x)} \tag{4.11}$$

4.5.2 相似度分析

由第 3 章可知，Valenzuela 数据集中有 456 对原始标注数据，其中 389

对标注为重要引文，67 对标注为不重要引文，并有 8085 对无标签数据。基于第 3 章 75% 置信度水平下的 SVM 模型和 95% 置信度水平下的 RF 模型分类器估计 Valenzuela 数据集中无标签引文的重要性，将引文属于重要类别的概率大于或等于 0.5 的划分为重要类别，赋予标签 1；小于 0.5 的则划分为不重要类别，赋予标签 0。表 4.3 列出了 SVM 模型和 RF 模型下的全部引文类型数据。从中可以看到，RF 模型相对于 SVM 模型预测出了更多数量的重要引文。

表 4.3 SVM 和 RF 下的引文类型统计数据

模型	引文类型	数量	合计
SVM	重要（1）	1097（12.84%）	8541
	不重要（0）	7444（87.16%）	
RF	重要（1）	1768（20.70%）	8541
	不重要（0）	6773（79.30%）	

对 Valenzuela 数据集中每一个施引文献—被引文献对计算主题空间多项式分布的余弦相似度和对称 KL 散度，并对原始标注数据以及全部数据（原始标注数据及预测数据）分别计算重要引文和不重要引文与施引文献的平均相似度。图 4.4、图 4.5 所示分别为 Valenzuela 数据集原始标注数据和全部数据中重要引文和不重要引文与施引文献的相似度箱形图，其中绿色三角形标记点为对应类别的平均值。表 4.4、表 4.5 分别为原始标注数据以及全部数据中重要引文和不重要引文与施引文献的平均相似度。从中可以看到，Valenzuela 数据集原始标注数据中重要引文与施引文献的余弦相似度为 0.1657，高于不重要引文，对称 KL 散度为 2.8717，低于不重要引文，说明重要引文与施引文献的主题相对于不重要引文更加相似。这也验证了主题模型中引用链接的分配更倾向于重要程度更高的引文的说法。而在 Valenzuela 数据集全部数据中，不重要引文与施引文献主题的相似度相比于重要引文显示出了微弱的优势，这可能是由于模型的预测过程中产生了一些不准确的数据，噪声数据的引入导致重要引文和不重要引文与施引文献的相似度之间产生了一定的偏差。从图 4.4a 中也可以看到，重要引文和不重要引文与施引文献的余弦相似度中也会有一些离群点，被标注为不重要引文的被引文献与施引文献的主题间也可能存在较高的相似度，但

从平均值来看，还是重要引文与施引文献主题间的相似度更高。

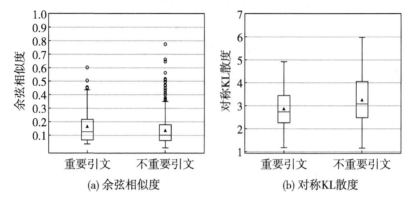

(a) 余弦相似度　　　　　　(b) 对称KL散度

图 4.4　Valenzuela 数据集原始标注数据相似度箱形图

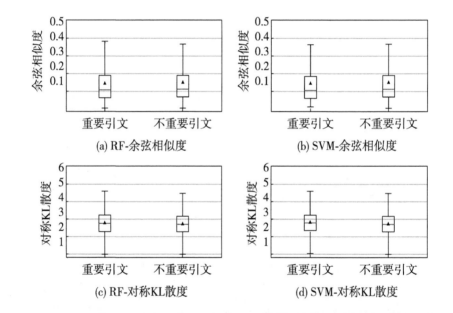

(a) RF-余弦相似度　　　　　　(b) SVM-余弦相似度

(c) RF-对称KL散度　　　　　　(d) SVM-对称KL散度

图 4.5　Valenzuela 数据集全部数据（原始标注数据及预测数据）相似度箱形图

表 4.4　Valenzuela 数据集原始标注数据中重要引文和不重要引文与

施引文献的平均相似度

相似度指标	引文类型	
	重要引文	不重要引文
余弦相似度	0.1657	0.1362
对称 KL 散度	2.8717	3.2451

表 4.5 Valenzuela 数据集全部数据（原始标注数据及预测数据）中重要引文和不重要引文与施引文献的平均相似度

相似度指标	SVM		RF	
	重要引文	不重要引文	重要引文	不重要引文
余弦相似度	0.1445	0.1520	0.1468	0.1522
对称 KL 散度	2.8036	2.7260	2.7718	2.7268

最后，为了进一步验证主题模型中引用链接的分配是否更倾向于重要程度更高的引文，以实例形式对重要引文和不重要引文的施引文献—被引文献对的主题进行分析。从图 4.4a 中可以看到，重要引文的余弦相似度中有 4 个点处于上限以上，选取最高处的点作为分析对象。通过查找，该点为施引文献 "W04 - 0824" 与被引文献 "r1467"，之后将该施引文献下的其他被引文献数据检索出来。表 4.6 列出了施引文献 "W04 - 0824" 及其被引文献的相似度数据；表 4.7 列出了对应的主题数据，并列出了施引文献和被引文献的标题作为主要参考依据；表 4.8 列出了对应的特征数据，这些数据来源于第 3 章的引文重要性特征提取，主要作为判断被引文献对于施引文献是否重要的参考。

表 4.6 施引文献 "W04 - 0824" 及其被引文献的相似度数据

施引文献	被引文献	标签	类别	余弦相似度	对称 KL 散度
W04 - 0824	r1467	1	标注	0.6014	1.1689
	r0216	0	预测	0.1424	2.2659
	r2053	1	预测	0.1880	2.4531
	r4319	0	预测	0.6325	1.4405
	r0568	0	预测	0.0463	3.3145

从表 4.6 ~ 表 4.8 中可以看到，"r1467" 为 Valenzuela 数据集标注数据，被标注为重要引文，其余弦相似度排名第二，对称 KL 散度最小，说明该被引文献与施引文献有着较高的主题相似度。从主题来看，对该施引文献的标题及文章内容进行分析，其主题主要为 "词义消歧，多分类及感知机"；被引文献 "r1467" 的主题主要为 "感知机算法"。通过分析特征及施引文献的文章内容，该施引文献在 "方法" 部分引用了 "r1467"，主

要是应用该感知机算法进行实验，并且包含重要线索词，因此其被标注为重要引文，且与施引文献在主题上有着较高的相似度。

表4.7 施引文献"W04－0824"及其被引文献的主题数据

施引文献			被引文献		
编码	标题	主题	编码	标题	主题
W04－0824	Multi-component word sense disambiguation	词义消歧，多分类及感知机	r1467	Discriminative training methods for hidden Markov models：Theory and experiments with perceptron algorithms	感知机算法
			r0216	A maximum-entropy-inspired parser hierarchical semantic classification	解析器
			r2053	Word sense disambiguation with world knowledge	词义消歧
			r4319	Ultraconservative online algorithms for multiclass problems an empirical evaluation of	多分类感知机
			r0568	Knowledge sources and learning agorithms for word sense disambiguation	词义消歧

表4.8 施引文献"W04－0824"及其被引文献的特征数据

施引文献	被引文献	引文数	出现位置	重要/不重要线索词个数	单独引用比例	TF-IDF相似度	作者重叠	CIM1/CIM2
W04－0824	r1467	2	引言、方法	2/0	0.5	0.040	0	0.003/0.811
	r0216	1	方法	0/0	1	0.078	0	0.003/1.033
	r2053	3	引言、实验、结论	2/0	1	0.195	0.667	0.003/0.768
	r4319	2	引言、实验	1/0	0.5	0.131	0	0.003/1.118
	r0568	1	方法	1/0	1	0.046	0	0.003/0.739

其他的被引文献为预测数据，"r2053"被预测为重要引文，其在施引文献中的"引言""实验"和"结论"部分共被引用了3次，均是单独引用，并且该施引文献和被引文献有两位共同作者，TF-IDF相似度相对较

高，CIM2 特征相对较低，并且从施引文献文本内容来看，主要是应用了简化版本的该被引文献中提出的算法，因此该被引文献被预测为重要引文是没有问题的；从主题来看，该篇被引文献的主题也为"词义消歧"。而"r4319"被预测为不重要引文，但其余弦相似度相对较高，对称 KL 散度相对较低，与施引文献有着较高的主题相似度；从主题和特征方面进行分析，可以发现"r4319"的主题主要为"多分类感知机"，施引文献主要是应用了该被引文献的多分类感知机算法。但可能是由于该被引文献只在"引言"和"实验"章节被引用，且单独引用比例和线索词等特征相对表现较差，而被分类器误分类为不重要引文，实际上通过人工分析，该被引文献应为重要引文，这也是该被引文献和施引文献具有较高主题相似性的原因。

"r0216"与"r0568"均被预测为不重要引文，且其与施引文献在主题空间的相似度均较低，通过分析施引文献文本内容发现，该施引文献仅在描述数据和特征时提及了这两篇被引文献，且在其他特征上，这两篇被引文献的表现也较差，因此被预测为不重要引文，这也从反面验证了这两篇被引文献与施引文献在主题空间的相似度较低。尽管"r0568"探讨的内容也属于词义消歧领域，但从题目上可以看到，其主要是对知识来源和学习算法进行实证评估，因此文章中可能更多是对特征、算法评估方面的一些描述，所以其与施引文献的主题显示出较弱的相似度。最后，从施引文献"W04－0824"整体来看，重要引文与施引文献主题的平均余弦相似度和平均对称 KL 散度相对于不重要引文还是显示出了更高的相似度。

通过该实例分析，可以看到与上文定量分析的结果一致，主题模型中引用链接的分配确实更倾向于重要程度更高的引文，即重要引文与施引文献的主题相似度更高。这一结果也为之后的主题模型在分配主题时提供了参考思路，即可以先通过分析被引文献的重要性，将其应用到主题模型中，对相关参数进行约束，使引用链接的分配倾向于重要引文，从而更好地识别文献主题。

4.6 本章小结

本章进行了基于引文重要性的文献主题识别研究，对 Valenzuela 数据集进行了文献主题识别与分析。首先，在对基于引文的主题模型进行概述的基础上，构建了 Cite-PLSA-LDA 主题模型，该模型对施引文献集和被引文献集分别进行建模，通过考虑被引文献的文本内容，可以更好地改进引文链接提供的信息，并且将引文信息引入主题模型中，以便更好地识别文献的主题。其次，对 Valenzuela 数据集进行一定的数据预处理，通过设置三种引文长度的窗口，即仅包含引文句 1 个句子、包含引文句及其前一句和后一句共 3 个句子构成引用语境、包含引文句及其前两句和后两句共 5 个句子构成引用语境，使用 Cite-PLSA-LDA 主题模型对 Valenzuela 数据集进行文献主题识别。困惑度指标显示，仅包含引文句 1 个句子的模型效果最好。再次，依据各主题下 20 个词项对不同引文长度下的前 15 个主题进行对比分析。最后，基于引文重要性对文献主题的相似度进行分析，即对比施引文献的主题与包含重要引文的被引文献主题和不重要引文的被引文献主题的相似度，通过余弦相似度和对称 KL 散度的对比及实例分析，发现引用链接的分配更倾向于重要程度更高的引文，即重要引文与施引文献的主题相似度更高。这一结果也为构建主题模型提供了更多的参考思路，即应用引文重要性对相关参数进行约束，使引用链接的分配倾向于重要引文，从而更好地识别文献主题。

本章参考文献

[1] 崔红. 我国科技人员引文动机聚类分析 [J]. 情报杂志, 1998 (2): 68 – 70.

[2] 窦煦. 基于无监督域适应分类的引文情感分析 [D]. 北京: 北京交通大学, 2018.

[3] 李航. 统计学习方法 [M]. 北京: 清华大学出版社, 2012: 95 – 131.

[4] 陆伟, 孟睿, 刘兴帮. 面向引用关系的引文内容标注框架研究 [J]. 中国图书馆学报, 2014, 40 (6): 93 – 104.

[5] 刘兴帮, 陆伟, 孟睿. 基于多标签分类的引文全局功能识别研究 [J]. 数字图书馆论坛, 2016 (3): 2 – 9.

[6] 刘宇, 李武. 引文评价合法性研究: 基于引文功能和引用动机研究的综合考察 [J]. 南京大学学报 (哲学. 人文科学. 社会科学版), 2013, 50 (6): 137 – 148, 157.

[7] 李卓, 赵梦圆, 柳嘉昊, 等. 基于引文内容的图书被引动机研究 [J]. 图书与情报, 2019 (3): 96 – 104.

[8] 马凤, 武夷山. 关于论文引用动机的问卷调查研究: 以中国期刊研究界和情报学界为例 [J]. 情报杂志, 2009, 28 (6): 9 – 14, 8.

[9] 牛罡, 罗爱宝, 商琳. 半监督文本分类综述 [J]. 计算机科学与探索, 2011, 5 (4): 313 – 323.

[10] 邱均平, 陈晓宇, 何文静. 科研人员论文引用动机及相互影响关系研究 [J]. 图书情报工作, 2015, 59 (9): 36 – 44.

[11] 檀婧. 基于深度学习的生成式模型研究 [D]. 北京: 北京邮电大学, 2019.

[12] 王奕森, 夏树涛. 集成学习之随机森林算法综述 [J]. 信息通信技术, 2018, 12 (1): 49 – 55.

[13] 王文娟, 马建霞, 陈春, 等. 引文文本分类与实现方法研究综述 [J]. 图书情报工作, 2016, 60 (6): 118 – 127.

[14] 徐洪学, 孙万有, 杜英魁, 等. 机器学习经典算法及其应用研究综述 [J]. 电脑知识与技术, 2020, 16 (33): 17 – 19.

［15］ 叶春蕾，冷伏海．基于引文—主题概率模型的科技文献主题识别方法研究［J］．情报理论与实践，2013，36（9）：100－103.

［16］ 杨春艳．基于语义和引用加权的文献主题提取研究［D］．杭州：浙江大学，2015.

［17］ 杨春艳，潘有能，赵莉．基于语义和引用加权的文献主题提取研究［J］．图书情报工作，2016，60（9）：131－138，146.

［18］ 杨剑锋，乔佩蕊，李永梅，等．机器学习分类问题及算法研究综述［J］．统计与决策，2019，35（6）：36－40.

［19］ 尹莉．基于朴素贝叶斯模型的自动引用分类研究［J］．情报科学，2015，33（2）：50－53.

［20］ 尹莉，郭璐，李旭芬．基于引用功能和引用极性的一个引用分类模型研究［J］．情报杂志，2018，37（7）：139－145.

［21］ 张晗，徐硕，乔晓东．融合科技文献内外部特征的主题模型发展综述［J］．情报学报，2014，33（10）：1108－1120.

［22］ 张金松，陈燕，刘晓钟．基于主题模型的文献引用贡献分析［J］．图书情报工作，2013，57（4）：120－124，137.

［23］ ABU-JBARA A, EZRA J, RADEV D. Purpose and polarity of Citation：Towards NLP-Based Bibliometrics［C］//Proceedings of the 2013 Conference of the North American Chapter of the Association for Computational Linguistics：Human Language Technologies，2013：596－606.

［24］ BERGSTROM C. Eigenfactor：Measuring the value and prestige of scholarly journals［J］．College &Research Libraries News，2007，68（5）：314－316.

［25］ BLEI D M, NG A Y, JORDAN M I. Latent dirichlet allocation［J］．Journal of Machine Learning Research，2003，3（1）：993－1022.

［26］ BLEI D M, LAFFERTY J D. Dynamic Topic Models［C］//Proceedings of the 23rd International Conference on Machine Learning，ACM，2006：113－120.

［27］ BORNMANN L, DANIEL H D. What do citation counts measure? A review of studies on citing behavior［J］．Journal of Documentation，2008，64（1）：45－80.

［28］ BREIMAN L. Random forests［J］．Machine Learning，2001，45（1）：

5 - 32.

[29] CETINA K K. Merton's sociology of science: The first and the last sociology of science? [J]. Contemporary Sociology-A Journal of Reviews, 1991, 20 (4): 522 - 526.

[30] CORTES C, VAPNIK V. Support-vector networks [J]. Machine Learning, 1995, 20 (3): 273 - 297.

[31] CHUBIN D E, MOITRA S D. Content analysis of references: Adjunct or alternative to citation counting? [J]. Social Studies of Science, 1975, 5 (4): 423 - 441.

[32] COHN D, HOFMANN T. The missing link: A probabilistic model of document content and hypertext connectivity [J]. Advances in Neural Information Processing Systems, 2001: 430 - 436.

[33] COUNCILL I G, GILES C L, KAN M Y. ParsCit: An Open-source CRF Reference String Parsing Package [C] //LREC, 2008, 8: 661 - 667.

[34] DEERWESTER S, DUMAIS S T, FURNAS G W, et al. Indexing by latent semantic analysis [J]. Journal of the American Society for Information Science, 1990, 41 (6): 391 - 407.

[35] DIETZ L, BICKEL S, SCHEFFER T. Unsupervised Prediction of Citation Influences [C] //Proceedings of the 24th International Conference on Machine Learning, ACM, 2007: 233 - 240.

[36] DONG C L, SCHÄFER U. Ensemble-style Self-training on Citation Classification [C] //Proceedings of 5th International Joint Conference on Natural Language Processing, 2011: 623 - 631.

[37] FIALA D. Bibliometric analysis of CiteSeer data for countries [J]. Information Processing & Management, 2012, 48 (2): 242 - 253.

[38] FINNEY B. The Reference Characteristics of Scientific Texts [D]. London: City University, 1979.

[39] GARFIELD E. Can citation Indexing be Automated [C] //Statistical Association Methods for Mechanized Documentation, Symposium Proceedings. Washington: National Bureau of Standards, Miscellaneous Publication 269. 1965, 269: 189 - 192.

[40] GIUFFRIDA C, ABRAMO G, D'ANGELO C A. Are all citations worth

the same? Valuing citations by the value of the citing items [J]. Journal of Informetrics, 2019, 13 (2): 500 –514.

[41] GRUBER A, ROSEN-ZVI M, WEISS Y. Latent topic models for hypertext [J/OL]. arXiv: 1206. 3254, 2012.

[42] GUERRERO-BOTE V P, MOYA-ANEGÓN F. A further step forward in measuring journals' scientific prestige: The SJR2 indicator [J]. Journal of Informetrics, 2012, 6 (4): 674 –688.

[43] HASSAN S U, AKRAM A, HADDAWY P. Identifying Important Citations Using Contextual Information from Full Text [C] //2017 ACM/IEEE Joint Conference on Digital Libraries (JCDL), IEEE, 2017: 1 –8.

[44] HASSAN S U, IMRAN M, IQBAL S, et al. Deep context of citations using machine-learning models in scholarly full-text articles [J]. Scientometrics, 2018a, 117 (3): 1645 –1662.

[45] HASSAN S U, SAFDER I, AKRAM A, et al. A novel machine-learning approach to measuring scientific knowledge flows using citation context analysis [J]. Scientometrics, 2018b, 116 (2): 973 –996.

[46] HIRSCH J E. An index to quantify an individual's scientific research output [J]. Proceedings of the National Academy of Sciences, 2005, 102 (46): 16569 –16572.

[47] HOFMANN T. Probabilistic Latent Semantic Analysis [C] //Proceedings of the Fifteenth Conference on Uncertainty in Artificial Intelligence. Morgan Kaufmann Publishers Inc. , 1999: 289 –296.

[48] JAAKKOLA T, HAUSSLER D. Exploiting Generative Models in Discriminative classifiers [C] //Advances in Neural Information Processing Systems, 1999: 487 –493.

[49] JOCHIM C, SCHÜTZE H. Towards a Generic and Flexible Citation Classifier based on a Faceted Classification Scheme [C] //Proceedings of COLING, 2012: 1343 –1358.

[50] JO Y, LAGOZE C, GILES C L. Detecting Research Topics via the Correlation between Graphs and Texts [C] //Proceedings of the 13th ACM SIGKDD International Conference on Knowledge Discovery and Data Mining, ACM, 2007: 370 –379.

[51] KATARIA S, MITRA P, BHATIA S. Utilizing Context in Generative Bayesian Models for Linked Corpus [C] //Proceedings of the AAAI Conference on Artificial Intelligence, 2010, 24 (1).

[52] LIN C S. An analysis of citation functions in the humanities and social sciences research from the perspective of problematic citation analysis assumptions [J]. Scientometrics, 2018, 116 (2): 797 –813.

[53] LI X, HE Y F, MEYERS A, et al. Towards Fine-grained Citation Function Classification [C] //Proceedings of the International Conference Recent Advances in Natural Language Processing RANLP 2013, 2013: 402 –407.

[54] LIM K W, BUNTINE W. Bibliographic analysis with the citation network topic model [J/OL]. arXiv: 1609. 06826, 2016.

[55] MORAVCSIK M J, MURUGESAN P. Some results on the function and quality of citations [J]. Social Studies of Science, 1975, 5 (1): 86 –92.

[56] NALLAPATI R M, AHMED A, XING E P, et al. W. Joint Latent Topic Models for Text and Citations [C] //Proceedings of the 14th ACM SIGKDD International Conference on Knowledge Discovery and Aata Mining, 2008: 542 –550.

[57] QAYYUM F, AFZAL M T. Identification of important citations by exploiting research articles' metadata and cue-terms from content [J]. Scientometrics, 2019, 118 (1): 21 –43.

[58] RADOULOV R. Exploring Automatic Citation Classification [D]. Waterloo: University of Waterloo, 2008.

[59] ROSEN-ZVI M, GRIFFITHS T, STEYVERS M, et al. The Author-topic Model for Authors and Documents [C] //Proceedings of the 20th Conference on Uncertainty in Artificial Intelligence, AUAI Press, 2004: 487 –494.

[60] SALTON G, MCGILL M. Introduction to Modern Information Retrieval [M]. New York: McGraw-Hill Book Company, 1983.

[61] SPIEGEL-ROSING I. Science studies: Bibliometric and content analysis [J]. Social Studies of Science, 1977, 7 (1): 97 –113.

[62] TANG J, JIN R M, ZHANG J. A Topic Modeling Approach and its

Integration into the Random Walk Framework for Academic Search [C] //2008 Eighth IEEE International Conference on Data Mining, IEEE, 2008: 1055 – 1060.

[63] TEUFEL S, SIDDHARTHAN A, TIDHAR D. Automatic Classification of Citation Function [C] //Proceedings of the 2006 Conference on Empirical Methods in Natural Language Processing, Association for Computational Linguistics, 2006: 103 – 110.

[64] TSUDA K, KAWANABE M, RÄTSCH G, at al. A New Discriminative Kernel from Probabilistic Models [C] //Advances in Neural Information Processing Systems, 2002: 977 – 984.

[65] VALENZUELA M, HA V, ETZIONI O. Identifying Meaningful Citations [C] //Workshops at the Twenty-ninth AAAI Conference on Artificial Intelligence, 2015.

[66] WANG X, MCCALLUM A. Topics over Time: A non-Markov Continuous-time Model of Topical Trends [C] //Proceedings of the 12th ACM SIGKDD International Conference on Knowledge Discovery and Data Mining, ACM, 2006: 424 – 433.

[67] WANG M, ZHANG J, JIAO S, at al. Important citation identification by exploiting the syntactic and contextual information of citations [J]. Scientometrics, 2020, 125 (3): 2109 – 2129.

[68] XIA H, LI J E, TANG J, at al. Plink-LDA: Using Link as Prior Information in Topic Modeling [C] //International Conference on Database Systems for Advanced Applications, Springer, Berlin, 2012: 213 – 227.

[69] XU S, HAO L Y, AN X, at al. Emerging research topics detection with multiple machine learning models [J]. Journal of Informetrics, 2019, 13 (4): 100983.

[70] ZHU X, TURNEY P, LEMIRE D, at al. Measuring academic influence: Not all citations are equal [J]. Journal of the Association for Information Science and Technology, 2015, 66 (2): 408 – 441.

第 5 章　基于全文本的微观实体抽取及扩散研究

学术论文是作者对于方法、数据等知识性微观实体进行思维创造、编码、加工的最终结果，具有知识的成熟性或流程性特点，构成学科领域知识生产的主要成果。随着开放获取运动的兴起、学术论文开放程度的提升，大量获取全文本数据变得越来越容易，加上网络技术的兴起，学术论文不再仅以某种单一的 PDF 形式存在，XML 格式结构的出现更是为引文分析及引文信息的提取提供了新的机遇。在知识经济时代，知识的创造、传播扩散与利用都是推动社会发展的关键性因素。《国家中长期科学和技术发展规划纲要（2006—2020 年)》明确指出，跨学科研究以及学科之间的交叉融合，往往会导致重大科学发现和新兴学科的产生，是科学研究中最活跃的部分之一，要对其给予高度关注和重点部署。

微观实体是知识细粒度的表现，对于全文本数据，将整篇文献作为一个单元来分析已经不能满足研究的需要，更多的学者将研究着眼于全文本数据中微观实体的抽取，如何从引用语境中挖掘有价值的知识元素，精准地揭示文本包含的内容，是后续微观实体扩散模式研究、领域主题挖掘等工作实现的基础。为此，本章以分子生物学领域学术文献全文本数据为基础，制定了微观实体标注规范，完成了分子生物学领域 1000 篇文献的人工标注，利用 BiLSTM-CRF 模型抽取微观实体，借助可视化工具从微观和宏观层面探究微观实体的扩散情况，为学科知识的融合、转化和创新提供可靠的理论与实证依据。

5.1　相关研究

5.1.1　微观实体抽取

微观实体的抽取经历了基于规则的方法、基于传统机器学习的方法和基于深度学习的方法三个重要阶段。

基于规则的方法具有易于实现且无须训练的特点。赫斯特（Hearst）在 1992 年就提出了利用启发式规则匹配的方法，该方法准确率较高，但召回率偏低，领域适应性较差。在生物医学领域，Tsuruoka（2003）通过文本相似规则生成实体的拼写变体，并依据变体名抽取和拓展了生物医学词典的实体术语表。王玉琢和章成志（2017）以十大数据挖掘算法为研究对象，利用词典匹配法识别出 NLP 领域会议论文中提及的这十大算法及相关信息。但是，基于规则的方法也存在自身的局限性：一方面，词典的完善与否会对模型效果产生重大的影响；另一方面，词语之间存在一定的歧义，缺少上下文信息交互，而且需要大量的专家学者设计规则模板。

基于传统机器学习的方法是将微观实体抽取任务作为序列标注的形式进行处理，即对输入文本序列中的每个词语进行标签预测，并将词语和标签串联起来。通过这种方式抽取实体，同时确定它们所属的类别。Bikel 等（1991）首次提出将隐马尔可夫模型用于实体的抽取。随后，Zhou 和 Su（2002）将隐马尔可夫模型用于英文语料中的实体。Lafferty 等（2001）在序列标注中使用基于隐马尔可夫模型改进的 CRF 模型。Xu 等（2015）基于 CRF 模型研发了生物医学领域的微观实体抽取系统，实验研究表明其能获得较好的抽取效果。基于传统机器学习的方法在通用领域取得了不错的效果，但其识别准确率在很大程度上受限于人工制定的特征集。

近年来，微观实体抽取技术的研究逐渐向深度学习方法转移。Hammerton（2003）把神经网络应用到实体抽取任务中，LSTM – CRF 成为最基础的模型框架之一。Lample 等（2016）在此基础上提出了 BiLSTM – CRF 模型，其双向的网络结构能够同时关注到上下文的语义信息，并能得到较好的识别效果。Gridach（2017）利用 BiLSTM – CRF 模型识别生物医学领域的不规则实体，得到了较高的识别率。BiLSTM – CRF 模型的优势在领域实体和术语抽取任务中进一步得到了验证。

5.1.2　微观实体评估

微观实体的评估方法包括专家评议和非专家评议两种，涉及数据、工具和方法等类型。Wang 和 Zhang（2018）根据提及论文数、提及总次数、提及位置三个方面评估十大数据挖掘算法的影响力，发现 SVM 在其既定标准下的影响力最大。Settouti 等（2016）选取 10 个使用不同分类算法的分类器，对特定的数据集进行分类，评价 10 种分类算法的效果。Ding 等（2013）提出用文献计量的方法（如被引次数）来评价数据、软件等知识实体的影响力。Pan 等（2018）考察学术论文中 CiteSpace、HistCite 以及 VOSviewer 三种软件的提及与引用情况，依据软件在文章、期刊、学科等层面的扩散深度与速度，评估软件的影响力。丁楠等（2014）从 Web of Science 中 DCI 数据库的数据发布量、数据被引量等多个角度来衡量人口调查领域的数据集的影响力。Belter（2014）研究海洋学领域的三个典型数据集，使用被引次数评估数据集的影响力。Park（2018）使用全球 350 多个存储库中超过 50 万个开放式研究数据实体，评估数据共享和重用对 STEM（科学、技术、工程和数学）领域数据引用的影响。

5.1.3 知识扩散研究

知识扩散的现有研究主要借助文献引证及作者合著关系，集中于知识扩散的内涵、路径、模型和影响因素等方面。岳增慧和许海云（2019）以文献引证作为学科知识传播路径，系统研究了学科知识扩散特征。梁镇涛等（2020）基于文献引证网络构建知识模因（knowledge meme）的扩散级联网络，计算分析扩散级联网络的基础特征及其特征分布情况，用以考察不同知识模因在学科领域内的扩散模式。有些学者认为知识扩散是知识跨越技术和地理条件在不同个体间披露的过程（Baruffaldi and Simeth，2020）。赵星等（2012）构建了我国文科领域的引文网络，定量刻画该领域的知识扩散情况。邱均平和李小涛（2014）研究发现国内知识图谱研究已由科技管理领域扩散到图书情报领域，进而推广应用于教育学等学科领域。Yu 和 Sheng（2020）探索了区块链领域的知识扩散路径。Xu 等（2019）提出了一种统计实体主题模型（CCorrLDA2 模型），纳入了领域微观实体知识，将科学与技术间的知识流动看作最优运输问题进行求解，并绘制了知识流动强度图谱。Yang 和 Liu（2022）发现引文行为强度可以对学科知识扩散速度和广度产生影响；Büttner 等（2022）从专利角度，分别发现了信息披露实践和机器翻译效果对知识扩散有显著影响。

5.2 数据获取及标注

5.2.1 数据收集及处理

作为战略性前沿科技领域，生物医学是我国科技创新发展关注的重点领域之一。生物医学涉及生物、医学、化学、计算机以及材料等多个学科，跨学科性较为突出，学科间互动性较强。分子生物学作为生物医学领域中的高端细分领域，涉及大量的理论、技术和方法创新，而且可下载大量 XML 格式的全文本数据，为基于全文本的微观实体扩散研究提供了良好的数据基础。因此，本章将分子生物学领域作为分析对象，参考 WoS 期刊影响因子，选取分子生物学领域排名前 10 的期刊（见表 5.1），发表时间限定为 2008—2018 年，数据范围限定为 PubMed 数据库中的 OA 子集。为了使分析结论具有一定的普适性，本章从每种期刊中按比例随机抽取一定数量的文献，共选取 1000 篇文献。然后编制 XPATH 规则，利用 Java 语言解析 XML 格式文本数据，提取文章的标题、摘要、期刊名、出版时间、引用语境、参考文献等信息。最终共提取 41679 条引用语境、32237 条不重复的被引文献。

表 5.1　分子生物学领域排名前 10 期刊中 OA 文献的数量以及随机抽取文献的数量

期刊	OA 文献的数量	随机抽取文献的数量
Cell	319	35
Trends in Biochemical Sciences	23	9
Molecular Cell	337	44
Trends in Microbiology	18	7
Molecular Psychiatry	747	82
EMBO Journal	673	77
Molecular Biology and Evolution	842	93
PLoS Biology	5013	526
Cell Systems	51	6
Molecular System Biology	1055	121
总计	9078	1000

为了方便构建微观实体扩散网络，以 DOI 为线索收集被引文献，采用

DoiCleaner 算法清洗前缀、中缀和后缀等错误（Xu et al.，2019）。具体地，根据被引文献是否有 DOI 号，可将所有文献数据分为两部分（见图 5.1）：①无 DOI 号文献，手工下载对应的 PDF 全文，利用 PDFBox 工具转换成文本数据，然后利用 ParsCit 解析并定位文中引用位置（Councill，2008）；②有 DOI 号文献，利用 PubMed 在线服务将 DOI 映射为 PMID 或 PMCID，基于 E-FETCH API 函数获取 XML 格式全文本数据，然后基于标签解析并定位文中引用位置。当然，还有一部分有 DOI 号却不能获取 XML 全文本数据的文献，仍然需要通过下载并解析 PDF 文件的方式进行处理。

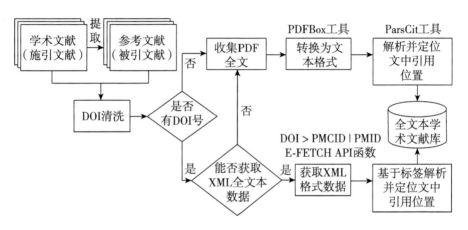

图 5.1　全文本学术文献库构建流程

5.2.2　微观实体分类及标注

为方便微观实体扩散研究，随机选取 500 篇施引文献和 500 篇被引文献进行人工标注。通过初步分析发现，微观实体主要有四类：第一类为理论概念类，包括理论、概念、定义、引理、推论或假设等；第二类为工具技术类，包括工具、方法、技术、程序、模型或算法等；第三类为数据信息类，包括数据、材料、结论或实验结果等；第四类为特定领域类，包括基因、蛋白质、药物、疾病、代谢组等。理论概念类的微观实体主要由名词和动词构成，线索词主要有 concept、theoretical、hypothesize 等；工具技术类微观实体的线索词主要有 algorithm、method、model、software 等；数据信息类微观实体的线索词主要为动词，如 view、show、reveal、find 等；特定领域类的微观实体主要出现在引用语境主语和宾语的位置且大多数为名词。本章分别用 THEORY、TOOL、INFORMATION 和 DOMAIN 来表示以上四类微观实体，采用 BIO 标注体系，其中 B 表示微观实体的开始单词，I 表示微观实体的中间单词，O 表示除四类实体之外的单词。

5.2.3 同义微观实体及缩略语识别

在抽取微观实体时，会遇到同一微观实体的不同表达形式（如"Aspirin"与"Acetylsalicylic Acid"）、缩略语（如"Acetylsalicylic Acid"与"ASA"）等问题。为了识别同义微观实体，以 UMLS 和 Freebase 为知识库，提取同义微观实体"种子"集合，然后映射到文献全文本数据，基于远程监督（distant supervision）完成同义微观实体的识别。对微观实体缩略语的识别，根据前期研究发现，绝大部分缩略语与其全称表现为"全称（缩略语）"或"缩略语（全称）"模式，且组成缩略语的字母通常来源于其全称，因此基于规则抽取微观实体的缩略语以及对应的全称，嵌入字母对齐机制，滤掉假阳性的缩略语与其全称候选对。

5.3 面向全文本的微观实体抽取

5.3.1 BiLSTM-CRF 模型

条件随机场（CRF）结合了最大熵模型和隐马尔可夫模型的特点，是一种无向图模型，近年来在分词、词性标注和命名体识别等序列标注任务中表现出很好的性能。CRF 是在给定一组需要标记的观测序列的条件下，预测另一组输出序列的条件分布。如果存在一个观测序列 $X = \{x_1, x_2, \cdots, x_n\}$，而状态序列 $Y = \{y_1, y_2, \cdots, y_n\}$ 与观测序列一一对应，则此时 CRF 模型就是用来构建这两个序列之间的条件概率 $P(Y \mid X)$。

循环神经网络（RNN）可以用来解决前反馈神经网络在处理连续的序列时没有反馈机制的问题，理论上可以学习长期的关系。但是，RNN 隐藏层只有一种状态，对于长期的输入并不是特别敏感，在后续研究中发现实际的模型结果并不是特别优越。为了解决梯度消失的问题，长短期记忆（LSTM）模型被提出。LSTM 模型是一种能够明显避免梯度消失问题的循环神经网络，它是 RNN 模型的变体，与经典 RNN 模型相比能够有效地捕捉长序列之间的语义关联，缓解梯度消失或爆炸现象。

LSTM 模型可以防止因循环神经网络过长而导致的梯度消失和信息遗忘，双向长短期记忆（BiLSTM）神经网络可以结合单向 LSTM 的优点更全面地结合上下文信息。BiLSTM 神经网络结构模型分为两个独立的 LSTM 神经网络，输入序列分别可以按正序或逆序输入至两个 LSTM 神经网络进行特征提取，将两个输出向量（即提取后的特征向量）进行拼接后形成的词向量作为该词的最终特征表达。BiLSTM 模型的设计理念是使 t 时刻所获得特征数据同时拥有过去和将来之间的信息。实验证明，这种神经网络结构模型的文本特征提取效率和性能要优于单个 LSTM 模型。

BiLSTM 模型虽然能够考虑过去和将来的两个特征，很好地保留上下文信息，输出得分最高的实体标签，但是当输出的标签之间存在较强的依赖关系时，输出的实体标签有时不是真正的实体标签，模型的结果将受到影响。而 CRF 模型能够很好地考虑前后标签的信息，因此本研究将 BiLSTM 模型与 CRF 模型进行结合，得到 BiLSTM-CRF 模型。在 BiLSTM-CRF 模型中，由 BiLSTM 层将待标记的标签序列所对应的分数值输入 CRF 层，再由 CRF 层根据各个标签之间的前后约束关系对预测的序列进行综合选择。BiLSTM-CRF 模型不仅利用了引用语境中知识单元上下文信息的特性，还考虑了句子级别的标记信息。图 5.2 所示为基于引用语境中微观实体的 BiLSTM-CRF 模型结构示意图。

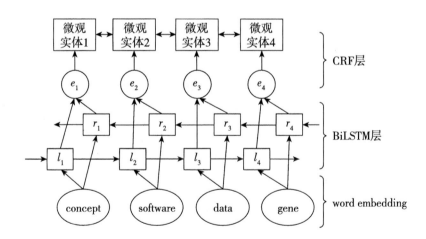

图 5.2　BiLSTM-CRF 模型结构示意图

假定输入的一个句子（观测序列）为 $X = \{x_1, x_2, \cdots, x_n\}$，在实验中，$x_i$ 通常是该句子序列中单词所对应的词向量，而对应的标签（目标序列）为 $y = \{y_1, y_2, \cdots, y_n\}$，则从 X 到 y 得到的分数值由以下公式确定

$$s(X, y) = \sum_{i=0}^{n} A_{y_i, y_{i+1}} + \sum_{i=1}^{n} P_{i, y_i} \tag{5.1}$$

式中，A 是维度为 $(k+2)\times(k+2)$ 的转移分数矩阵；$A_{y_i,y_{i+1}}$ 表示从标签 y_i 转移到标签 y_{i+1} 的分数；y_i 和 y_{i+1} 分别表示句子的开始标签和结束标签；P 是 BiLSTM 的输出分数矩阵，大小为 $n\times k$，而 k 与目标序列的标签分类数一致；P_{i,y_i} 表示单词 i 被标注为 y_i 标签的分数值。从中可以看到，整个序列的得分等于各个位置的得分之和，而每个位置的得分由两部分构成：一部分由 BiLSTM 层的输出 P 决定，另一部分由 CRF 层的转移矩阵 A 决定。

因此，给定句子 X，得到标签 y 的概率为

$$P(y\mid X) = \frac{e^{s(X,y)}}{\displaystyle\sum_{\tilde{y}\in Y_X} e^{s(X,\tilde{y})}} \tag{5.2}$$

目标是输入 X 所对应正确的序列 y 的概率最大，用似然函数表示为

$$\log(P(y\mid X)) = s(X,y) - \log\left(\sum_{\tilde{y}\in Y_X} e^{s(X,\tilde{y})}\right)$$

$$= s(X,y) - \log_{\tilde{y}\in Y_X} adds(X,\tilde{y}) \tag{5.3}$$

式中，Y_X 表示句子 X 对应的所有可能的标签序列。通过式（5.3）得到最大分数值，用来预测最合适的标签序列。

5.3.2 特征提取

为了更加准确、有效地提取引用语境中的知识单元，同时提升模型的性能，本章在对引用语境和知识单元进行详细的分析后，主要使用四种特征，即一般语义特征、字符特征、大小写特征、基于词向量的聚类特征来刻画数据，建立 CRF 模型和 BiLSTM-CRF 模型。

1. 一般语义特征

在分析数据时，往往希望从已有的数据中挖掘出最本质的同时能够代表数据本身的信息。在英文中，基于一个单词通常可以演变成多个形式相似或意思相近的单词，例如，动词在过去、现在、将来等不同时态下所表现出的形式往往是不一样的，名词有其单复数形式，动词也有基于其自身的名词形式等。但是，基于某个单词所衍生出来的其他单词在某种程度上与该单词存在相近的意思。基于此，本章采用应用广泛的波特词干算法，它是基于后缀剥离的词干提取算法，即除去英文单词分词变换形式的结尾，将数据中的单词转换为其原型，还原数据最原始的本质特征。

2. 字符特征

部分引用语境的知识单元中包含数字、希腊字母、罗马数字、氨基酸、化学元素和特殊字符，这些特征在识别知识单元的过程中具有关键作用。本章通过判断是否含有希腊字母、罗马数字、氨基酸、化学元素来构造每个知识单元的特征，并系统地计算一些统计特性，包括每个知识单元中所含字母的数量、大写或小写字母的数量、数字的数量等。

3. 大小写特征

引用语境中的知识单元存在大小写之分，有些知识单元是特定领域的单词或者专属单词，存在用大写字母缩写表示的情况。因此，本研究将大小写特征作为识别知识单元的一个重要特征，具体是将引用语境中的知识单元包含大写字母的表示为"A"，小写字母全部用"a"代替，任何 0～9 的数字都用"0"表示，同时用"A""a""0"的个数表示含有大写字母、小写字母、数字的个数。

4. 基于词向量的聚类特征

对于词向量特征，诱导无监督词向量表示的一种常见方法是使用聚类，本章选取的是布朗（Brown）聚类方法，这是一种自底向顶的层次聚类算法，其结果是一个二叉树，其中每个 token 占用一个叶节点，每个叶节点包含一个 token。根节点定义一个包含整个 token 集的集群，其中包含它们所支配的所有 token。因此，二叉树中较低的节点对应较小的 token 集群，较高的节点则对应较大的 token 集群。直观地说，布朗聚类方法将具有相似上下文的知识单元合并到一个集群中。它是一种硬聚类方法，每个词都在且只在唯一的一个类中。

5.3.3 评测标准

在二元分类预测的实验中，一般用混淆矩阵进行实验结果的评估。混淆矩阵是一个 2×2 的结构分析表，其中 Predict 表示预测的数值，其下面又分为两列，每列数据相加之和为预测该类别的数据个数；Real 表示真实的数值，分为两行，每一行代表数据的真实类别，并且每行数据相加之和为该类别的数据真实存在的个数。做出的结果判断可以分为 TP、FP、FN、TN 四种情况。分类结果的混淆矩阵结构见表 5.2。

表 5.2 中各指标的含义如下。

（1）TP = True Positive = 真正例，表示将正例样本正确地预测为正例样本的数量，即将实际的知识单元正确地预测为知识单元的数量。

表 5.2　分类结果的混淆矩阵结构

Real	Predict	
	True	False
True	TP	FN
False	FP	TN

（2）FP = False Positive = 假正例，表示将反例样本错误地预测为正例样本的数量，即将实际不为知识单元的预测为知识单元的数量。

（3）FN = False Negative = 假负例，表示将正例样本错误地预测为负例样本的数量，即将实际的知识单元预测为不为知识单元的数量。

（4）TN = True Negative = 真负例，表示将负例样本正确地预测为负例样本的数量，即将实际不为知识单元的预测为不为知识单元的数量。

基于以上混淆矩阵中的四个数值，经过变换组合成新的变量，常被定义为各种评价指标。

（1）精确度（*Precision*）表示模型预测为正样本的数量中实际是正样本所占的比例，其数学表达式为

$$Precision = \frac{TP}{TP + FP} \tag{5.4}$$

（2）召回率（*Recall*）表示实际是正样本中模型预测为正样本的比例，其数学表达式为

$$Recall = \frac{TP}{TP + FN} \tag{5.5}$$

（3）*F*1 值同时兼顾了精确度和召回率，是二者的调和平均值，能够综合评价系统的性能，其数学表达式为

$$F1 = \frac{2 \times Precision \times Recall}{Precision + Recall} \tag{5.6}$$

以上指标是通过混淆矩阵延伸出来的，在某种程度上可评价模型的优劣，但是要评价一个模型构建得是否成功，不能单纯地看某一个指标，需要依据多个指标对模型进行衡量才更有说服力。

5.3.4 微观实体抽取

将标注文献按照10折交叉验证的方式随机分为训练集和测试集，采用一般语义特征、字符特征、大小写特征、词聚簇特征对数据进行刻画（Xu et al.，2015），通过与 CRF 模型进行对比，考察 BiLSTM-CRF 模型的合理性、科学性和优越性。利用 CRF + +，选用 Unigram 模板，在构造词聚簇特征时，分别选择 500 簇、1000 簇、1500 簇、2000 簇进行布朗聚类（Liang，2005），得到四种簇的特征表示。本章还考虑不加入词聚簇特征的情形，即共有五种特征设置。从表 5.3 中可以看出，加入词聚簇特征的 CRF 模型均优于未加入词聚簇特征的 CRF 模型。当聚类的簇数为 500 时，CRF 模型的召回率、$F1$ 值效果最好，故本章将词聚簇数目设置为 500。

表5.3 CRF 模型在不同特征设置条件下的性能

词聚簇	精确度	召回率	$F1$ 值
—	**0.7518**	0.6600	0.7029
500	0.7503	**0.6755**	**0.7110**
1000	0.7489	0.6721	0.7084
1500	0.7563	0.6680	0.7094
2000	0.7436	0.6682	0.7039

注：黑体数字表示各项中的最大值。

类似于 CRF 模型，BiLSTM-CRF 模型同样考虑一般语义特征、字符特征、大小写特征和 500 簇布朗词聚类特征。图 5.3 所示为 CRF 模型和 BiLSTM-CRF 模型的性能对比，BiLSTM-CRF 模型的精确度、召回率、$F1$ 值都比 CRF 模型高，特别是召回率和 $F1$ 值的提升较为明显，说明 BiLSTM-CRF 模型在识别微观实体任务中要优于 CRF 模型。实验结果与相关文献（Chen et al.，2020）的理论分析相一致：①CRF 模型能够灵活地设置特征空间，因此能够处理一些复杂情况，其主要不足是不能考虑远程上下文信息，导致模型性能在一定程度上依赖于特征工程的优劣；②BiLSTM-CRF模型完全保留了 CRF 模型的优点，同时新增了 BiLSTM 层，能够有效地考虑前后两个方向的长程和近程上下文信息，弥补了 CRF 模型的不足。

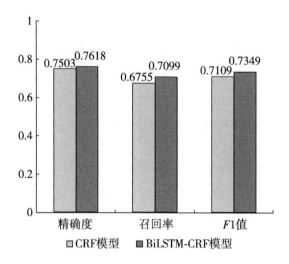

5.3　CRF 模型和 BiLSTM-CRF 模型的性能对比

5.4　分子生物学领域微观实体扩散

通过对抽取的微观实体扩散模式进行研究，可以了解技术和知识的扩散途径，分析学者在引用文献时更加注重对哪些类型的微观实体进行引用，并为学者在其研究领域提供研究方向和思路上的启发。上一节面向全文本内容建立了 BiLSTM-CRF 模型并挖掘出引用语境中的微观实体，但是对于微观实体如何在文献之间进行扩散，需要做进一步的分析研究。为了揭示微观实体的扩散模式，本节首先介绍异构信息网络，然后构建微观实体扩散网络，并借助可视化工具 Gephi 软件（Bastian et al.，2009），从宏观和微观两个层面对引用语境中微观实体的扩散模式进行揭示。

5.4.1　异构信息网络

在信息世界里，各个信息实体之间如果能够通过某种关系连接在一起，所形成的网络称为信息网络（information network）。信息网络对知识进行结构化的展示，包含多个节点和多类关系，如常用的文献信息网络、社交媒体网络等。信息网络按照对象类型的不同可以分为同构信息网络（homogeneous information network）和异构信息网络（heterogeneous information network）。同构信息网络表示形成的网络中只含有一种类型的实体，而异构信息网络表示形成的网络中含有两种或者两种以上类型的实体。本节所构建的微观实体扩散网络就是一种异构信息网络。

在一个信息网络 G 中，包含节点 V 和边 E ，以及从节点 V 到 A 的映射和从边 E 到 R 的映射的有向图，表示成 $G = (V, E)$ 。如果节点的类型不止一种或者边的类型不止一种，那么就称该信息网络为异构信息网络。如图 5.4 所示，在这个局部网络中主要有两种类型的节点：微观实体和论文。对于一篇论文，它与包含的微观实体有边相连，同时它和其他论文之间存在引用和被引用的关系。例如，论文 A 被论文 C 和论文 D 所引用，论文 A 包含微观实体 1、微观实体 2、微观实体 3，论文 B 包含微观实体 3。

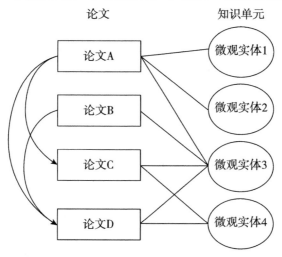

图 5.4　微观实体异构信息网络片段实例

网络模式（network schema）是异构信息网络中的一个元模板，是为了能够在一个复杂的异构信息网络中把握节点和边的类型，从模式级别上对网络做的一种描述，即网络模式表示为节点的类型为 A 和边的类型为 R 的有向图 $T_G = (A, R)$ 。网络模式约束了异构信息网络中节点集合的类型和节点之间关系的类型，表明异构信息网络具有半结构化的特点。依据网络模式的规则所构建的一个信息网络被认为是该网络模式下的网络实例。图 5.5 展示了本研究中一种比较简单的知识单元异构信息网络模式，图 5.4 中的局部网络可以看作遵循了图 5.5 所示模式的知识单元网络实例。

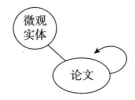

图 5.5　知识单元异构信息网络模式

元路径（meta path）是利用异构信息网络分析数据时的一个重要概念。一条元路径 P 在网络模式 $T_G = (A, R)$ 上被定义为 $A_1 \xrightarrow{R_1} A_2 \xrightarrow{R_2} \cdots \xrightarrow{R_l} A_{l+1}$ 的形式，则节点 A_1 和 A_{l+1} 之间的复合关系为 $R = R_1 * R_2 * \cdots * R_l$，其中 $*$ 表示各节点之间关系的组合运算。图 5.4 中包含了多种元路径，例如，论文 A $\xrightarrow{\text{被引用}}$ 论文 C 表示论文 A 被论文 C 所引用，论文 A $\xrightarrow{\text{含有}}$ 微观实体 3 $\xrightarrow{\text{被包含}}$ 论文 C，结合两条元路径可以看出，论文 A 含有的微观实体 3 被论文 C 引用，微观实体 3 从论文 A 中通过引用语境流动到论文 C 中。可见，元路径可以清晰明了地描述节点之间的关系。

异构信息网络被广泛地应用到社会、科学、工程等多个领域，如推荐系统的研究、实体间关系的预测、排序和聚类等。利用异构信息网络分析数据并建立模型是一种比较新兴的数据分析方法。对于一些非结构化的数据，可以通过异构信息网络将其转变成半结构化的数据，有助于进一步进行数据分析和挖掘。

5.4.2　微观实体扩散网络构建

类似于叙词表，本章将同义微观实体及其缩略语看作同一个实体概念的不同标识符，选择使用频率最高的那个标识符作为实体概念的主题词，其他标识符与主题词间可看作"用代"关系。为了揭示微观实体的扩散模式，需要构建微观实体扩散网络。现以图 5.6 为例，假设施引文献包含 4 个微观实体，被引文献包含 2 个微观实体，如果满足以下两个条件，则在"微观实体 2"与"微观实体 5"之间建立"引用"关系：① "微观实体 2"与"微观实体 5"指向同一个实体概念；②该实体出现在施引文献对被引文献施加引用行为的引用语境中。通过这种方式构建的微观实体间的"引用"关系，强调了微观实体的出处；而 Ding 等（2013b）在施引文献与被引文献中的所有微观实体对之间均建立了"引用"关系，这为后续微观实体扩散模式的研究人为地引入了大量噪声。

5.4.3　宏观层面微观实体扩散

为了从宏观层面对微观实体扩散有一个直观的认识，本小节利用异构信息网络从整体上分析微观实体在论文与论文之间的流动模式。将 1000 篇施引文献、32237 条被引文献作为论文的节点，同时将 41679 条引用语境中的四类微观实体作为知识单元节点，施引文献和被引文献之间的边为

"引用与被引用"的关系，文献与微观实体之间的边为"包含与被包含"的关系，构建全局异构信息网络，如图5.7所示（另见彩图5.7）。

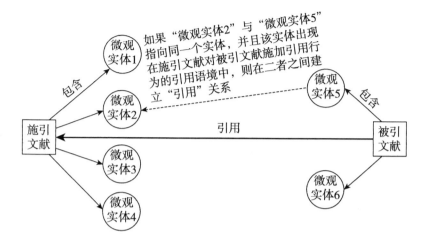

图5.6　微观实体扩散网络构建

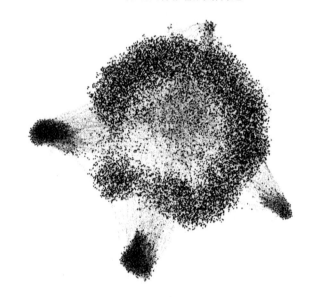

图5.7　全局异构信息网络

在图5.7中，黑色圆点表示施引文献和被引文献，黄色圆点表示第四类微观实体"特定领域类"，红色圆点表示第三类微观实体"数据信息类"，绿色圆点表示第二类微观实体"工具技术类"，蓝色圆点表示第一类微观实体"理论概念类"，所有节点之间的边都用黑色表示。整体上，除了文献节点，表示数据集中特定领域类微观实体的数量最多；在论文与论文之间，特定领域类微观实体的流动也最为频繁。学者们引用文献时，在相应的引文语境中提及最多的是特定领域类的微观实体，如某个特定的基因、蛋白质、药物、疾病、代谢组等。这一观察结果与人们对这个领域的直观认识相一致，即学者们更多地是对自身研究领域内参考文献中的特定知识进行引用和描述。其他三类微观实体也有少量扩散，但相对于特定领域类微观实体扩散效果较弱，学者们在引用文献时较少关注数据、技术和理论类微观实体。

5.4.4　微观层面微观实体扩散

从宏观层面上分析，可以整体把握哪种类型的微观实体在论文之间的流动最为频繁，以及人们在进行引用时更偏向于引用哪类微观实体，但不能具体了解某种类型微观实体中的某个实体的扩散情况以及特定微观实体在论文之间的流动方向与路径，因此需要从微观层面更加细粒度地分析和阐述微观实体的扩散模式。由于网络中的节点和边较多，不能完全展示，本章选取一个具体的微观实体进行分析，如图5.8所示（另见彩图5.8）。青色圆点表示施引文献和被引文献，紫色圆点表示特定领域类微观实体，黄色圆点表示数据信息类微观实体，绿色表示工具技术类微观实体，蓝色表示理论概念类微观实体，所有节点之间的边都用灰色表示。

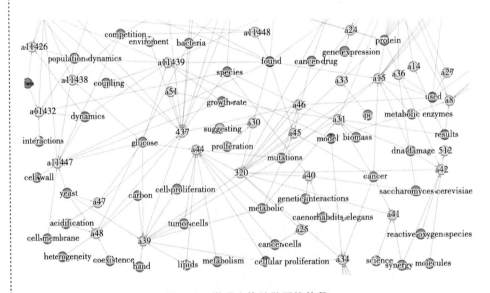

图5.8　微观实体扩散网络片段

由图 5.8 可知，文献代码为 a44 的文章被文献代码为 320 的文献所引用，文献 a44 中含有 mutation、cellar proliferation、tumor cells、metabolism、cellular proliferation、cancer cells 六种特定领域类微观实体，说明这六种微观实体从文献 a44 流动到文献 320 中，可以清晰地看到，文献 320 在引用文献时更多是对文献 a44 中特定领域类的微观实体进行描述，从标题 "Predicting selective drug targets in cancer through metabolic networks" 可以大概看出，文献 320 主要介绍通过代谢网络预测癌症药物的选择性靶点；从标题 "The M2 splice isoform of pyruvate kinase is important for cancer metabolism and tumour growth" 可以看出，文献 a44 主要介绍对癌症代谢和肿瘤生长有重要作用的酶，说明文献 320 和文献 a44 在一定程度上具有相似性。从微观层面可以更加清晰地看到某个具体微观实体在论文之间的扩散路径。如果扩大数据范围，那么可以更加全面地分析微观实体在论文之间的流动方向、流动路径以及一些新兴微观实体的产生和旧微观实体的消失，这对学者在研究方向上的拓展和研究技术上的改进具有一定参考价值。

5.5　本章小结

本章以分子生物学领域的 1000 篇全文本数据为例，完成了四类微观实体的抽取和识别，借助可视化工具，从宏观和微观层面揭示了微观实体的扩散模式。本章的主要贡献及结论如下：

（1）分子生物学领域全文本数据标注。制定了微观实体标注规范，完成了分子生物学领域 1000 篇文献的人工标注，所涉及实体主要为理论概念类、工具技术类、数据信息类、特定领域类，为后续基于引文网络的微观实体研究提供了参考方向和数据研究基础。

（2）BiLSTM-CRF 模型在微观实体抽取任务中可以得到较好的效果。BiLSTM-CRF 模型保留了 CRF 模型的优点，同时加入了 BiLSTM 层，能够考虑远程的上下文信息，纳入前、后两个方向的长、短距离信息。在本章微观实体的抽取任务中，精确度、召回率和 $F1$ 值分别为 0.7618、0.7099 和 0.7349。

（3）在宏观和微观两个层面揭示微观实体的扩散模式。在宏观层面，特定领域类微观实体占比最高，学者在对被引文献进行描述时，倾向于引用所研究特定领域内的微观实体；在微观层面，可以清晰、直观地展示特定微观实体在论文之间的流动路径。

本章参考文献

[1] 丁楠，黎娇，李文雨泽，等. 基于引用的科学数据评价研究 [J]. 图书与情报，2014 (5)：95-99.

[2] 梁镇涛，毛进，操玉杰，等. 基于知识模因级联网络的领域知识扩散模式分析 [J]. 情报理论与实践，2020, 43 (4)：40-46.

[3] 邱均平，李小涛. 基于引文网络挖掘和时序分析的知识扩散研究 [J]. 情报理论与实践，2014, 37 (7)：5-10.

[4] 王玉琢，章成志. 考虑全文本内容的算法学术影响力分析研究 [J]. 图书情报工作，2017, 61 (23)：6-14.

[5] 岳增慧，许海云. 学科引证网络知识扩散特征研究 [J]. 情报学报，2019, 38 (1)：1-12.

[6] 赵星，谭旻，余小萍，等. 我国文科领域知识扩散之引文网络探析 [J]. 中国图书馆学报，2012, 38 (5)：59-67.

[7] BARUFFALDI S H, SIMETH M. Patents and knowledge diffusion：The effect of early disclosure [J]. Research Policy, 2020, 49 (4)：103927.1-103927.20.

[8] BASTIAN M, HEYMANN S, JACOMY M. Gephi：An Open Source Software for Exploring and Manipulating Networks [C] //Proceedings of the 3rd International AAAI Conference on Weblogs and Social Media, Menlo Park, CA：AAAI Press 2009：361-362.

[9] BELTER C W. Measuring the value of research data：A citation analysis of oceanographic data sets [J]. PLoS ONE, 2014, 9 (3)：e92590.

[10] BIKEL D M, SCHWARTZ R, WEISCHEDEL R M. An algorithm that learns what's in a name [J]. Machine Learning, 1999, 34 (1-3)：211-231.

[11] BÜTTNER B, FIRAT M, RAITERI E. Patents and knowledge diffusion：The impact of machine translation [J]. Research Policy, 2022, 51 (10)：104584.1-104584.18.

[12] CHEN L, XU S, ZHU L J, et al. A Deep learning based method for

extracting semantic information from patent documents [J]. Scientometrics, 2020, 125 (1): 289 –312.

[13] COUNCILL I G, GILES C L, KAN M Y. ParsCit: An Open – Source CRF Reference String Parsing Package [C] // Proceedings of the 6th International Conference on Language Resources and Evaluation (LREC'08), Morocco, 2008.

[14] DING Y, LIU X Z, GUO C, et al. The distribution of references across texts: Some implications for citation analysis [J]. Journal of Informetrics, 2013, 7 (3): 583 – 592.

[15] GRIDACH M. Character – level neural network for biomedical named entity recognition [J]. Journal of Biomedical Informatics, 2017, 70 (1): 85 –91.

[16] HAMMERTON J. Named Entity Recognition with Long Short – Term Memory [C] //7th Conference on Natural Language Learning at NAACL – HLT, 2003: 172 –175.

[17] HEARST MA. Automatic Acquisition of Hyponyms from Large Text Corpora [C]. Proceedings of the 14th Conference on Computational Linguistics, 1992: 539 –545.

[18] LAFFERTY J, MCCALLUM A, PEREIRA F C N. Conditional random fields: Probabilistic models for segmenting and labeling sequence data [J]. Proc. ICML, 2001.

[19] LAMPLE G, BALLESTEROS M, SUBRAMANIAN S, et al. Neural Architectures for Named Entity Recognition [C] //NAACL – HLT, 2016: 260 –270.

[20] LIANG P. Semi – Supervised Learning for Natural Language [D]. Cambridge, MA: Massachusetts Institute of Technology, 2005.

[21] PAN X L, YAN E J, CUI M, et al. Examining the usage, citation, and diffusion patterns of bibliometric mapping software: A comparative study of three tools [J]. Journal of Informetrics, 2018, 12 (2): 481 –493.

[22] PARK H. The Impact of Research Data Sharing andReuse on Data Citation in STEM Fields [D]. Milwaukee: University of Wisconsin – Milwaukee, 2018.

[23] SETTOUTI N, BECHAR M E, CHIKH M A, et al. Statistical comparisons of the top 10 algorithms in data mining for classification task [J]. International Journal of Interactive Multimedia and Artificial Intelligence, 2016, 4 (1): 46 – 51.

[24] TSURUOKA Y, TSUJII J. Boosting Precision and Recall of Dictionary – based Protein Name Recognition [C]. Proceedings of the ACL 2003 Workshop on Natural Language Processing in Biomedicine, Sapporo, 2003: 41 – 48.

[25] WANG Y, ZHANG C. Using Full – Text of Research Articles to Analyze Academic Impact of Algorithms [C] //International Conference on Information, England, 2018: 395 – 401.

[26] XU S, AN X, ZHU L, et al. A CRF – based system for recognizing Chemical Entity Mentions (CEMs) in biomedical literature [J]. Journal of Cheminformatics, 2015, 7 (Suppl 1): S11 – S11.

[27] XU S, HAO L, AN X, et al. Types of DOI errors of cited references in web of science with a cleaning method [J]. Scientometrics, 2019, 120 (3): 1427 – 1437.

[28] YANG J Q, LIU Z F. The effect of citation behaviour on knowledge diffusion and intellectual structure [J]. Journal of Informetrics, 2022, 16 (1): 101225. 1 – 101225. 17.

[29] YU D J, SHENG L B. Knowledge diffusion paths of blockchain domain: the main path analysis [J]. Scientometrics, 2020, 125: 1 – 27.

[30] ZHOU G D, SU J. Named Entity Recognition Using an HMM – based Chunk Tagger [C] // 40th Annual Meeting on Association for Computational Linguistics, Association for Computational Linguistics, 2002: 473 – 480.

第6章　基于全文本的微观实体
扩散模式研究

自从由非典病毒（SARS-CoV）和新冠病毒（SARS-CoV2）等冠状病毒引发的疫情暴发以来，学者们聚焦于疫苗、药物、社会经济、公众心理等各个领域，已发表几十万篇与冠状病毒相关的文献（Lu et al.，2020）。通过对冠状病毒文献的科学计量分析，可以实时监测该领域的研究表现，揭示冠状病毒文献知识扩散的潜在影响因素。然而，现有研究主要聚焦于关键词、国家、作者、引用频次等视角（De et al.，2020；Pasin et al.，2021），鲜有关注微观实体的视角。

微观实体作为一种细粒度的知识载体，是推动领域知识转移和扩散的最小单元（安欣等，2021）。早期研究人员主要关注人名、地名、机构名等实体（刘浏和王东波，2018），随着实体识别技术的快速发展，领域实体受到了越来越多的关注（夏宇彬等，2018；Wang et al.，2014；Chen et al.，2020；Xu et al.，2015；薛天竹，2017）。通过对微观实体的深入分析能够回答以下问题：哪些实体在文献中被广泛讨论？哪些实体通过引证关系发生了扩散？哪类实体在扩散过程中占主导地位？哪种扩散结构是实体扩散的主要方式？实体扩散主要采用哪种扩散路径？因此，本章以微观实体为载体，从扩散路径和扩散结构两个方面探究知识的扩散模式，研究微观实体在冠状病毒领域文献中是如何传播的，以便揭示知识的延续性和继承性。

6.1　扩散模式相关研究

目前，扩散研究特别是对扩散网络的研究正在逐步兴起，根据数据集中信息类型和扩散方式的不同可构建不同的扩散网络，如微博、推特等数据可以基于用户间的相互转发和评论构建社交网络，文献、专利等数据可以基于引用关系构建引文网络。对于不同的网络，进行扩散研究的载体也有所不同，主要分为基于社交网络的信息扩散和基于引文网络的知识扩散两个方面。

6.1.1 基于社交网络的信息扩散

对于社交网络，每条信息的传播轨迹可以用树状级联来描述，其根节点代表创建信息的用户，其边代表用户之间的信息传递路径（Dong et al.，2018）。级联大小是指级联树中包含的节点数，它是社交网络的一个关键特征，表征社交网络中信息传播的流行度。Gleeson 等（2020）计算推特级联的大小，使用分支过程模型预测级联的寿命和结构，该模型比独立级联模型更好地描述了信息的传播过程。Tong 等（2016）从级联子图的规模、范围、结构特征、出现频率等方面分析了豆瓣活动决策传播的特征，大规模级联中存在两种扩散模式：①信息平稳扩散至某一节点发生信息爆炸；②信息从一开始呈爆炸趋势至衰减。邓卫华和易明（2017）基于信息扩散级联理论，研究新浪社区中口碑信息（正面、负面）的传播过程，传播规模和到达率、传播深度和广度、节点传播率以及级联率是描述网络社区口碑和级联结构特性的重要指标，可将传播路径划分为零星式、接受式、扩散式和广泛式四种类型。

社交网络中信息的扩散和采纳概率是另一个值得关注的问题。Bakshy 等（2012）使用脸书平台进行了一项大规模随机对照实验，以检验信息暴露对信息扩散的影响，研究发现，接触到朋友信息的用户更有可能分享信息。Romero 等（2011）研究推文中主题标签的扩散情况，选取排名前 500 的标签，发现用户在收到朋友的 4 次曝光后，最有可能采用一个标签（即在他们的推文中提到或引用它）。李栋等（2014）使用静态扩散概率模型、时间相关扩散概率模型和主题相关扩散概率模型对信息扩散概率进行计算。

Guille 等（2013）认为社交网络扩散过程的模拟是一个关键问题，可采用解释模型（静态网络和动态网络）和预测模型（基于图的预测和不基于图的预测）对扩散过程进行建模。Goyal 等（2010）使用伯努利分布、杰卡德系数和分部评分（Partial Credit）等静态模型计算社交网络中用户间的相互影响，之后引入时间变量，提出连续时间模型和离散时间模型进行用户影响计算，并预测用户行动。Zhao 等（2020）提出一种深度协作嵌入

（Deep Collaborative Embedding，DCE）模型对信息级联进行预测。Liu 等（2018）收集大量微信数据信息级联树，每棵信息级联树都讲述了信息的传播轨迹，例如哪些用户创建了信息、哪些用户查看或转发了邻居共享的信息，并提出两种异构非线性模型：一种用于信息级联树的拓扑结构，应用随机递归树（RRT）来模拟级联树的生长，并指出信息通过星型、广播式或病毒式方式传播；另一种用于社交网络中信息扩散的随机过程，两种模型对级联树的再现和解释能力均得到了验证。

6.1.2 基于引文网络的知识扩散

对于文献引用过程中知识的扩散，主要是基于引用关系构建引文网络，通过对网络特征进行研究来进一步构建知识扩散模型。大型复杂网络（如 Internet、万维网等）常表现出相似的特征，如无标度（scale-free）和小世界（small world）特征（王亮，2014），这些特征在引文网络中也可能存在。此外，级联这一概念在引文网络中同样适用，闵超等（2018）将引文级联定义为仅有一个根节点的有向无环图，引文级联中的边代表文献的引用关系，一个引文级联即反映了一篇文献在发表后被后续论文层层引用的现象，与根节点相连的文献为直接引用文献，即第一代子节点，并探究引文级联的结构属性，如深度、宽度、结构病毒性和大小，解释了引文级联之间的差异，发现跨领域（或间接相关领域）工作获得的高影响比单个领域的高影响更重要（Min et al.，2021）。梁镇涛等（2020）对医学信息学领域知识级联进行分析，发现网络呈无标度但不属于小世界网络，并总结出四种典型的扩散模式：单起源型、多起源独立型、多起源选型、多起源融合型。

自然界中许多事物的概率分布都近似地符合正态分布，而与人类社会相关的分布大多数符合幂律分布，如英文单词使用频次（20% 的英文单词是高频使用词，而其余 80% 的词汇被使用得较少），即极少数的关键事物带来绝大多数的收益，其他大多数普通事物只获得少量收益。其概率密度函数为 $p(x) = Cx^{-\alpha}$，其中常数 α 被称为幂律的指数，在双对数坐标下，幂律分布表现为一条斜率为 $-\alpha$ 的直线。基于大量数据的研究表明，级联大小遵循幂律分布，尽管不同数据集和不同研究内容遵循的幂指数存在差异。毛国敏等（2014）、方爱丽等（2007）发现期刊论文被引频次存在幂律现象，林德明和姜祥园（2018）证实专利引用服从幂律分布，Pandey 等

（2020）分析引文网络中的参考文献和引文复制机制，发现引文网络的度分布严格遵循幂律分布。

对于社交网络，以实体为载体建立信息级联是描述传播轨迹的一种基本方法；对于引文网络，大部分研究关注引文级联，即从引用流的角度反映论文被层层引用的情况。而本章在引用关系的基础上，从实体的角度反映知识的传播途径，借助信息级联和引文级联的概念建立实体级联，揭示知识的扩散模式。

6.2　微观实体扩散网络

网络作为一种基础的研究方法，被用于解决各种问题。根据网络中节点的属性，可分为同构网络和异构网络，同构网络仅包含一类节点，异构网络则包含多种节点，所包含的信息更丰富。为了探究微观实体在文献中的流动方式，本研究首先收集和处理新冠领域的相关数据集，构建包含文献和微观实体两类节点的异构网络，然后以微观实体扩散网络为基础，分析实体的重要性，同时以微观实体为桥梁，探究被引文献对施引文献的影响概率。

6.2.1　数据收集与描述

1. 数据收集及处理

CORD-19 数据集（Wang et al.，2020）主要考虑了七种数据源：WHO、PubMed、Medline、Elsevier、bioRxiv、medRxiv 和 arXiv。所采用的检索式为"COVID" OR "COVID-19" OR "Coronavirus" OR "Corona virus" OR "2019-nCoV" OR "SARS-CoV" OR "MERS-CoV" OR "Severe Acute Respiratory Syndrome" OR "Middle East Respiratory Syndrome" OR "2019 novel coronavirus" OR "2019 novel CoV" OR "coronavirus 2019" OR "new human coronavirus" OR "SARS-CoV-2"。由检索式可以看出，CORD-19 数据集涵盖了与多种流行病相关的学术文章，是目前新冠病毒研究领域最全面的数据集之一。以 CORD-19 数据集（2020 – 03 – 13 版本）为基础，Wang 等（2020）利用远程监督（distant supervision）和弱监督（weak supervision）技术从全文本中提取新冠领域的微观实体，创建了 CORD-NER 数据集，这也是本章后续研究的主要数据来源。

需要说明的是，除了微观实体，本章还研究每个微观实体的引用语境以及对应的参考文献。以句子"The Ebola epidemic of 2013 is the largest such outbreak on record, influencing many nations in Africa as well as other countries［1］."为例，从 CORD-NER 数据集中仅能得知该句子提到了微观实体"Ebola epidemic"，并不能确定文内引用"［1］"为哪篇文献。为此，本章利用 ParsCit 建立了文内引用与参考文献间的映射关系。此外，CORD-NER 数据集中共包括 75 类实体，存在一些概念模糊、内容重复、与研究主题并不相关的类别。因此，针对上述两个问题对数据进行处理。

（1）匹配微观实体所在的引用语境以及引用语境对应的参考文献，解决这个问题的关键在于偏移量的计算。CORD-19 数据集以 JSON 格式储存，每个 JSON 文件代表一篇文献，文件中的偏移量是段落偏移量。CORD-NER 数据集也是以 JSON 格式储存的，每一行代表一篇文献，文件中的偏移量是全文偏移量。因此，需要重新计算 CORD-19 数据集中的偏移量，将段落偏移量转换为全文偏移量。在解析 CORD-19 数据集中的 JSON 文件时，使用 NLTK 包对句子进行切分，计算每个句子及引用锚的全文偏移量，与 CORD-NER 数据集中微观实体的全文偏移量进行比较。例如，引用语境的全文偏移量为"start：759"和"end：947"，微观实体偏移量为"start：763"和"end：767"，即微观实体出现在引用语境中。

（2）清洗实体类别。①过滤空集，也就是实体数量为 0 的类别，如 temporal concept、qualitative concept、quantitative concept、functional concept 等；②过滤与研究主题无关的类别，如 ordinal、cardinal 中的词语均为虚词，需要与其他词搭配才有意义；③过滤不属于 UMLS 语义网络的实体类词语，UMLS 语义网络将词语分为 A 类和 B 类，A 类为实体（entity），B 类为事件（event）。活动（activity）和现象或过程（phenomenon or process）都属于 B 类，不属于 A 类，因此将这两大类删除。

最终，共筛选出 11514 篇正式发表文献、394759 篇参考文献和 41 类共 497790 个微观实体。

2. 微观实体分布

（1）时间分布。以文献发表年份为横坐标，以微观实体数量和文献数量为纵坐标，微观实体年度分布如图 6.1 所示。需要说明的是，CORD-NER 数据集中的文献仅收录至 2020 年 3 月，因此图 6.1 并未展示 2020 年的数据情况。

　　总体上，2002—2019 年的发文量逐年增加，微观实体数量也相应地逐年增加，微观实体与文献的数量之比呈先下降后趋于平稳的趋势，比值稳定在 40 左右，说明每篇文献平均包含 40 个微观实体，远高于二次文献数据的微观实体数量。

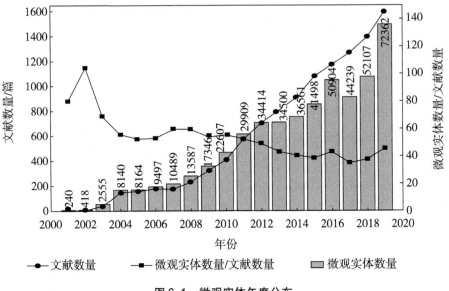

图 6.1　微观实体年度分布

　　（2）学科分布。根据基本科学指标数据库（ESI）学科分类，本章将文献划分到 20 个不同的学科中，然后根据文献所属学科和发表时间界定微观实体所属学科以及在各学科出现的时间。以表 6.1 中的 "SARS" 为例，可以看出它分布在 16 个不同的学科中，最早提及 "SARS" 实体的文献属于免疫学学科。因此，本章假定微观实体 "SARS" 源于免疫学学科，由该学科逐渐扩散至其他学科。

　　基于上述微观实体的学科归属，102265 个微观实体源于微生物学，98438 个源于综合学科，62199 个源于免疫学，这三个学科微观实体数量占总实体数量的 52.82%；其次为临床医学（11.26%）、生物及生物化学（9.07%）、植物与动物科学（6.21%）、一般社会科学（5.56%）和分子生物学与遗传学（5.20%）；其余学科微观实体数量总和小于 5.00%，具体见表 6.2。

表 6.1 实体"SARS"出现的时间及学科

序号	发表时间	学科	序号	发表时间	学科
1	2003 – 06 – 01	免疫学	9	2005 – 01 – 08	临床医学
2	2003 – 09 – 12	分子生物学与遗传学	10	2006 – 12 – 20	综合学科
3	2003 – 09 – 20	计算机科学	11	2009 – 03 – 06	心理学与精神病学
4	2003 – 11 – 17	生物及生物化学	12	2010 – 03 – 02	药剂学与药理学
5	2003 – 11 – 20	环境学及生态学	13	2010 – 10 – 18	化学
6	2004 – 01 – 28	一般社会科学	14	2011 – 03 – 24	神经科学与行为科学
7	2004 – 06 – 28	植物与动物科学	15	2014 – 04 – 14	数学
8	2004 – 11 – 17	微生物学	16	2019 – 03 – 18	材料科学

表 6.2 微观实体的学科分布

学科	实体数量	实体比例（%）	学科	实体数量	实体比例（%）
微生物学	102265	20.54	神经科学与行为科学	6118	1.23
综合学科	98438	19.78	计算机科学	3681	0.74
免疫学	62199	12.50	环境学及生态学	2886	0.58
临床医学	56058	11.26	农业科学	890	0.18
生物及生物化学	45141	9.07	材料科学	795	0.16
植物与动物科学	30894	6.21	心理学与精神病学	414	0.08
一般社会科学	27671	5.56	数学	385	0.08
分子生物学与遗传学	25862	5.20	物理学	212	0.04
化学	19063	3.83	经济学与商学	115	0.02
药剂学与药理学	14605	2.93	工程学	98	0.02

6.2.2 网络构建

图 6.2 所示为 Ding 等（2013）所构建的实体引用网络，该网络包含两类节点：文献节点和实体节点；三类边：文献间的引用关系、文献—实体包含关系和实体间的引用关系。如果文献 p_1 引用了 p_2，那么 Ding 等（2013）认为 p_1 中的所有实体引用了 p_2 中的所有实体。这样，图 6.2 存在六对实体引用关系（$e_1 \rightarrow e_4$，$e_1 \rightarrow e_5$，$e_2 \rightarrow e_4$，$e_2 \rightarrow e_5$，$e_3 \rightarrow e_4$，$e_3 \rightarrow e_5$）。

显然，这并不合理，因为文献 p_2 虽然被文献 p_1 引用，但并不意味着 p_2 中的所有实体对 p_1 都有贡献，很有可能 p_2 中的许多实体并未在 p_1 中被提及。

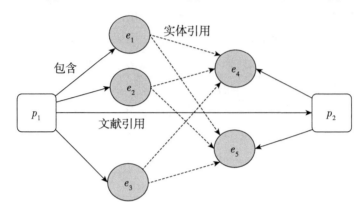

图6.2 实体引用网络

自开放获取运动实施以来，大量可公开访问的全文本数据为这个问题的有效解决提供了新的途径。具体来说，本章在文献引证关系的基础上，引入实体扩散的概念：如果某特定实体同时存在于施引文献 p_i、被引文献 p_j 以及施引文献引用该被引文献的引用语境中，则本章认为该实体从被引文献 p_i 扩散到施引文献 p_j。在本章数据集中，发生扩散的微观实体仅有 8784 个，占全部实体的 1.76%。

依据实体扩散概念，可构建图 6.3 所示的微观实体扩散网络，该网络是一种异质信息网络，包含微观实体和文献两类节点、文献引证和实体扩散两类关系，实体扩散方向与文献引证方向相反。在图 6.3 中，微观实体 e_2、e_3 和 e_5 未发生扩散，微观实体 e_1、e_4 和 e_6 发生了扩散。

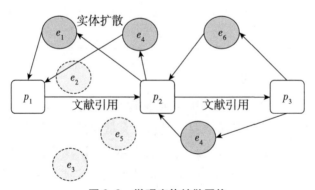

图6.3 微观实体扩散网络

由上述讨论可知，实体间的引用关系与实体在文献间扩散是两个不同的概念，Ding 等（2013）提出的实体间的引用关系不考虑引用语境，只要文献间存在引证关系，也假定文献所包含的实体间存在引证关系，而实体扩散是以引用语境为桥梁的，不仅需要文献间互相引用，微观实体也需要出现在对应的引用语境中。

6.2.3　网络中实体重要性识别

复杂网络分析中的中心度计算方法（包括度中心性、中介中心性、接近中心性等）可对同构网络中节点的重要性进行排序，以识别网络中的重要文献。但由于本章所构建的微观实体扩散网络为异构网络，并不适合使用中心度计算节点的重要性，因此使用 Kuhn 等（2014）提出的知识模因测度指标对网络中微观实体的重要性进行排序，指标计算方法为

$$P_m = \frac{d_{m \to m}}{d_{\to m} + \delta} \Big/ \frac{d_{m \to \bar{m}} + \delta}{d_{\to \bar{m}} + \delta} \tag{6.1}$$

$$M_m = f_m \times P_m \tag{6.2}$$

该指标的计算包括两部分：传播分数 P_m 的计算和模因分数 M_m 的计算。传播分数 P_m 由黏滞系数和分散系数构成：黏滞系数 $\dfrac{d_{m \to m}}{d_{\to m} + \delta}$ 量化了一篇携带知识模因的文献在引用另一篇携带知识模因的文献时，知识模因的复制程度，对应到微观实体，即反映了微观实体的传递程度；分散系数 $\dfrac{d_{m \to \bar{m}} + \delta}{d_{\to \bar{m}} + \delta}$ 则量化了一篇携带知识模因的文献在其参考文献中均未出现该知识模因的频率，表示知识模因扩散过程中的割裂程度，对应到微观实体，即反映了微观实体在扩散过程中出现间断的程度。表 6.3 列出了微观实体测度指标各参数的含义。

共计算 120303 个微观实体（频次大于 1 的微观实体）得分，其中 87735 个微观实体得分为 0，说明这些微观实体并未发生扩散；32568 个微观实体得分不为 0。得分排名前 30 的微观实体见表 6.4。得分较高的微观实体集中在 IFITM proteins（IFITM 蛋白）家族，说明该微观实体通过文献的引证层层传递，被广泛讨论。

表6.3 微观实体测度指标各参数的含义

参数	在知识模因计算中的含义	在微观实体计算中的含义
$d_{m \rightarrow m}$	包含知识模因 m 且参考文献中至少有一篇包含 m 的文献数量	包含微观实体 e 且参考文献中至少有一篇包含 e 的文献数量
$d_{\rightarrow m}$	参考文献中至少有一篇包含 m 的文献数量	参考文献中至少有一篇包含 e 的文献数量
$d_{m \rightarrow \bar{m}}$	包含知识模因 m 但参考文献均不包含 m 的文献数量	包含微观实体 e 但参考文献均不包含 e 的文献数量
$d_{\rightarrow \bar{m}}$	参考文献均不包含 m 的文献数量	参考文献均不包含 e 的文献数量
δ	常数，防止分母为0	

注：表中各字母的含义引自文献梁镇涛等（2020）。

表6.4 得分排名前30的微观实体

排名	微观实体	得分	排名	微观实体	得分
1	IFITM proteins	4.082	16	dromedary	1.289
2	IFITM2	2.544	17	CC lines	1.236
3	PEDV strain	2.396	18	CC mice	1.198
4	IFITM3	2.374	19	Griffithsin	1.127
5	IFITM5	2.252	20	Dromedaries	1.122
6	CC strains	1.945	21	piglet	1.099
7	IFITM1	1.754	22	ENC values	1.082
8	PEDV	1.663	23	GS-5734	1.061
9	IFITM3 expression	1.622	24	slippery site	1.047
10	bibliometric	1.538	25	IFITMs	1.027
11	H-index	1.519	26	infection	0.994
12	GRFT	1.459	27	MERS-CoV	0.985
13	human IFITM3	1.348	28	camel	0.974
14	bibliometric study	1.341	29	hBoV infection	0.958
15	NTCP	1.331	30	Cystoisospora suis	0.946

6.3 网络中微观实体的暴露与引用

在社交网络中，可能会出现这样一种现象：以微博为例，当用户看到自己的好友转发或评论某件事时，用户可能会对这件事产生兴趣，进而引起转发或评论这件事的行为。在文章引证过程中，被引文献提及微观实体多少次才会导致施引文献的引用采纳？为了讨论这个问题，需要定义两个相关概念：

（1）暴露（exposure）。如果被引文献中提及微观实体 e，那么认为微观实体 e 暴露于施引文献，例如，存在文献 p 引用文献 q_1、q_2、q_3 和 q_4，如果 q_1 中提到微观实体 e，则微观实体 e 暴露于文献 p。

（2）暴露次数（k）。暴露次数即相应微观实体被被引文献提及的篇数，例如，q_1 和 q_2 中提及微观实体 e，q_3 和 q_4 中未提及微观实体 e，则微观实体 e 的暴露次数为 2。

上述问题可以转化为微观实体的暴露次数与引用采纳（adoption）间的关系。以图 6.4 为例，"微观实体 1"被 3 篇被引文献提及后，被施引文献引用采纳；而"微观实体 4"被 2 篇被引文献提及后，就被施引文献引用采纳。

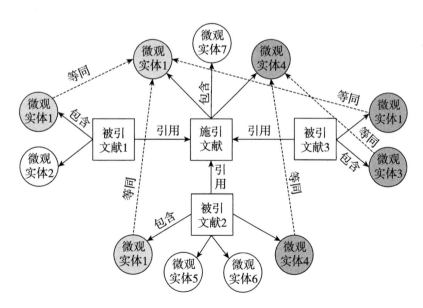

图 6.4　引用采纳与暴露次数间的关系

6.3.1 暴露次数与引用采纳间的关系

为了探究暴露次数与引用采纳间的关系，需要统计微观实体的暴露次数 k，以及在暴露次数为 k 时微观实体 e（$e \in E$，E 为微观实体集合）被采纳的概率 p_k，计算步骤如下。

（1）筛选出所有提及微观实体 e 的文献，记为集合 $S_p(e)$。

（2）统计当 p_i（$p_i \in S_p(e)$）作为施引文献时，实体 e 的暴露次数 k，会得到不同文献作为施引文献时，微观实体的暴露次数统计表。

（3）计算暴露次数的频率，以频率代替采纳概率 p_k。

例如，$E = \{"SARS", "ACE2"\}$，根据表 6.5 可以得到，当 $k = 2$ 时，$p_k = \frac{2}{5} = 0.4$；当 $k = 3$ 时，$p_k = \frac{2}{5} = 0.4$；当 $k = 4$ 时，$p_k = \frac{1}{5} = 0.2$。

表 6.5　暴露次数统计示例

微观实体	施引文献 ID	暴露次数 k
SARS	261	2
SARS	499	3
ACE2	6741	2
ACE2	736	3
ACE2	598	4

以暴露次数 k 为横坐标，以采纳概率 p_k 为纵坐标，绘制暴露次数—采纳概率对数图，结果如图 6.5 所示。

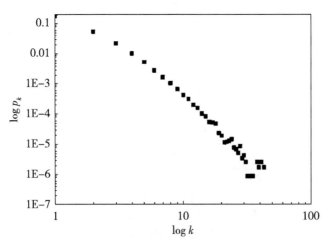

图 6.5　暴露次数—采纳概率对数图

由图6.5可知，这个分布在双对数坐标下接近一条直线，经计算服从指数为1.26的幂律分布，说明暴露次数越少，引用采纳概率越高。

6.3.2 影响概率计算

由第6.3.1节可以看出，微观实体的暴露次数与引用采纳间服从幂律分布，而微观实体的扩散是基于微观实体扩散网络，那么在施引文献 (p) 是否引用采纳特定微观实体 (e) 的条件下，能够有效计算施引文献的全部被引文献 (S_q) 对施引文献 (p) 的影响概率 $Pr_p(S_q)$？

本小节将这个概率定义为式（6.3），其中 $Pr_{q,p}$ 表示施引文献中的一篇被引文献 ($q \in S_q$) 对施引文献 (p) 的影响概率。

$$Pr_p(S_q) = 1 - \Pi_{q \in S_q}(1 - Pr_{q,p}) \tag{6.3}$$

参照Goyal等（2010）在影响概率计算方面的贡献，基于最大似然法估计单篇影响概率 $Pr_{q,p}$，进而估计总体影响概率 $Pr_p(S_q)$。

本小节认为只有在文献间的微观实体发生扩散时，微观实体才对施引文献产生影响，影响概率 $Pr_{q,p}$ 可采用式（6.4）进行估计：

$$Pr_{q,p} = \frac{E_{q2p}}{E_q} \tag{6.4}$$

式中，E_{q2p} 是文献 p 与文献 q 间发生扩散的微观实体数量；E_q 是文献 q 中微观实体的数量。以表6.6为例，对影响概率计算进行说明。

表6.6 影响概率计算示例

序号	实体	施引文献 (p)	被引文献 (q)	是否发生微观实体扩散
1	ACE2	10	20	是
2	PCR	2	1	否
3	SARS	20	4	否
4	CD4	12	5	否
5	depression	5	—	否
总计	—	49	30	—

施引文献 (p) 中存在5类共49个微观实体，被引文献 (q) 中存在4类共30个微观实体，E_{q2p} 是指传递的微观实体类别，文献 p 和 q 间仅传递ACE2这类微观实体，E_q 是指被引文献 (q) 中所有的微观实体类别（共4类），$Pr_{q,p} = \frac{1}{4} = 0.25$［被引文献 ($q$) 的4类微观实体中的1类扩散到施引

文献（p）中]。

　　计算结果如图6.6所示，将影响概率按照从小到大的顺序排列，横轴为文献排名序号，纵轴为影响概率大小，共计算8253篇文献，其中影响概率最小的为0，最大的接近0.6，说明在文献引用过程中，被引文献对施引文献存在一定的影响。

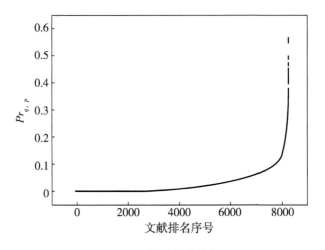

图6.6　影响概率分布

　　进一步探究影响概率为0的情况，以 ID = 4 的文献为例，其影响概率为0可能有以下三种情况。

　　（1）被引文献数量不全。当 ID = 4 的文献作为施引文献时，实际拥有24篇参考文献，但数据集中仅包含12篇参考文献信息（ID 分别为120、283、474、480、1717、11348、15335、17776、24827、696、29028、475）。

　　（2）被引文献没有全文本。在 ID = 4 的12篇参考文献中，仅有4篇参考文献拥有全文本（ID 分别为120、1717、11348、29028），以文献696为例，其中的微观实体2019-nCoV传递到了文献4，但由于数据集中缺少文献696的全文本，因此并没有计算该微观实体的传递。

　　（3）被引文献为预印本。在进行最初数据处理时，过滤掉了预印本文献，虽然文献4有4篇参考文献拥有全文本（ID 分别为120、1717、11348、29028），但文献29028是预印本，后续研究中并未考虑预印本。

6.4 微观实体扩散路径

本章从微观实体所属类别和学科两个角度讨论微观实体扩散路径。根据微观实体扩散的概念，从微观实体扩散网络中抽取微观实体扩散对，构建微观实体演化网络，以冠状病毒类微观实体演化网络为例，使用主路径分析方法揭示微观实体的演化过程。由于新冠研究是多学科的综合性研究，因此，从学科的角度分析新冠领域微观实体在学科间的扩散强度，以识别微观实体在各学科中的重要程度。

6.4.1 微观实体演化路径

1. 微观实体演化网络

微观实体演化网络是以微观实体扩散网络为基础进行构建，从微观实体扩散网络中抽取实体扩散对，创建仅包含微观实体节点的子网络，为路径分析提供支持。由图 6.3 可知，微观实体 e_1 和 e_4 从被引文献 p_2 扩散至施引文献 p_1，微观实体 e_6 从被引文献 p_3 扩散至施引文献 p_2，存在关系 $p_3 \rightarrow e_6 \rightarrow p_2 \rightarrow e_4 \rightarrow p_1$，可得到实体扩散对 $e_6 \rightarrow e_4$，即实体演化网络的一条边。需要说明的是，由于实体演化网络的节点为微观实体，并不是文献，网络中会出现环状结构，此时按照微观实体的出现时间消除环状结构。以冠状病毒类微观实体为例，其在网络中出现的时间见表 6.7。例如，环状结构"SARS-CoV"→"MERS-CoV"→"SARS-CoV"，由于"SARS-CoV"在文献中的出现时间早于"MERS-CoV"，因此仅保留边"SARS-CoV"→"MERS-CoV"。

表 6.7　冠状病毒类微观实体年度分布

年份	冠状病毒类实体	数量
1996	coronavirus	1
2002	SARS	1
2003	SARS-CoV、FCoV、HCoV	3
2004	HCoV-OC43、HCoV-NL63、HCoV-229E	3
2005	canine coronavirus、HCoV-HKU1、HCoVs、bovine CoV	4
2008	TGEV	1
2009	SARSr-CoV、alpha coronavirus、beta coronavirus、pan-CoV	4

年份	冠状病毒类实体	数量
2010	PDCoV、CCoV-II、delta coronavirus、gamma coronavirus	4
2012	tylonycteris bat coronavirus HKU4、HCoV-EMC、BtCoV HKU5	3
2013	MERS-CoV、MERS、ncov	3
2019	embecovirus、sarbecovirus	2
2020	2019-nCoV、COVID-19、SARS-CoV-2	3

2. 微观实体演化主路径

为了揭示微观实体的扩散路径，本章采用主路径分析法（main path analysis）。该方法主要包括边权重计算与路径搜索两个步骤。边权重计算方法主要包括搜索路径链接计数法（Search Path Link Count, SPLC）、节点对投影计数法（Node Pair Projection Count, NPPC）、搜索路径节点对计数法（Search Path Node Pair, SPNP）（Hummon and Dereian, 1989）、搜索路径计数法（Search Path Count, SPC）（Batagelj, 2003）等。路径搜索算法则包括从源节点（入度为0但出度不为0的节点）到目标节点（出度为0但入度不为0的节点）的前向搜索、从目标节点到源节点的后向搜索，以及基于关键路径（key-route）的双向搜索等（Liu and Lu, 2012），每种搜索方法又可分为全局最优搜索和局部最优搜索。SPC主要适用于符合基尔霍夫节点定律的场景（Batagelj, 2003），即流入遍历权值之和等于流出遍历权值之和的网络；SPNP假设中间节点只是作为知识仓库，并不产生新的知识（Liu et al., 2019）；SPLC更符合知识扩散的实际场景，因此本章采用SPLC进行主路径分析。关键路由搜索方法（Liu and Lu, 2012）可以解决主路径单一问题，能够提供更多重要的节点，有助于更全面地发现演化轨迹，因此，路径搜索采用关键路径搜索法。

以图6.7为例说明关键路径计算原理。首先，使用SPLC计算网络中的遍历权重，该网络中包含两个起始节点（A和B）、两个终止节点（I和J），以路径CG为例，从C点及C点的源头（也就是A点）开始，共有6条路径经过CG：$ACGHJ$、$ACGI$和$ACGHJ$、$CGHJ$、CGI和$CGHJ$，因此路径CG的权重为6。然后对路径进行搜索，从权重最大的边GH开始，从H向前搜索，HI的权重为9，HJ的权重为9，均选择；从G向后搜索，EG的权重为9，CG的权重为6，选择EG。最终得到的关键路径如图6.8所示。

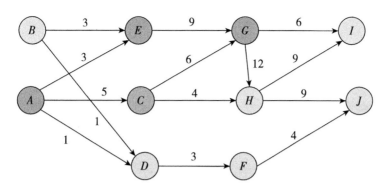

图 6.7 网络示意图（SPLC 遍历）

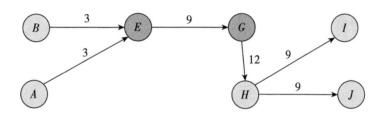

图 6.8 关键路径方法

以冠状病毒类微观实体为例进行演化路径分析，借助 Pajek 软件内嵌的主路径分析法进行计算及可视化，关键路径数为 1，得到图 6.9。路径中包含三个重要节点，即"SARS""MERS- CoV"和"2019-nCoV"，对应 2003 年的严重急性呼吸综合征、2012 年的中东呼吸综合征和 2019 年的新型冠状病毒感染（COVID-19）。FCoV 为猫冠状病毒（feline coronavirus），猫感染该病毒后通常不出现临床症状，但有可能引起死亡率非常高的传染性腹膜炎（FIP），是猫科动物中常见的一种慢性致死性传染病。HCoV 是人冠状病毒（Human coronavirus），HCoV-229E（人冠状病毒 229E）属于 α 属冠状病毒，HCoV-OC43（人冠状病毒 OC43）属于 β 属冠状病毒（王金津和谢正德，2021），此外 SARS-CoV、MERS-CoV 和 2019-nCoV 也属于 β 属冠状病毒，均为可以感染人的冠状病毒。embecovirus、sarbecovirus 是 β 冠状病毒属的两个亚属，2019-nCoV 属于 sarbecovirus 亚属。

在图 6.9 中，冠状病毒的先后顺序与其出现顺序基本一致，但是，HCoV-229E 和 HCoV-OC43 分别于 1966 年和 1967 年被首次发现（楚侃侃等，2022），早于 SARS 首次出现的时间，本章认为出现该问题的主要原因很可能是数据集不完备。

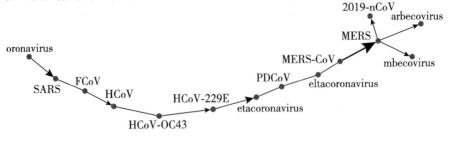

图6.9 有关"冠状病毒"的演进路线

6.4.2 微观实体学科间扩散

根据实体扩散对中微观实体的信息,能够确定微观实体所属的学科信息,即可将实体扩散对转化成学科扩散对。根据学科扩散对绘制学科间微观实体扩散网络,如图6.10所示。边的颜色越深,代表两个学科间微观实体的扩散量越大。在微生物学、免疫学和综合学科之间形成了一个非常明显的微观实体扩散三角形,说明这三个学科间的微观实体扩散频繁。此外,微生物学、免疫学与临床医学、生物及生物化学、分子生物学与遗传学、植物与动物科学之间也存在大量的微观实体流动。

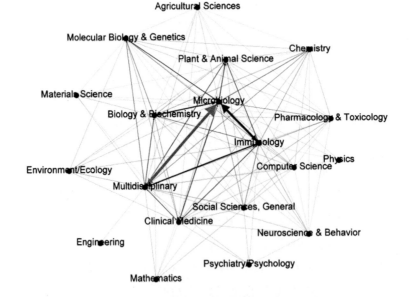

图6.10 学科间的微观实体扩散网络

从单个微观实体在学科间的扩散来看,"SARS"涉及16个学科,是扩散范围最广的实体，以"SARS"为例绘制单个微观实体学科间扩散图，如图 6.11 所示。由图 6.11 可知，"SARS"最先出现于免疫学学科，因此"SARS"以免疫学为起源，向其他学科进行扩散，这种扩散是双向的，由免疫学扩散至微生物学，再从微生物学扩散回免疫学。

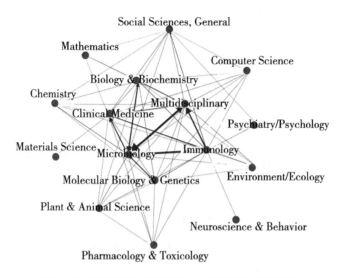

图 6.11 微观实体"SARS"在学科间的扩散网络

计算部分微观实体学科间扩散网络的密度，见表 6.8，不同实体网络的网络密度存在一定的差异。MERS-CoV 扩散网络的密度最大，学科间联系较强；与 MERS-CoV 相比，rhinovirus、RT-PCR 扩散网络的密度较小。

表 6.8 部分微观实体学科间扩散网络

微观实体	学科数	平均度	图密度
SARS	16	5.562	0.371
MERS	14	3.571	0.275
MERS-CoV	12	6.083	0.553
bat	12	4.330	0.394
pig	12	3.250	0.295
rhinovirus	12	2.333	0.212
IFN	11	4.000	0.400
RSV	11	3.000	0.300
RT-PCR	11	2.636	0.264

6.4.3 微观实体学科内扩散

数据集共涉及 20 个学科，由于部分学科的微观实体数量较少，仅讨论微观实体数量大于 50 的 7 个学科，并计算学科内实体扩散网络的最大连通网络，见表 6.9。

表 6.9　微观实体学科内扩散网络

学科	原网络节点数	原网络边数	最大连通网络节点数	最大连通网络边数	最大连通网络密度
微生物学	2261	18680	2243	18659	0.003710
免疫学	1171	16554	1169	16553	0.012123
综合学科	924	2270	876	2235	0.002916
生物及生物化学	607	4562	596	4556	0.012848
临床医学	282	633	247	607	0.009990
植物与动物科学	202	541	191	535	0.014742
分子生物学与遗传学	99	154	76	134	0.023509

由表 6.9 可知，微生物学、临床医学、综合学科的网络密度低于 0.01，学科内部联系较弱。免疫学、生物及生物化学、植物与动物科学、分子生物学与遗传学这四个学科的微观实体扩散密度较大。

微观实体学科内扩散网络仅有微观实体一类节点，因此可使用 PageRank 计算网络中节点的扩散能力。PageRank 最早被应用于网页重要性识别，该方法的主要思想与引文网络中识别重要文献的思想相似：在引文网络中，如果一篇文章被更多的文献引用，那么其重要性会上升；如果一篇文献被另一篇重要性很高的文献引用，那么其重要性也会上升。进一步将这种思想应用到微观实体学科内扩散网络，网络中的实体之间存在扩散关系，在文献的引用过程中，实体会在不同的文献间进行流动，例如 "coronavirus"→"SARS"，"bat"→"SARS"，"MHV"→"SARS"，"influenza"→"SARS"，扩散至"SARS"的微观实体数量越多，"SARS"的得分越高。

以微生物学、免疫学和临床医学为例，计算微观实体的 PageRank 得分，并通过可视化的方式展示学科内部微观实体扩散网络形态（选取 PageRank 排名前 80 的微观实体）。网络中的点代表微观实体，边代表微观实体在文献中的扩散，节点的大小代表微观实体在网络中的 PageRank 得分。

图 6.12❶ 所示为微生物学学科内微观实体的扩散网络，在网络中处于核心位置的实体有"IFITM3"（0.0234）、"mRNA"（0.0171）、"receptor"（0.0134）、"PEDV"（0.0130）、"IFITM proteins"（0.0102）❷ 等。"IFITM proteins"为干扰素诱导的跨膜蛋白，是一个小型同源蛋白家族，位于血浆和溶酶体膜中，可阻断病毒与宿主细胞膜之间的融合（Yanez et al.，2020）。"IFITM3"为干扰素诱导的跨膜蛋白 3，是 IFITM 蛋白家族的一员。"PEDV"是猪流行性腹泻病毒（porcine epidemic diarrhea virus）的缩写，为冠状病毒科、冠状病毒属的成员，可导致新生仔猪出现急性腹泻、呕吐或脱水等症状，有较高的死亡率。

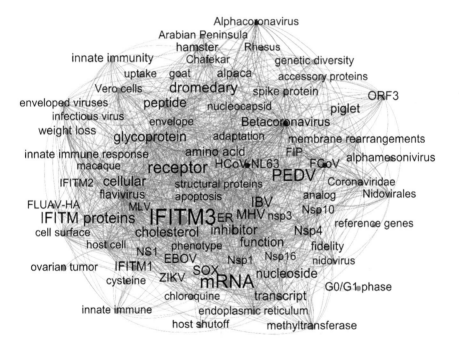

图 6.12　微生物学学科微观实体的扩散网络

图 6.13 所示为临床医学学科内微观实体的扩散网络，从图中可以看出，在网络中处于核心位置的实体有"influenza virus"（0.0526）、"mAbs"

---

❶　图 6.12 ~ 图 6.14 另见文前彩图。

❷　括号内为 PageRank 得分。

（0.0403）、"pneumonia"（0.0317）、"mortality rates"（0.0303）、"TLR3"（0.0261）❶ 等。流感病毒（influenza virus）分为三种类型：甲型、乙型和丙型，甲型流感病毒可以感染人类和多种动物，乙型流感病毒仅在人际传播并会引起季节性疾病的流行，丙型流感病毒既可以感染人类，也可以感染猪，但病情通常较为温和。"H5N1"和"H1N1"是两种甲型流感病毒，大多发生于家禽。"mAbs"为单克隆抗体（monoclonal antibody）的缩写，由单克隆抗体制成的抗体药以其高度特异性和疗效确切的特点，在肿瘤、自身免疫、代谢、病毒感染等疾病领域显示出独特的优势和广阔的应用前景（付志浩等，2021）。"TLR3"（Toll 样受体 3）是一种病毒双链 RNA 识别受体，其在机体抗病毒天然免疫中发挥着十分重要的作用。

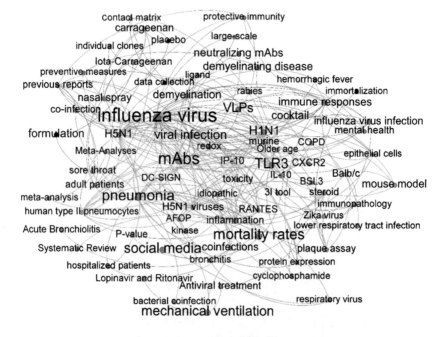

图 6.13　临床医学学科微观实体的扩散网络

图 6.14 所示为免疫学学科内微观实体的扩散网络，从图中可以看出，在网络中处于核心位置的实体有"coronavirus"（0.1148）、"SARS"（0.0692）、"bat"（0.0622）、"infection"（0.0462）、"human"（0.0242）、

---

❶ 括号内为 Page Rank 得分。

"vaccine"（0.0181）❶ 等。"coronavirus"和"SARS"为网络中扩散能力最强的两个实体，HCoV-229E、HCoV-OC43 和 SARS-CoV 同属冠状病毒类，被研究人员广泛关注。同时，"vaccine"（疫苗）的研究也是当前的热点。HMPV 是人类偏肺病毒（human metapneumovirus）的缩写，该病毒是导致急性呼吸道感染的主要原因，特别是在儿童、免疫功能低下的患者和老年人中。

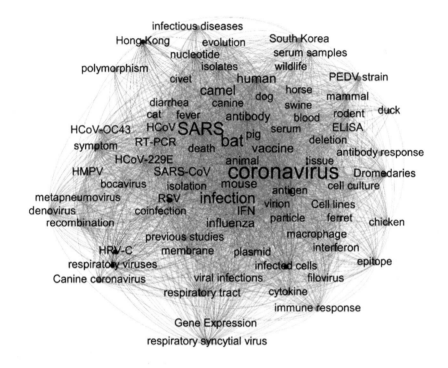

图 6.14　免疫学学科内微观实体的扩散网络

6.5　微观实体扩散结构

本章借助实体级联探究微观实体的扩散结构，微观实体的级联网络能够反映微观实体在文献间层层引用的现象。通过同构算法对级联网络进行标准化处理，根据根节点数和扩散方式的不同将级联网络划分为不同的结构。分析级联网络的深度、宽度、级联规模、根节点数等基础特征，讨论

---

❶　括号内为 PageRank 得分。

级联网络的结构流行性和结构感染性，从微观实体的层面揭示知识扩散的结构。

6.5.1 实体级联网络

参考信息级联（Choobdar et al.，2015）、引用级联（闵超等，2018；Min et al.，2021）及实体扩散的概念，将实体级联定义为一个能够反映实体扩散方式的有向无环图，边代表实体扩散的方向：从被引文献指向施引文献，将入度为0的节点作为根节点，代表实体最开始出现的文献，也就是该实体的源头。由图6.3可知，微观实体 e_4 从 p_3 扩散至 p_2，又从 p_2 扩散至 p_1，存在关系 $p_3 \rightarrow e_4 \rightarrow p_2 \rightarrow e_4 \rightarrow p_1$，可得到实体 e_4 的级联网络" $p_3 \rightarrow p_2 \rightarrow p_1$ "。数据集中发生扩散的微观实体共8784个，即存在8784个实体级联。

为了区分级联的扩散结构，采用同构算法（Ullmann，1976；Cordella et al.，2004；Carletti et al.，2018）对实体级联图进行标准化处理。图6.15a所示为微观实体 niclosamide 的级联结构，niclosamide 在 ID 为 3422、10342和11871的三篇文献中扩散；图6.15b所示为 lycorine 的级联结构。虽然两个实体在扩散过程中所涉及的文献不同，但两个级联图的节点数和边数相同，且节点和边存在——对应关系：3422↔2842，10342↔17030，11871↔12352，因此这两个实体级联图是同构的，即两个实体的扩散结构相同。

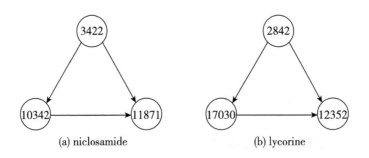

(a) niclosamide   (b) lycorine

图6.15 同构图示例

本章采用 Cordella 等（2004）提出的 VF2 算法对实体级联进行标准化处理，共得到553种扩散结构。值得注意的是，不同于引文级联（闵超等，2018；Min et al.，2021），一个实体级联可能存在多个根节点，本章认为主要有以下三个原因：①知识在不同的时刻独立产生（梁镇涛等，2020）；②引用不规范；③在构建数据集时剔除了预印本文献，造成一部分引用中断。根据根节点数目的不同，可将级联分为单起源与多起源，单起源级联占16.09%，多起源级联占83.91%。根据扩散方式的不同，可以分为纵深型、混合型和广播型，如图6.16所示。541个级联为混合型，9个级联为广播型，3个级联为纵深型。级联结构频次服从指数为1.72的幂律分布，也就是说，越简单的扩散结构出现得越频繁。

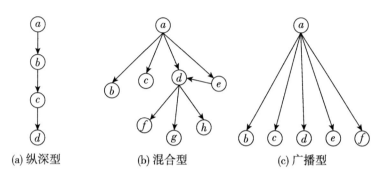

(a) 纵深型   (b) 混合型   (c) 广播型

图6.16　实体级联类型示意图

6.5.2　实体级联的基础特征

在现实的引文网络中，可以有多个路径从根节点到达同一子节点。也就是说，子节点可以同时是根的N阶引用或$N-1$阶引用，如图6.16b所示，a为根节点，d既是第一代节点，也是第二代节点。为了避免后续指标计算出现问题，不允许文献属于不同的引文代，规定节点代数为根节点至该节点最长路径的代数，例如，从a到g存在两条路径：$a \rightarrow d \rightarrow g$和$a \rightarrow e \rightarrow d \rightarrow g$，按照最长路径计算，节点$g$属于第三代节点。

实体级联网络中涉及深度（depth）、宽度（width）和规模（size）等特征。深度是指级联网络中根节点到其余节点的最长路径的长度，宽度是指级联网络中每代节点数，规模是指级联网络中节点的数量。需要说明的是，级联网络可能会存在非连通的部分，因此在构建实体级联网络时，取该实体级联网络的最大连通子图，以保证每个节点间存在联系。对8784个实体级联网络的节点数、边数、深度和宽度进行统计分析（见表6.10），实体级联网络最少包含2个节点，最多包含1285个节点，规模差异较大。由于在构建级联网络时选择级联的最大连通子图，所以实体级联中的节点间一定存在引用关系，且实体的扩散方向与文献引用方向相反，即文献a引用文献b，那么实体是从文献b传递到文献a中。级联网络存在单个根节点和多个根节点的情况，表明微观实体知识在产生过程中存在独立性。级联最深可达 13 代，表明微观实体知识具有很强的延续性和传播性。

表 6.10　实体级联网络基础特征统计

参数	级联规模	边数	根节点数	深度	宽度
最大值	1285	2179	270	13	300
最小值	2	1	1	1	1
均值	3.669	3.277	1.394	1.137	1.717
标准差	20.629	35.675	4.498	0.542	5.588

级联规模服从指数为 1.60 的幂律分布，这说明微观实体级联分布极不均匀，绝大部分微观实体级联拥有较少的节点，较少部分微观实体级联拥有较多的节点。约 70% 的级联规模小于 3，也就是仅由根节点和第一代节点构成。

6.5.3　结构感染性和流行性

1. 结构感染性

结构感染性的概念最初由 Geol 等（2015）提出，用于描述病毒传播的结构属性，是对现有病毒传播模型及其相关概念的补充。Geol 等（2015）采用维纳指数衡量结构感染性，即

$$Structural\ virality = \frac{1}{n(n-1)} \sum_{i=1}^{n} \sum_{j=1}^{n} d_{ij} \tag{6.5}$$

该指标满足以下三个标准：①对于固定规模的级联，结构感染性越大，级联分支应该越多；②对于固定分支的级联，结构病毒性应该随着级联代数（即深度）的增加而增加；③对于纯广播的极端情况，结构感染性的大小与级联大小无关。

此外，可以使用树的平均节点深度来衡量结构感染性，即

$$Structural\ virality = \frac{1}{|T|-1} \sum_{v \in T, v \neq r} d(v,r) \tag{6.6}$$

式中，$|T|$ 是级联规模；$d(v,r)$ 是任意节点 v 和源节点 r 之间的最短路径。

Geol 等（2015）使用结构病毒性这一概念来分析推特数据集中事件的扩散，包括新闻故事、视频、图像和请愿书的传播，以证实这一概念的合理性。推特数据集包括约 10 亿个事件，每一个事件被构造为一个扩散树，

该树每次追溯到一个单一的根节点，即引入该特定内容的用户。与扩散树不同的是，本章讨论的实体级联存在多个根节点，直接使用 Geol 等（2015）提出的指标衡量结构感染性并不合适，因此，对式（6.6）进行变形，使其适用于多个根节点的情况：

$$Structural\ virality = \frac{1}{n_{edge}} \sum_{v \in T, v \neq r} d(v,r) \tag{6.7}$$

式中，$d(v,r)$ 是任意节点 v 和源节点 r 之间的最短路径；n_{edge} 是与源节点连通的其余节点的数量，即源节点能到达该节点，也就是 $d(v,r)$ 的数量。

根据式（6.6）计算图 6.17a 所示网络的结构感染性：$Structural\ virality = \frac{1}{8-1}(1+2+2+2+1+2+2) \approx 1.71$。对于单一根节点级联，$|T|-1$ 可以理解为节点总数 -1，也可以理解为从根节点出发，能够到达的节点的数量，也就是存在 7 条 "$d(v,r)$"，即（1，2）（1，3）（1，4）（1，5）（1，6）（1，7）（1，8）。式（6.7）直接使用 "$d(v,r)$" 的数量作为分母，$Structural\ virality = \frac{1}{7}(1+2+2+2+1+2+2) \approx 1.71$，两种计算方式结果相同。因此，对于单一根节点级联，式（6.6）和式（6.7）是相同的。

根据式（6.7）计算图 6.17 所示网络的结构感染性：$Structural\ virality = \frac{1}{9}(1+2+2+1+2+2+1+2+2) \approx 1.67$。存在 9 条 "$d(v,r)$"，即（1，3）（1，4）（1，5）（1，6）（1，7）（1，8）（2，4）（2，7）（2，8），节点 2 无法到达节点 3、5 和 6。

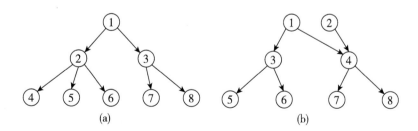

图 6.17　结构感染性计算示例

根据式（6.7）计算级联的结构感染性，以结构感染性为横坐标，绘制互补累计分布图，如图 6.18 所示。

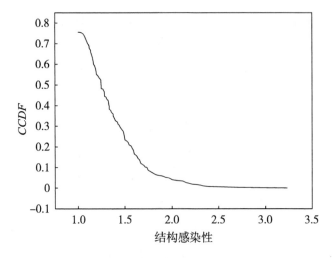

图 6.18　结构感染性互补累计分布图

由图 6.18 可知，结构感染性的最小值为 1，约有 25% 的级联结构感染性为 1，说明这些实体扩散到第一代就停止，并未继续扩散。结构感染性排名前 10 的微观实体级联见表 6.11，结构感染性越强，级联分支越多，级联的扩散能力越强。结构感染性排名第一的级联并不是规模最大的级联，规模最大的级联的结构感染性约为 3.14，排名第二。在结构感染性排名前 10 的级联中，还存在级联规模为 7 的级联，级联规模与结构感染性间的相关系数仅为 0.43。虽然这两个指标具有一定的相关性，但并不能说明规模大的级联扩散能力就强。

表 6.11　结构感染性排名前 10 的微观实体级联

序号	实体 ID	级联规模	源节点数量	结构感染性
1	36	463	74	3.236821
2	49	1285	270	3.142230
3	31	585	115	2.705785
4	104	972	180	2.603891
5	7	241	50	2.547018
6	1839	16	3	2.343750
7	157	7	1	2.333333
8	132	135	48	2.314667
9	71	174	54	2.310448
10	2377	21	5	2.301887

2. 结构流行性

Goel 等（2015）在探究社交网络中事件的扩散时，使用级联规模衡量结构流行性，这种衡量方式假设级联扩散中每个节点的作用相同，但这种假设并不合理，因为在扩散过程中存在衰减现象（Gleeson et al.，2020）。因此，本章对级联代数进行加权来计算结构流行性，共采用三种加权方法：算数加权法、几何加权法、调和加权法（Liu and Kuan，2016）。

算数加权法：

$$w_n = \begin{cases} 1, \text{当 } n \text{ 为源节点时} \\ 1-(n-1)\times f, f \text{ 为算数衰减因子} \end{cases} \quad (6.8)$$

几何加权法：

$$w_n = \begin{cases} 1, \text{当 } n \text{ 为源节点时} \\ \dfrac{1}{r^{(n-1)}}, r \text{ 为几何衰减因子} \end{cases} \quad (6.9)$$

调和加权法：

$$w_n = \begin{cases} 1, \text{当 } n \text{ 为源节点时} \\ \dfrac{1}{n}, n \text{ 为其他代数节点} \end{cases} \quad (6.10)$$

结构流行性的计算公式为

$$Structural\ popularity = \sum_{n=1}^{N} w_n N_n \quad (6.11)$$

式中，N_n 为第 n 代节点的数量。

由表 6.12 可知，根据算数加权法得 $W = 1\times1 + 1\times15 + 0.8\times12 + 0.6\times6 + 0.4\times4 + 0.2\times1 = 31$；根据几何加权法得 $W = 1\times1 + 1\times15 + \dfrac{1}{2}\times12 + \dfrac{1}{4}\times6 + \dfrac{1}{8}\times4 + \dfrac{1}{16}\times1 + \dfrac{1}{32}\times1 = 24.09$；根据调和加权法得 $W = 1\times1 + 1\times15 + \dfrac{1}{2}\times12 + \dfrac{1}{3}\times6 + \dfrac{1}{4}\times4 + \dfrac{1}{5}\times1 + \dfrac{1}{6}\times1 = 25.37$。

调和加权法的权重仅和节点代数有关，而算数加权法和几何加权法还需要确定衰减因子。以算数衰减因子为例，当算数衰减因子取 0.2 时，第 6 代及以后的代数权重为 0，即认为前 5 代节点存在科学影响力；同理，当算数衰减因子取 0.1 时，即认为前 10 代节点存在科学影响力。级联规模服从幂律分布，约 99.9% 的级联规模在 100 以下，其中 99.9% 的级联终止于第5代，因此设定算数衰减因子 $f = 0.2$、几何衰减因子 $r = 2$，结果如图6.19所示。从图中可以看出，整体变化趋势相似，即三种加权方式在本章的数据集中没有明显的差异。

表6.12 结构流行性计算示例

代数	每代节点数	算数加权（$f = 0.2$）	几何加权（$r = 2$）	调和加权
源节点	1	1	1	1
1	15	1	1	1
2	12	0.8	1/2	1/2
3	6	0.6	1/4	1/3
4	4	0.4	1/8	1/4
5	1	0.2	1/16	1/5
6	1	0	1/32	1/6

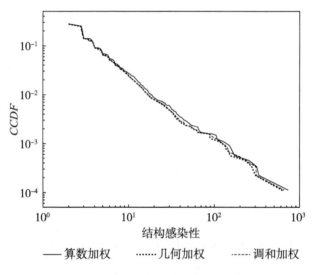

—— 算数加权　　……… 几何加权　　----- 调和加权

图6.19 结构流行性互补累积分布图

3. 结构感染性和流行性的关系

前面分别讨论了实体级联的结构感染性和结构流行性，结构流行性代表实体级联的影响规模，结构感染性代表实体级联的扩散方式（广播型、纵深型和混合型），而结构流行性和结构感染性之间的关系并不明确。这里通过观察不同流行性条件下的结构感染性分布来研究这个问题，将结构流行性划分为四个区间：[1，5)，[5，20)，[20，50)，[50，1000)，统计不同区间下的结构感染性分布，结果如图 6.20 所示。

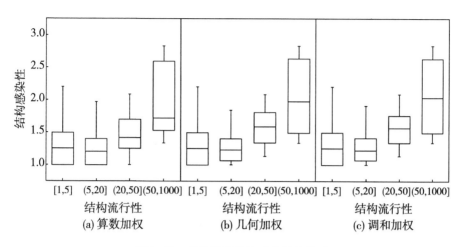

图 6.20 结构流行性和感染性的关系

可以看出三张图并无太大差异，即在三种流行性条件下，结构感染性分布相似。以调和加权为例进行分析，区间 1 中结构感染性的最小值和 25% 分位数均为 1，该区间扩散方式由广播型主导（无论级联规模多大，广播型的结构感染性永远是 1），区间 3 和区间 4 中的最小值不再是 1，该区间扩散方式由混合型主导。从中位数来看，区间 1 和区间 2 结构感染性的中位数在 1.25 左右，区间 3 和区间 4 结构感染性的中位数有明显的增加，总体来说，4 个区间的感染性均比较浅。上述 3 种结构流行性与结构感染性的相关系数分别为 0.4304、0.4158、0.4260，这表明级联的流行性与感染性相关性较弱，并没有必然联系。

6.6 本章小结

本章从微观实体的角度出发，关注新冠病毒相关文献中知识的流动和扩散方式。相比于标题、作者或关键词等知识载体，微观实体所包含的内容更丰富，且考虑了微观实体的引用语境，基于文献的引用关系，探究实体的流动模式，得到的结论如下。

（1）基于实体扩散的概念构建微观实体扩散网络，网络中共包含 8253 篇文献和 8784 个微观实体；以微观实体为媒介，计算被引文献对施引文献的影响概率，介于 0 与 0.6 之间，说明在文献引用过程中被引文献对施引文献存在一定的影响。

（2）对实体演化网络进行主路径分析，可得到 14 个关键节点，如 SARS、MERS-CoV、2019-nCoV、HCoV-229E 等，能够揭示冠状病毒的发展过程。微观实体主要分布在微生物学、综合学科和免疫学，三个学科形成了一个非常明显的微观实体扩散三角形。

（3）微观实体级联网络是微观实体扩散网络的文献子网络，级联结构规模服从幂律分布，级联主要以混合型结构扩散；结合流行性和感染性可知，小规模级联的扩散由广播型主导，大规模级联的扩散由混合型主导。

基于上述微观实体的重要性、扩散路径和扩散结构，研究人员可以参照微观实体重要性得分，结合微观实体在学科内所处的位置，以及实体的结构流行性和结构感染性，重点关注排名靠前的实体，为科技政策的管理者和制定者进行资源分配提供理论依据。

本章参考文献

［1］ 安欣，徐硕，叶书路，等．面向全文本的微观实体抽取及扩散研究［J］．图书馆论坛，2021，41（3）：42－49.

［2］ 楚侃侃，郭玲，陈利，等．冠状病毒分类、宿主动物与所致人类疾病研究进展［J］．中国公共卫生，2022，38（6）：815－820.

［3］ 春雨童，韩飞腾，何明珂．新冠肺炎疫情背景下聚集性传染风险智能监测模型［J］．计算机工程，2022（8）：45－52，61.

［4］ 邓卫华，易明．基于信息扩散级联理论的网络社区口碑信息树状传播研究［J］．管理学报，2017，14（2）：254－260.

［5］ 董佳琳，张宇航，徐永康，等．基于知识图谱的新冠疫情智能问答系统［J］．信息技术与信息化，2021（6）：258－261.

［6］ 方爱丽，高齐圣，张嗣瀛．引文网络的幂律分布检验研究［J］．统计与决策，2007（14）：22－24.

［7］ 付志浩，徐刚领，黄璟，等．单克隆抗体药物研发进展［J］．中国药事，2021，35（11）：1253－1268.

［8］ 李栋，徐志明，李生，等．在线社会网络中信息扩散［J］．计算机学报，2014，37（1）：189－206.

［9］ 李刚，黄永峰．一种面向微博文本的命名实体识别方法［J］．电子技术应用，2018，44（1）：118－120.

［10］ 李霖，吴乐阳，殷兴鹏，等．新冠疫苗研发现状与新思路［J］．药物生物技术，2021，28（4）：395－399.

［11］ 梁镇涛，毛进，操玉杰，等．基于知识模因级联网络的领域知识扩散模式分析［J］．情报理论与实践，2020，43（4）：40－46.

［12］ 林德明，姜祥园．专利引文的幂律分布研究［J］．情报杂志，2018，37（4）：154－157.

［13］ 刘浏，王东波．命名实体识别研究综述［J］．情报学报，2018，37（3）：329－340.

［14］ 毛国敏，蒋知瑞，任蕾，等．期刊论文被引频次的幂律分布研究［J］．中国科技期刊研究，2014，25（2）：293－298.

［15］孟海峰．一项随机对照试验研究槲皮素联合抗病毒药物治疗新冠肺炎患者的效果评价［J］．中国临床药理学杂志，2022，38（4）：364．

［16］闵超，DING Y，李江，等．单篇论著的引文扩散［J］．情报学报，2018，37（4）：341－350．

［17］邱泉清，苗夺谦，张志飞．中文微博命名实体识别［J］．计算机科学，2013，40（6）：196－198．

［18］曲春燕．中文电子病历命名实体识别研究［D］．哈尔滨：哈尔滨工业大学，2015．

［19］田沛霖，杨思洛．中外图书情报领域的新冠疫情研究对比［J］．图书馆论坛，2021（1）：21－31．

［20］王金津，谢正德．β属人冠状病毒感染研究进展［J］．中华实验和临床病毒学杂志，2021，35（1）：22－27．

［21］王亮．基于SCI引文网络的知识扩散研究［D］．哈尔滨：哈尔滨工业大学，2014．

［22］夏宇彬，郑建立，赵逸凡，等．基于深度学习的电子病历命名实体识别［J］．电子科技，2018，31（11）：31－34．

［23］薛天竹．面向医疗领域的中文命名实体识别［D］．哈尔滨：哈尔滨工业大学，2017．

［24］荀晶．面向微博数据的命名实体识别研究与实现［D］．沈阳：东北大学，2013．

［25］尹玉洁，常丽萍．中药连花清瘟胶囊/颗粒在呼吸系统疾病中的药理研究及临床应用进展［J］．中国临床药理学与治疗学，2021，26（10）：1174－1180．

［26］袁亚婷，张孝斌，魏小杰，等．阿比多尔和洛匹那韦/利托那韦治疗新冠肺炎的疗效和安全性比较［J］．中国医药导刊，2022，24（1）：50－55．

［27］张心琴，黄崇强，余星莹，等．猫冠状病毒对猫的致病性研究［J］．中国动物传染病学报，2022（1）：1－10．

［28］ARISTOVNIK A，RAVSELJ D，UMEK L. A bibliometric analysis of covid-19 across science and social science research landscape［J］．Sustainability，2020，12（21）：9132．

［29］ BAKSHY E, ROSENN I, MARLOW C, et al. The Role of Social Networks in Information Diffusion ［C］// Association for Computing Machinery. Proceedings of the 21st International Conference on World Wide Web, 2012: 519 – 528.

［30］ BATAGELJ V. Efficient algorithms for citation network analysis ［J/OL］. arXiv, 0309023, 2003.

［31］ CAMPOS D, MATOS S, OLIVEIRA J L. Gimli: Open source and high-performance biomedical name recognition ［J］. BMC Bioinformatics, 2013, 14 (1): 54.

［32］ CARLETTI V, FOGGIA P, SAGGESE A, et al. Challenging the Time Complexity of Exact Subgraph Isomorphism for Huge and Dense Graphs with VF3 ［C］// IEEE Transactions on Pattern Analysis and Machine Intelligence, 2018, 40 (4): 804 – 818.

［33］ CHANG J T, SCHÜTZE H, ALTMAN R B. GAPSCORE: Finding gene and protein names one word at a time ［J］. Bioinformatics, 2004, 20 (2): 216 – 225.

［34］ CHEN L D, ZHANG Z Y, WEI X J, et al. Association between cytokine profiles and lung injury in covid-19 pneumonia ［J］. Respiratory Research, 2020, 21 (1) .

［35］ CHEN Y, ZHANG X J, CHEN S X, et al. Bibliometric analysis of mental health during the covid-19 pandemic ［J］. Asian Journal of Psychiatry, 2021, 65: 102846.

［36］ CHOOBDAR S, RIBEIRO P, PARTHASARATHY S, et al. Dynamic inference of social roles in information cascades ［J］. Data Mining and Knowledge Discovery, 2015, 29 (5): 1152 – 1177.

［37］ CORELL-ALMUZARA A, LOPEZ-BELMONTE J, MARIN-MARIN J, et al. COVID-19 in the field of education: state of the art ［J］. Sustainability, 2021, 13 (10): 1 – 17.

［38］ CORDELLA L P, FOGGIA P, SANSONE C, et al. A (sub) graph Isomorphism Algorithm for Matching Large Graphs ［J］. IEEE Transactions on Pattern Analysis and Machine Intelligence, 2004, 26 (10): 1367 – 1372.

［39］ DE FELICE F, POLIMENI A. Coronavirus disease (covid-19): A machine learning bibliometric analysis [J]. VIVO, 2020, 34: 1613 –1617.

[40] DERCZYNSKI L, MAYNARD D, RIZZO G, et al. Analysis of named entity recognition and linking for tweets [J]. Information Processing & Management, 2015, 51 (2): 32 –49.

[41] DING Y, SONG M, HAN J, et al. Entitymetrics: Measuring the impact of entities [J]. PLoS ONE, 2013, 8 (8) e71416.

[42] DONG J, CHEN B, LIU L, et al. The analysis of influencing factors of information dissemination on cascade Size distribution in social networks [J]. IEEE Access, 2018, 6: 54185 –54194.

[43] FAROOQ R K, REHMAN S U, ASHIQ M, et al. Bibliometric analysis of coronavirus disease (covid-19) literature published in web of science 2019 – 2020 [J]. Journal of Family and Community Medicine, 2021, 28 (1): 1 –7.

[44] GLEESON J P, ONAGA T, FENNELL P, et al. Branching process descriptions of information cascades on twitter [J]. Journal of Complex Networks, 2020, 8 (6): b2.

[45] GOEL S, ANDERSON A, HOFMAN J, et al. The structural virality of online diffusion [J]. Management Science, 2015, 62 (1): 180.

[46] GONG Y, MA T C, XU Y Y, et al. Early research on covid-19: a bibliometric analysis [J]. The Innovation, 2020, 1 (2): 100027.

[47] GOYAL A, BONCHI F, LAKSHMANAN L V S. Learning influence probabilities in social networks [C]. Proceedings of the 3rd ACM International Conference on Web Search and Data Mining, 2010: 241 –250.

[48] GOYAL A, GUPTA V, KUMAR M. Recent named entity recognition and classification techniques: A systematic review [J]. Computer Science Review, 2018, 29: 21 –43.

[49] GUILLE A, HACID H, FAVRE C, et al. Information diffusion in online social networks: A survey [J]. SIGMOD Record, 2013, 42 (2): 17 –28.

[50] GUL S, REHMAN S U, ASHIQ M, et al. Mapping the scientific literature on COVID-19 and mental health [J]. Psychiatria Danubina, 2020, 32 (3 –4): 463 –471.

[51] HABIBI M, WEBER L, NEVES M, et al. Deep learning with word embeddings

improves biomedical named entity recognition [J]. Bioinformatics, 2017, 33 (14): I37 – I48.

[52] HO M H, LIU J S. The swift knowledge development path of COVID-19 research: the first 150 days [J]. Scientometrics, 2021, 126 (3): 2391 – 2399.

[53] HUMMON N P, DEREIAN P. Connectivity in a citation network: The development of DNA theory [J]. Social Networks, 1989, 11 (1): 39 – 63.

[54] HU X, ROUSSEAU R. Scientific influence is not always visible: The phenomenon of under-cited influential publications [J]. Journal of Informetrics, 2016, 10 (4): 1079 – 1091.

[55] JI B, ZHAO Y Q, WEI T, et al. Water science under the global epidemic of COVID-19: Bibliometric tracking on COVID-19 publication and further research needs [J]. Journal of Environmental Chemical Engineering, 2021, 9 (4): 105357.

[56] JUNG J J. Online named entity recognition method for microtexts in social networking services: A case study of twitter [J]. Expert Systems with Applications, 2012, 39 (9): 8066 – 8070.

[57] KASHTE S, GULBAKE A, EL-AMIN S F, et al. COVID-19 vaccines: Rapid development, implications, challenges and future prospects [J]. Human Cell, 2021, 34 (3): 711 – 733.

[58] KHAN J Y, KHONDAKER M T I, HOQUE I T, et al. Toward preparing a knowledge base to explore potential drugs and biomedical entities related to COVID-19: Automated computational approach [J]. JMIR Medical Informatics, 2020, 8 (11): e21648.

[59] KIM D, LEE J, SO C H, et al. A neural named entity recognition and multi-type normalization tool for biomedical text mining [J]. IEEE Access, 2019 (7): 73729 – 73740.

[60] KIM T, YUN Y L, KIM N. Deep learning-based knowledge graph generation for COVID-19 [J]. Sustainability, 2021, 13 (4): 2276.

[61] KLINGELHOEFER D, BRAUN M, BRUEGGMANN D, et al. The pandemic year 2020: World map of coronavirus research [J]. Journal of Medical Internet Research, 2021, 23 (9).

[62] KORN D, PERVITSKY V, BOBROWSKI T, et al. COVID-19 knowledge extractor (Coke): A curated repository of drug-target associations extracted from the CORD-19 corpus of scientific publications on COVID-19 [J]. Journal of Chemical Information and Modeling, 2021, 61 (12): 5734 - 5741.

[63] KUHN T, PERC M, HELBING D. Inheritance patterns in citation networks reveal scientific memes [J]. PHYSICAL REVIEW X, 2014, 4 (4).

[64] LEAMAN R, DOĞAN R I, LU Z Y. DNorm: Disease name normalization with pairwise learning to rank [J]. Bioinformatics, 2013, 29 (22): 2909 - 2917.

[65] LEAMAN R, GONZALEZ G. BANNER: An executable survey of advances in biomedical named entity recognition [J]. Pacific Symposium on Biocomputing, 2008, 13: 652 - 663.

[66] LEAMAN R, LU Z Y. TaggerOne: Joint named entity recognition and normalization with semi-markov models [J]. Bioinformatics, 2016, 32 (18): 2839 - 2846.

[67] LEAMAN R, WEI C H, LU Z. tmChem: A high performance approach for chemical named entity recognition and normalization [J]. Journal of Cheminformatics, 2015, 7 (suppl): S3.

[68] LEE C, HWANG Y, OH H, et al. Fine-grained named entity recognition using conditional random fields for question answering [C] // Proceedings of the 3rd Asia Conference on Information Retrieval Technology, 2006: 581 - 587.

[69] LEI J B, TANG B, LU X H, et al. A comprehensive study of named entity recognition in chinese clinical text [J]. Journal of the American Medical Informatics Association, 2014, 21 (5): 808 - 814.

[70] LI X, ROUSSEAU J F, DING Y, et al. Understanding drug repurposing from the perspective of biomedical entities and their evolution: Bibliographic research using aspirin [J]. JMIR Medical Informatics, 2020, 8 (6): e16739.

[71] LING X, WELD D S. Fine-grained Entity Recognition [C]. Proceedings of the Twenty-Sixth AAAI Conference on Artificial Intelligence, 2012, 1:

94 – 100.

[72] LIU J S, KUAN C. A new approach for main path analysis: Decay in knowledge diffusion [J]. Journal of the Association for Information Science and Technology, 2016, 67 (2): 465 – 476.

[73] LIU J S, LU L. An integrated approach for main path analysis: Development of the hirsch index as an example [J]. Journal of the American Society for Information Science and Technology, 2012, 63 (3): 528 – 542.

[74] LIU J S, LU L, HO M. A few notes on main path analysis [J]. Scientometrics, 2019, 119 (1): 379 – 391.

[75] LIU J S, WANG L N, ZHOU M J, et al. Fine-grained entity type classification with adaptive context [J]. Soft Computing, 2018, 22 (13): 4307 – 4318.

[76] LIU L, QU B, CHEN B, et al. Modelling of information diffusion on social networks with applications to wechat [J]. Physica A: Statistical Mechanics and its Applications, 2018, 496: 318 – 329.

[77] LIU X H, ZHOU M. Two-stage NER for tweets with clustering [J]. Information Processing & Management, 2013, 49 (1): 264 – 273.

[78] LUO L, YANG Z H, YANG P, et al. An attention-based BiLSTM-CRF approach to document-level chemical named entity recognition [J]. Bioinformatics, 2018, 34 (8): 1381 – 1388.

[79] MIN C, CHEN Q Y, YAN E J, et al. Citation cascade and the evolution of topic relevance [J]. Journal of the Association for Information Science and Technology, 2021, 72 (1): 110 – 127.

[80] MOONIS G, FILIPPI C G, KIRSCH C F E, et al. The spectrum of neuroimaging findings on CT and MRI in adults with COVID-19 [J]. American Journal of Roentgenology, 2021, 217 (4): 959 – 974.

[81] PAFILIS E, FRANKILD S P, FANINI L, et al. The SPECIES and ORGANISMS resources for fast and accurate identification of taxonomic names in text [J]. PLoS ONE, 2013, 8 (6): e65390.

[82] PANDEY P K, SINGH M, GOYAL P, et al. Analysis of reference and citation copying in evolving bibliographic networks [J]. Journal of

Informetrics, 2020, 14 (1): 101003.

[83] PASIN O, PASIN T. A bibliometric analysis of rheumatology and COVID-19 researches [J]. Clinical Rheumatology, 2021, 40 (11): 4735 –4740.

[84] ROMERO D M, MEEDER B, KLEINBERG J M. Differences in the Mechanics of Information Diffusion across Topics: Idioms, Political Hashtags, and Complex Contagion on Twitter [C]. Proceedings of the 20th International Conference on World Wide Web, 2011: 695 – 704.

[85] SETTLES B. ABNER: An open source tool for automatically tagging genes, proteins and other entity names in text [J]. Bioinformatics, 2005, 21 (14): 3191 –3192.

[86] SONG M, HAN N G, KIM Y H, et al. Discovering implicit entity relation with the gene-citation-gene network [J]. PLoS ONE, 2013, 8 (12): e84639.

[87] TONG C, HE W B, NIU J W, et al. A novel information cascade model in online social networks [J]. Physica A: Statistical Mechanics and its Applications, 2016, 444: 297 – 310.

[88] ULLMANN J R. An algorithm for subgraph isomorphism [J]. Journal of the Association for Computing Machinery, 1976, 23: 31 – 42.

[89] USMAN M, HO Y. COVID-19 and the emerging research trends in environmental studies: A bibliometric evaluation [J]. Environmental Science and Pollution Research, 2021, 28 (14): 16913 – 16924.

[90] VERMA S, GUSTAFSSON A. Investigating the emerging COVID-19 research trends in the field of business and management: A bibliometric analysis approach [J]. Journal of Business Research, 2020, 118: 253 –261.

[91] WANG L L, LO K, CHANDRASEKHAR Y, et al. CORD-19: The Covid-19 open research dataset [J]. arXiv: 2004. 10706v2, 2020.

[92] WANG X, SONG X C, Li B Z, et al. Comprehensive named entity recognition on CORD-19 with distant or weak supervision [J/OL]. arXiv: 2003. 12218, 2020.

[93] WANG Y Q, YU Z H, Chen L, et al. Supervised methods for symptom name recognition in free-text clinical records of traditional chinese medicine: An empirical study [J]. Journal of Biomedical Informatics,

2014, 47: 91 – 104.

[94] WEI C H, ALLOT A, LEAMAN R, et al. PubTator central: Automated concept annotation for biomedical full text articles [J]. Nucleic Acids Research, 2019, 47 (W1): W587 – W593.

[95] WEI C H, KAO H Y. Cross-species gene normalization by species inference [J]. Bioinformatics, 2011, 12 (S8): S5.

[96] WEI C H, KAO H Y, LU Z Y, et al. SR4GN: A species recognition software tool for gene normalization [J]. PLoS ONE, 2012, 7 (6): e38460.

[97] XU S, AN X, ZHU L, et al. A CRF-based System for Recognizing Chemical Entity Mentions (CEMs) in Biomedical Literature [J]. Journal of Cheminformatics, 2015, 7 (Suppl 1): S11.

[98] YANEZ D C, ROSS S, CROMPTON T. The IFITM protein family in adaptive immunity [J]. Immunology, 2020, 159 (4): 365 – 372.

[99] YU Q, WANG Q, ZHANG Y, et al. Analyzing knowledge entities about COVID-19 using entitymetrics [J]. Scientometrics, 2021, 126 (5): 4491 – 4509.

[100] ZHAO Y H, YANG N, LIN T, et al. Deep collaborative embedding for information cascade prediction [J]. Knowledge-based Systems, 2020, 193: 105502.

[101] ZYOUD S H, AL-JABI S W. Mapping the situation of research on coronavirus disease-19 (COVID-19): A preliminary bibliometric analysis during the early stage of the outbreak [J]. BMC Infectious Diseases, 2020, 20 (1).

第7章 基于全文本的微观实体扩散动力学研究

知识（概念、想法或技术）如何在众多的学科或领域传播一直以来都是科学技术社会学的核心问题之一。随着计算机技术的不断发展、文本挖掘和自然语言方面的突破性进展，以及数字人文研究的萌芽，文本语义层面的知识变得愈发重要。新兴的研究领域，如语义分析、自动问答、意见挖掘等均需要充足的语义知识作为支撑，而实体作为文本中极为重要的语义知识，其如何在文献之间扩散已成为一项重要的研究课题。

文献中的实体一般是指某一事物的名称，如文献中所使用的某一理论、方法的名称或某一领域具体事物的名称。由于文献都是非结构化的自然语言，因此学者们需要花费大量的时间和精力来阅读文献，以此获取研究所需的实体及其相关知识，这不但降低了研究效率，而且很难与最新的研究方向保持同步。然而，随着数据挖掘技术的不断成熟，海量文献中的实体识别已不再是一个难题，实体识别可以帮助学者迅速、准确地获取隐藏于海量文献中的知识，有助于缩短知识发现周期，加快科研假说的提出，从而进一步推动相关领域的发展。

除了高效、准确地识别出文献中的实体，研究实体在文献中的扩散进程和内在机制也非常重要。一方面，研究学者可以清晰地了解一个领域内某类实体的扩散程度，发现影响该类实体扩散的重要因素；另一方面，论文的评审专家可以根据已经发现的内在机制对未来的研究进程做出预测，判断某类微观实体的研究是否达到饱和，从而评估论文的创新性。

通过分析冠状病毒文献的扩散规律，可以实时监测该领域的研究情况，揭示冠状病毒文献知识扩散的规律及其内在机制。为此，本章借鉴复杂网络中传染病模型的思想，总结微观实体在文献中的扩散特点，面向新冠领域全文本学术文献进行微观实体的扩散动力学研究，探讨知识的演化进程以及状态转换概率与知识扩散演化的关系，构建 SIR、SEIR 和 SEIZR 三种微观实体扩散动力学模型，以期揭示微观实体知识扩散的动力学影响机制，为知识扩散研究提供一定的参考。

微观实体扩散网络的构建是分析和探索知识借助文献与实体的关系在网络中传播扩散的本质的基础。需要说明的是，本章中微观实体扩散动力学模型建立在第 6 章微观实体扩散网络的基础上，该网络在文献引证关系的基础上引入了实体扩散的概念，是包含微观实体和文献两类节点、文献引证和实体扩散两类关系的异质信息网络。微观实体扩散动力学仿真的研究也同样针对第 6 章新冠领域数据集中的"冠状病毒"这类微观实体展开，同时比较了三种微观实体扩散动力学模型的仿真效果。

7.1 相关研究

7.1.1 新冠领域微观实体

"实体"来源于命名实体。命名实体（Named Entity，NE）最早在 1995 年作为一项研究任务发布在 MUC-6 会议上，分为人名、地名和机构名。ACE 在 MUC-6 的基础上增加了四类实体：地理—政治实体、武器、车辆和设施，CoNLL-2002、CoNLL-2003 会议将命名实体定义为包含名称的短语，包括人名、地名、机构名、时间和数量（刘浏和王东波，2018）。除了识别人名、地名、机构名等一般的专有名词，人们也开始关注特定领域命名实体的识别，例如，推特（Derczynski et al.，2015；Jung，2012；Liu and Zhou，2013）和微博（李刚和黄永峰，2018；邱泉清等，2013；苟晶，2013）等社交软件中的短文本、电子病历（Lei et al.，2014；曲春燕，2015；夏宇彬等，2018）、中医药（Wang et al.，2014）、生物医学（薛天竹，2017）。命名实体识别也成为许多研究领域的基础，用于信息抽取、自动问答、机器翻译、自动文本摘要、文本聚类、信息检索、知识库构建、意见挖掘和语义搜索等（Goyal et al.，2018）。

本章提出的微观实体源于命名实体，属于领域实体，而新冠领域是新出现的研究热点且与生物医学领域密不可分，因此针对生物医学领域实体类型进行整理，为后续清洗新冠领域微观实体类别提供理论支持，见表 7.1。

表 7.1　生物医学领域实体类型

作者	NER 名称	实体类别
Chang 等（2004）	Gapscore	gene、protein
Settles（2005）	ABNER	protein、DNA、RNA、cell line、cell type
Leaman 和 Gonzalez（2008）	Banner	gene、protein、disease、drug、organism
Wei 和 Kao（2011）	GenNorm	gene
Wei 等（2012）	SR4GN	species
Pafilis 等（2013）	Species	species
Campos 等（2013）	Gimli	gene and protein
Leaman 等（2013）	DNorm	disease
Leaman 等（2015）	tmChem	chemical
Leaman 和 Lu（2016）	TaggerOne	chemical、disease
Habibi 等（2017）	LSTM-CRF	chemical、genes/proteins、species、disease、cell lines
Luo 等（2018）	Att-BiLSTM-CRF	chemical
Wei 等（2019）	PubTator central	gene/protein、variant、cisease、chemical、species、cell line
Kim 等（2019）	BERN	gene/protein、disease、drug/chemical、species、mutation

　　"微观"反映所研究实体的粒度。已有大量的研究集中在粗粒度（coarse-grained named entity）命名实体上（人、位置和组织等），但这些类别在知识图谱构建等下游任务中远远不够。因此，可以将分类细化以推动命名实体的进一步发展。Lee 等（2006）抽取了 147 种细粒度实体，AAAI（Ling and Weld，2012）定义了 112 种细粒度命名实体（fined-grained named entity），Liu 等（2018）在 FIGER 数据集上进行细粒度实体训练和测试。本研究仅关注新冠领域，并不针对所有的细粒度实体，由表 7.1 可知，生物医学领域更关注蛋白质（proteins）、基因（genes）、化学物质（chemicals）、物种（species）、疾病（diseases）等实体，因此参照生物医学领域的实体类型，可保留 CORD-NER 数据集中与新冠相关的细粒度实体：基因或基因组、化学品、疾病或综合征、细胞、生物体、病毒、演化、野生动物、身体基质、细菌、冠状病毒、牲畜、病毒蛋白、材料、古

菌等 41 类微观实体。从宏观、中观和微观的角度来说，作者、期刊、文章属于宏观层次的实体，关键词属于中观层次的实体，相比于使用篇章、作者或主题等作为主要载体进行的研究，本研究的载体来自新冠领域的全文本文献，属于微观层次的实体，因此将其称为"微观实体"。

本章所研究的微观实体是细粒度知识单元的重要载体，包含更丰富的知识信息。例如，一篇文献中有"冠状病毒""分类""宿主动物"和"人类疾病"四个关键词，关键词能够代表文章的核心内容，但除了关键词，全文本中还包含其他知识信息，如"木瓜蛋白酶样蛋白酶""人冠状病毒 HKU1""穿山甲"等，这些信息即是分布在全文本中的微观实体。本章使用的数据集共包含 41 类微观实体（如基因类、蛋白类、病毒类等），能够从不同的角度反映新冠领域研究进展，为后续研究实体扩散和实体演化提供基础。

7.1.2　微分动力学在知识扩散中的应用

随着知识管理领域的不断发展，科学界对知识扩散的认识也在不断深化。总的来看，对知识扩散内涵与过程的研究可以分为学习视角、传播视角和引文分析视角三类。从学习视角出发，学者们将知识扩散定义为一种学习活动，这种活动包括两个方面：一方面是通过有目的、主动性的学习获得知识；另一方面是将学习到的知识与现有知识相融合并开发出新的知识（常荔等，2001）。Grossman 和 Helpman（1993）认为必须有创新知识的产出才能算是知识扩散。施宏伟和索利娜（2011）认为知识扩散是一个复杂的过程，它既包括知识组合，也包括知识重构，已经超越知识流动本身的意义。从传播视角出发，学者们将知识扩散定义为一种传播活动，包含了知识主体在知识生产过程中的关系。周素萍（2013）认为知识扩散是包括知识形成、知识溢出、知识吸收、知识再造和新知识形成的螺旋式上升循环过程。施杨和李南（2010）基于社会关系网络对知识扩散的影响因素进行了探析。从引文分析视角出发，学者们采用知识论和文献计量学的相关概念对知识扩散进行了定义。Chen 和 Hicks（2004）将知识扩散视为知识在文献间传承，这种传承以被引文献为载体，并通过其他学者的研究成果来体现。

相较于对知识扩散内涵的讨论，研究知识扩散的内在机理更为重要，而这方面的研究需要从构建模型的角度入手，常见模型有传染病学、社会学和复杂性科学等领域的模型，如个体行为模型、引文路径模型、网络结构模型、类传染病模型、引文时序网络模型以及共引聚类模型等。由于本章研究的是微观实体在文献之间的扩散，一方面，传染病的扩散过程与微观实体在文献之间的扩散类似；另一方面，状态转换参数可以准确地对扩散机制进行度量。因此，本章参考传染病模型构造微分动力学模型，对知识扩散模型相关文献的归纳也聚焦于传染病模型方面。

为了研究黑死病在伦敦的流行规律以及瘟疫在孟买的流行规律，Kermack 和 McKendrick（1927）构建了著名的 SIR 仓室模型，其中个体扩散状态被划分为易感状态、感染状态和康复（免疫）状态，很多关于扩散的行为动力学机制研究都是基于这一经典的模型。霍阔和李世霖（2010）采用改进的 SIR 模型对墨西哥甲型 H1N1 流感进行模拟，并用四阶 Runge-Kutta 方法进行求解，结果与真实数据基本吻合。唐驰等（2018）利用经典的 SIR 模型对手足口病的传染源管理效果进行评价，并推测 11 周前实施积极的传染源控制措施能够获得较理想的效果。王治莹和李勇建（2017）基于 SEIR 模型研究了多个实际案例，分析了政府制定应急决策时的关注点。Woo 和 Chen（2016）使用 SIR 模型对网络论坛中的多个扩散主题进行建模，结果表明，SIR 模型是揭示主题扩散过程的合理模型。彭程等（2020）利用 SIR 模型对政务微博数据进行模拟与检验，结果表明，可以根据传播阈值与易感染类网民占比的关系预测舆情演化趋势，而且政府可以通过微博转移网民情绪，从而进行适当的舆情导控。

从知识扩散的角度来看，由于基于科研合作关系的知识扩散过程与借助实际接触关系的疾病传播过程具有相似性，国内外许多学者利用各种传染病模型对知识如何扩散进行了探索。Bettencourt 等（2006）基于 SIR、SIZ 和 SEIZ 三类传染病模型分析了"费曼图"知识点在美国、日本和苏联的理论物理领域中的传播扩散情况。Bettencourt 等（2008）证明除了理论物理和实验物理领域，传染病模型也能很好地描述其他六个领域的知识扩散现象，即此类模型适用于各种主题的传播。李盛庆和蔡国永（2013）采用 SI 模型对复杂网络领域科研合著网络的知识传播进行建模分析，仿真实验表明，相比于知识传递率，知识传播速度受个体创新能力的影响更大。Kiss 等（2010）根据 SI 和 SEI 疾病传播模型的思想，以"驱动蛋白"主题为例，构建了基于有向加权网络的学科间主题扩散模型。研究表明，疾病传播模型适合描述主题的传播，但如何突破学科界限是主题在学科间扩散的主要难题。岳增慧等（2015）将科研合作网络知识扩散过程中的科研机构划分为潜在知识接受者、潜在知识扩散者、知识扩散者和知识免疫者四种状态，构建了非均匀网络下的科研合作知识扩散模型，探究了科研合作网络知识扩散的演化进程。

总的来说，国内外学者对传染病模型的应用主要集中在传染病、信息传播（如舆情信息传播或微博评论转发）和知识扩散等方面。其中，对知识扩散的研究又可以分为无权网络和加权网络两大方面，研究较多的主要有主题在学科之间的扩散和知识在科研机构或企业集群之间的扩散，研究的粒度较粗，而以文献全文本为主体研究微观实体在文献之间的扩散机制，可以更加细致地了解知识扩散的整体态势和内在机制。本章以当前流行的三种传染病模型 SIR、SEIR 和 SEIZR 为蓝本，结合微观实体在文献中的扩散特征进行改进，构建了三种面向全文本的微观实体扩散动力学模型并进行仿真研究，从微观层面分析传播扩散现象的动力学机制，以期揭示微观实体扩散的内在机理。

7.2　SIR 微观实体扩散动力学模型及仿真

借鉴经典的 SIR 传染病模型的思想，根据文献中是否含有某类实体，将一个领域内的文献划分成潜在微观实体接受者、微观实体扩散者和微观实体免疫者三种类型，具体定义如下。

（1）潜在微观实体接受者（S）：尚未发表的文献。

（2）微观实体扩散者（I）：含有该类微观实体的文献。

（3）微观实体免疫者（R）：不含该类微观实体的文献。

从疾病传播微分动力学的视角，对于某一领域文献中某类微观实体的传播扩散过程可进行如下描述：在初始阶段，该领域中只有少量的微观实体扩散者，其他均为潜在微观实体接受者，微观实体免疫者的数量为 0；该类微观实体通过微观实体扩散者在该领域中开始扩散，随着时间的推移：①一方面，当微观实体扩散者将该类微观实体传递给潜在微观实体接受者时，潜在微观实体接受者将以参数（β）接受该微观实体，成为微观实体扩散者；另一方面，由于自身的创新性，潜在微观实体接受者本身也可以以一定的参数（α）转变为微观实体扩散者。②若潜在微观实体接受者对该类微观实体产生免疫，其将以一定的参数（γ）转变为微观实体免疫者。

7.2.1　SIR 微观实体扩散模型

在 SIR 模型的假定下，当微观实体在某一领域中传播时，任意一篇文献必定且只能处于三类状态中的一种。在 t 时刻，将处于某类扩散状态的文献在整个系统中所占的比重进行如下定义。

（1）$S(t)$：在 t 时刻，潜在微观实体接受者在整个领域中所占的比重。

（2）$I(t)$：在 t 时刻，微观实体扩散者在整个领域中所占的比重。

（3）$R(t)$：在 t 时刻，微观实体免疫者在整个领域中所占的比重。

其中，$S(t) + I(t) + R(t) = 1$。

当潜在微观实体接受者 S 与微观实体扩散者 I 存在引用关系时，S 以概率 β 转变为微观实体扩散者；同时由于自身的创新性，潜在微观实体接受者 S 本身既可以以概率 α 转变为微观实体扩散者 I，也可以以概率 γ 转变为微观实体免疫者 R。相应的微观实体扩散个体状态转换过程如图 7.1 所示。

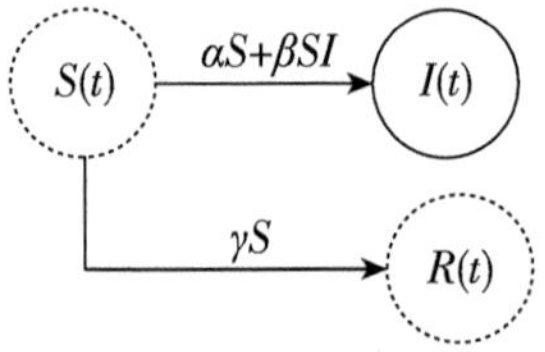

图 7.1　SIR 模型微观实体扩散个体状态转换过程

其中，α 为创新率，即潜在微观实体接受者自身提出实体的参数值；$1/\alpha$ 为平均微观实体创新期，α 越大，则平均微观实体创新期越短，说明微观实体在文献中扩散的速度越快，反之亦然。β 为传染率，即潜在微观实体接受者转变为微观实体扩散者的参数值；$1/\beta$ 为平均微观实体传染期，β 越大，则平均微观实体传染期越短，说明微观实体依靠引用关系向外扩散的速度越快，反之亦然。γ 为免疫率，即潜在微观实体扩散者转变为微观实体免疫者的参数值；$1/\gamma$ 为平均微观实体免疫（衰退）期，γ 越大，说明微观实体衰退的速度越快，反之亦然。

根据上述微观实体扩散演化规则，建立如下 SIR 微分动力学模型：

$$\begin{cases} \dfrac{\mathrm{d}S(t)}{\mathrm{d}t} = -\alpha S(t) - \beta S(t)I(t) - \gamma S(t) \\[2mm] \dfrac{\mathrm{d}I(t)}{\mathrm{d}t} = \alpha S(t) + \beta S(t)I(t) \\[2mm] \dfrac{\mathrm{d}R(t)}{\mathrm{d}t} = \gamma S(t) \end{cases} \tag{7.1}$$

在现实的学术领域中，若在 t 时刻某篇含有一类微观实体的文献尚未得到引用，那么此类微观实体就没有通过该文献在这一领域得到传播，此时，这篇文献也就不能被称为微观实体扩散者。因此，并不是所有含有微观实体的文献都是微观实体扩散者，还需要考虑含有这类微观实体的文献是否得到了引用。

7.2.2 基于 SIR 模型的微观实体扩散仿真

1. 状态文献数量演化

由 SIR 微观实体扩散模型可知，处于潜在微观实体接受者状态的文献为某时刻尚未发表的文献；处于微观实体扩散者状态的文献为该时刻含有"冠状病毒"这类微观实体的文献；而处于微观实体免疫者状态的文献为该时刻不含"冠状病毒"这类微观实体的文献。经过划分，目标文献集中的任意一篇文献必定且只能处于这三种状态中的一种。由此可知，这三种状态的文献量都是一种累积量，而且每年微观实体扩散者数量与微观实体免疫者数量的总和就是这一年发表的文献量，用文献总量（10424 篇）减去上述总和就是潜在微观实体接受者的数量。2002—2020 年目标数据集中三种状态文献的数量如图 7.2 所示。从图中可以看出，由于微观实体扩散者和微观实体免疫者的数量均为累积值，因此每年前者的数量明显高于后者的数量。

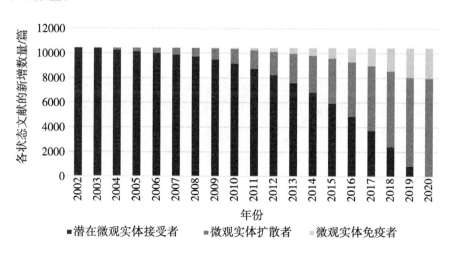

图 7.2 三种状态文献的数量

2. 参数确定及验证

为了确定 SIR 模型的一组最佳拟合参数值，基于最小二乘法对"冠状病毒"这类微观实体在文献间的扩散过程进行仿真，即通过不断调节参数 α、β 和 γ，使 2002—2020 年潜在微观实体接受者、微观实体扩散者和微观实体免疫者的理论值与实际值的误差平方和达到最小，最终得到的最佳模型拟合参数值见表 7.2。

表7.2　最佳模型拟合参数值

参数	α	β	γ
数值	0.0010	0.4473	0.0090

将表 7.2 中的最佳模型拟合参数值代入 SIR 模型中，则"冠状病毒"这类微观实体在新冠领域文献中传播扩散的 SIR 模型可记为

$$
\begin{cases}
\dfrac{\mathrm{d}S(t)}{\mathrm{d}t} = -0.0010S(t) - 0.4473S(t)I(t) - 0.0090S(t) \\[2mm]
\dfrac{\mathrm{d}I(t)}{\mathrm{d}t} = 0.0010S(t) + 0.4473S(t)I(t) \\[2mm]
\dfrac{\mathrm{d}R(t)}{\mathrm{d}t} = 0.0090S(t)
\end{cases}
\tag{7.2}
$$

对式（7.2）所示模型进行微观实体仿真研究，分析对比潜在微观实体接受者和微观实体扩散者的理论值与实际值，这两种状态文献数量的演化曲线如图 7.3 所示。从图中可以看出，该模型对潜在微观实体接受者和微观实体扩散者的拟合效果较好，随着时间的推移，潜在微观实体接受者的比例不断下降，微观实体扩散者的比例不断上升。

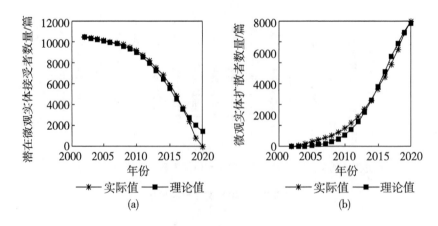

图7.3　两种状态文献数量的演化曲线

　　将微观实体免疫者数量的理论值与实际值进行对比，演化曲线如图7.4所示。从微观实体免疫者的实际演化趋势来看，随着时间的推移，微观实体免疫者的比例不断上升。但是，通过观察实际值与理论值的拟合程度可以发现，该模型对微观实体免疫者的拟合效果并不理想。究其原因，可能是在SIR模型中，除了状态转换参数，微观实体免疫者的增长率只与潜在微观实体接受者的比例有关，而潜在微观实体接受者的比例与微观实体扩散者的比例的乘积深刻影响着潜在微观实体接受者与微观实体扩散者的增长率。这种考虑到与其他变量关系的模型结构可能更有利于仿真的过程，因此相较于微观实体免疫者，潜在微观实体接受者和微观实体扩散者的拟合效果更好。

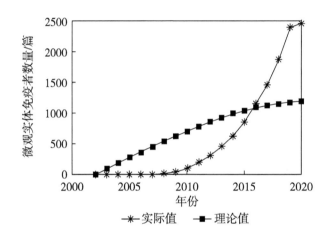

图7.4　微观实体免疫者演化曲线

3. 状态转换参数与扩散演化的关系

　　SIR模型中各微观实体扩散状态之间的状态转换参数所起的作用各不相同，其变化对整个微观实体扩散演化进程也会产生不同的影响。本节利用Matlab软件对状态转换参数与微观实体扩散演化的关系进行探索，以期明晰微观实体扩散过程的动力学本质规律。

　　（1）α与微观实体扩散状态演化的关系。保持式（7.2）所示模型中β和γ两个参数不变，不断调整参数α，使其在$0.1 \sim 1.0$之间变动，观察不同α取值下潜在微观实体接受者、微观实体扩散者和微观实体免疫者三种状态文献的数量变化，结果如图7.5所示。

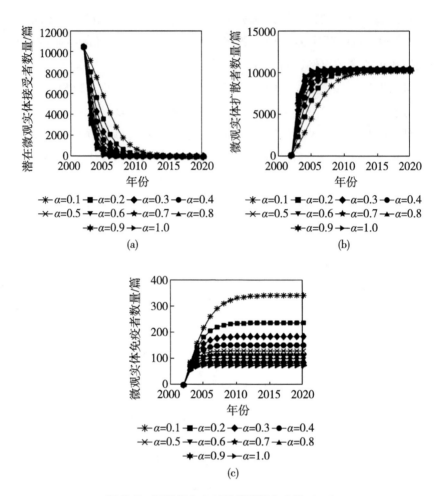

图7.5　三种状态文献数量的演化曲线（一）

由图7.5可知，α对潜在微观实体接受者和微观实体扩散者的影响较为显著。α越大，微观实体的平均创新期越短，潜在微观实体接受者的数量下降得越快，微观实体扩散者的数量增长得越快，而微观实体免疫者的数量上升得越慢，且其最终达到的稳定值更小。说明α对微观实体扩散者具有正向促进作用，对微观实体免疫者具有反向抑制作用。

（2）β与微观实体扩散状态演化的关系。保持式（7.2）所示模型中α和γ两个参数不变，不断调整参数β，使其在0.1~1.0之间变动，观察不同β取值下潜在微观实体接受者、微观实体扩散者和微观实体免疫者三种状态文献的数量变化，结果如图7.6所示。

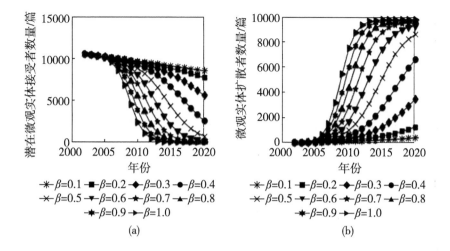

(a)　　　　　　　　　　　　　(b)

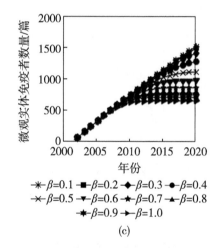

(c)

图 7.6　三种状态文献数量的演化曲线（二）

由图 7.6 可知，β 对潜在微观实体接受者和微观实体扩散者的影响较为显著。β 越大，微观实体的平均传染期越短，潜在微观实体接受者的数量下降得越快，微观实体扩散者的数量增长得越快，而微观实体免疫者的数量上升得越慢，且其最终达到的稳定值越小。

（3）γ 与微观实体扩散状态演化的关系。保持式（7.2）所示模型中 α 和 β 两个参数不变，不断调整参数 γ，使其在 $0.1 \sim 1.0$ 之间变动，观察不同 γ 取值下潜在微观实体接受者、微观实体扩散者和微观实体免疫者三种状态文献的数量变化，结果如图 7.7 所示。

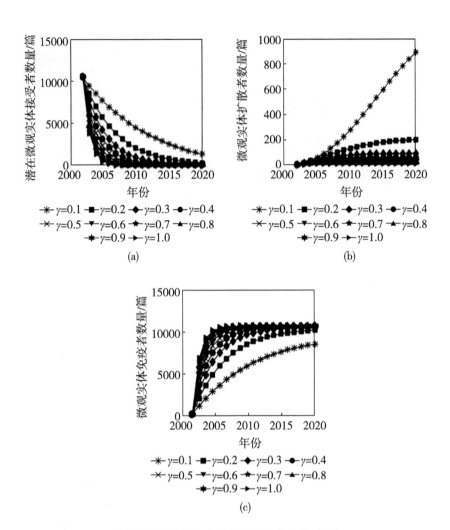

图 7.7 三种状态文献数量的演化曲线（三）

由图 7.7 可知，γ 对潜在微观实体接受者和微观实体免疫者的影响较为显著。γ 越大，潜在微观实体接受者的数量下降得越快，微观实体免疫者的数量增长得越快，而微观实体扩散者的数量上升得越慢且其最终达到的稳定值更小。说明 γ 对微观实体免疫者具有正向促进作用，对微观实体扩散者具有反向抑制作用。

7.3 SEIR 微观实体扩散动力学模型及仿真

为了更加贴近微观实体在文献间的扩散特征，本节在 SIR 微观实体扩散动力学模型的基础上加入潜在微观实体扩散者这一类型，将一个领域内的文献划分成四种类型，具体定义如下。

（1）潜在微观实体接受者（S）：尚未发表的文献。

（2）潜在微观实体扩散者（E）：含有该类微观实体但尚未得到引用的文献。

（3）微观实体扩散者（I）：既包括在统计阶段的初始时刻本身含有该类微观实体的文献，又包括在 t 时刻得到引用的含有该类微观实体的文献。

（4）微观实体免疫者（R）：不含该类微观实体的文献。

从疾病传播微分动力学的角度，对于某一领域文献中某类微观实体的传播扩散过程可进行如下描述：在初始阶段，该领域中只有少量的微观实体扩散者，其他均为潜在微观实体接受者，潜在微观实体扩散者和微观实体免疫者的数量均为 0；该类微观实体通过微观实体扩散者在该领域中开始扩散，随着时间的推移：①一方面，当微观实体扩散者将该类微观实体传递给潜在微观实体接受者时，潜在微观实体接受者将以一定的参数（θ）接受该微观实体，成为潜在微观实体扩散者；另一方面，由于自身的创新性，潜在微观实体接受者本身也可以以一定的参数（α）转变为潜在微观实体扩散者。②若潜在微观实体接受者对该类微观实体产生免疫，则其将以一定的参数（γ）转变为微观实体免疫者。③若潜在微观实体扩散者得到引用，则其将以一定的参数（β）扩散该微观实体，成为新的微观实体扩散者。

7.3.1　SEIR 微观实体扩散模型

在 SEIR 模型的假定下，微观实体在某一领域中传播时，任意一篇文献必定且只能处于这四类状态中的一种。在 t 时刻，将处于某类扩散状态的文献在整个系统中所占的比重进行如下定义。

（1）$S(t)$：在 t 时刻，潜在微观实体接受者在整个领域中所占的比重。

（2）$E(t)$：在 t 时刻，潜在微观实体扩散者在整个领域中所占的比重。

（3）$I(t)$：在 t 时刻，微观实体扩散者在整个领域中所占的比重。

（4）$R(t)$：在 t 时刻，微观实体免疫者在整个领域中所占的比重。

其中，$S(t) + E(t) + I(t) + R(t) = 1$。

根据前面对某一领域内微观实体扩散过程的描述，绘制微观实体扩散个体状态转换图，如图 7.8 所示。

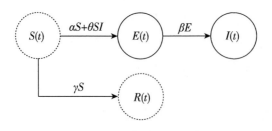

图 7.8　SEIR 模型微观实体扩散个体状态转换图

当潜在微观实体接受者与微观实体扩散者存在引用关系时，潜在微观实体接受者以参数 θ 转变为潜在微观实体扩散者。由于自身的创新性，潜在微观实体接受者本身也可以以参数 α 转变为潜在微观实体扩散者，而潜在微观实体扩散者可以以参数 β 转变为微观实体扩散者。另外，潜在微观实体接受者可以以参数 γ 转变为微观实体免疫者。其中，α 为创新率，即潜在微观实体接受者自身提出实体的参数值；$1/\alpha$ 为平均微观实体创新期，α 越大，即平均微观实体创新期越短，说明微观实体在文献中扩散的速度越快，反之亦然。θ 为传染率，即潜在微观实体接受者转变为潜在微观实体扩散者的参数值；$1/\theta$ 为平均微观实体传染期，θ 越大，即平均微观实体传染期越短，说明微观实体依靠引用关系向外扩散的速度越快，反之亦然。β 为潜在微观实体扩散者转变为微观实体扩散者的参数值；$1/\beta$ 为平均微观实体潜伏期，即微观实体从被文献接受到开始向其他文献扩散所需的平均时间，β 越大，即平均微观实体潜伏期越短，说明微观实体依靠引用关系向外扩散的速度越快，反之亦然。γ 为免疫率，即潜在微观实体接受者转变为微观实体免疫者的参数值；$1/\gamma$ 为平均微观实体免疫（衰退）期，γ 越大，说明微观实体衰退的速度越快，反之亦然。

根据上述微观实体扩散的过程和演化规则，建立如下 SEIR 微分动力学模型：

$$\begin{cases} \dfrac{\mathrm{d}S(t)}{\mathrm{d}t} = -\alpha S(t) - \theta S(t)I(t) - \gamma S(t) \\[2mm] \dfrac{\mathrm{d}E(t)}{\mathrm{d}t} = \alpha S(t) - \beta E(t) + \theta S(t)I(t) \\[2mm] \dfrac{\mathrm{d}I(t)}{\mathrm{d}t} = \beta E(t) \\[2mm] \dfrac{\mathrm{d}R(t)}{\mathrm{d}t} = \gamma S(t) \end{cases} \qquad (7.3)$$

在现实的学术领域中，若在 t 时刻某篇文献（记为文献 A）引用了状态为微观实体扩散者的文献（记为文献 B），但是文献 A 中并未出现此类微观实体，说明文献 A 对此类微观实体并不感兴趣或者说文献 A 对此类微观实体具有免疫性，也就是说，即使和"传播者"密切接触也没有"感染"，那么文献 A 就可以称为此类微观实体的免疫者。若文献 A 根本没有引用文献 B，而且文献 A 中也没有出现此类微观实体，说明文献 A 没有采纳或者研究此类微观实体的意愿，那么文献 A 就可以称为此类微观实体的质疑者。因此，可以将不含有某类微观实体的文献根据"是否引用了微观实体扩散者"这一标准再进行划分。

7.3.2 基于 SEIR 模型的微观实体扩散仿真

1. 状态文献数量演化

根据前面对 SEIR 模型的描述，在本小节中，处于潜在微观实体接受者状态的文献为某时刻尚未发表的文献；处于潜在微观实体扩散者状态的文献为该时刻含有"冠状病毒"这类微观实体但尚未得到引用的文献；处于微观实体扩散者状态的文献既包括在统计阶段的初始时刻本身含有"冠状病毒"这类微观实体的文献，又包括在该时刻得到引用且含有"冠状病毒"这类微观实体的文献；而处于微观实体免疫者状态的文献为不含"冠状病毒"这类微观实体的文献。经过划分，目标文献集中任意一篇文献必定且只能处于这四种状态中的一种。由此可知，这四种状态的文献量都是一种累积量，而且每年潜在微观实体接受者、潜在微观实体扩散者、微观实体扩散者和微观实体免疫者数量的总和就是这一年发表的文献量，用文献总量（10424 篇）减去这一总和就是潜在微观实体接受者的数量。2002—2020 年，目标数据集中四种状态文献的数量及新增数量如图 7.9 所示。从图中可以看出，潜在微观实体扩散者的数量始终大于微观实体扩散者和微观实体免疫者的数量，而微观实体扩散者与微观实体免疫者的数量相差不大。

2. 参数确定及验证

为了确定 SEIR 模型的最佳拟合参数值，本小节基于最小二乘法，利用 Matlab 软件对"冠状病毒"这类微观实体在文献间的扩散过程进行仿真，即通过不断调节参数 α、β、γ 和 θ，使 2002—2020 年潜在微观实体接受者、潜在微观实体扩散者、微观实体扩散者和微观实体免疫者的理论值与实际值的误差平方和达到最小，最终得到的最佳模型拟合参数值见表7.3。

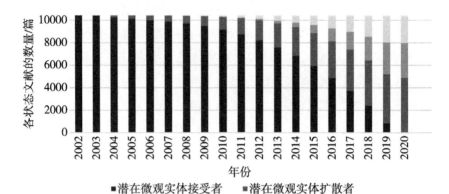

图 7.9　四种状态文献的数量

表 7.3　最佳模型拟合参数值

参数	α	β	γ	θ
数值	0.0022	0.1128	0.0092	1.7735

将表7.3中的最佳模型拟合参数值代入 SEIR 模型中，则"冠状病毒"这类微观实体在新冠领域文献中传播扩散的 SEIR 模型可记为

$$\begin{cases} \dfrac{\mathrm{d}S(t)}{\mathrm{d}t} = -0.0022S(t) - 1.7735S(t)I(t) - 0.0092S(t) \\[2mm] \dfrac{\mathrm{d}E(t)}{\mathrm{d}t} = 0.0022S(t) - 0.1128E(t) + 1.7735S(t)I(t) \\[2mm] \dfrac{\mathrm{d}I(t)}{\mathrm{d}t} = 0.1128E(t) \\[2mm] \dfrac{\mathrm{d}R(t)}{\mathrm{d}t} = 0.0092S(t) \end{cases} \quad (7.4)$$

对式（7.4）所示模型进行微观实体仿真研究，分析对比潜在微观实体接受者、潜在微观实体扩散者、微观实体扩散者的理论值与实际值，这三种状态的演化曲线如图7.10所示。从三种状态文献数量的实际演化趋势来看，随着时间的推移，潜在微观实体接受者的比例不断下降；潜在微观实体扩散者、微观实体扩散者的比例不断上升。从演化速度来看，潜在微观实体扩散者的演化速度明显快于微观实体扩散者。观察实际值与理论值

的拟合程度可以发现，该模型对潜在微观实体接受者、潜在微观实体扩散者和微观实体扩散者的拟合效果比较好。

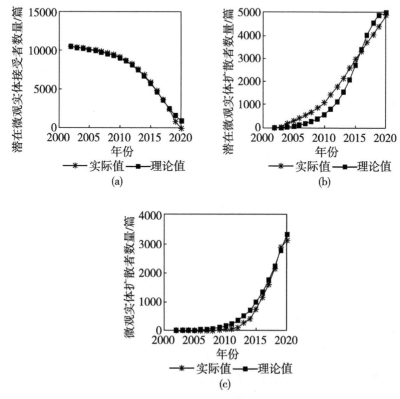

图 7.10　三种状态文献数量的演化曲线

图 7.11 所示为微观实体免疫者演化曲线，从图中可以看出，随着时间的推移，微观实体免疫者的比例不断上升。但是，通过观察实际值与理论值的拟合程度可以发现，该模型对微观实体免疫者的拟合效果并不理想。究其原因，可能是在 SEIR 模型中，除了状态转换参数，微观实体免疫者的增长率只与潜在微观实体接受者的比例有关，而潜在微观实体接受者的比例与微观实体扩散者的比例的乘积深刻影响着潜在微观实体接受者、潜在微观实体扩散者和微观实体扩散者的增长率。这种考虑到与其他变量关系的模型结构可能更有利于仿真的过程，因此相较于微观实体免疫者，潜在微观实体接受者、潜在微观实体扩散者和微观实体扩散者的拟合效果更好。

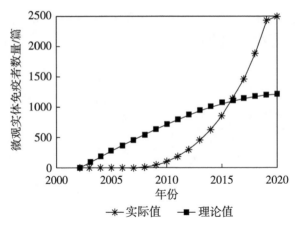

图 7.11　微观实体免疫者演化曲线

3. 状态转换参数与扩散演化的关系

SEIR 模型中各微观实体扩散状态之间的状态转换参数所起的作用各不相同，其变化对整个微观实体扩散演化进程也会产生不同的影响。本小节利用 Matlab 软件对状态转换参数与微观实体扩散演化的关系进行探索，以期明晰微观实体扩散过程的动力学本质规律。

（1）α 与微观实体扩散状态演化的关系。保持式（7.4）所示模型中 β、γ 和 θ 三个参数不变，不断调整参数 α，使其在 $0.1 \sim 1.0$ 之间变动，观察不同 α 取值下潜在微观实体接受者、潜在微观实体扩散者、微观实体扩散者和微观实体免疫者四种状态文献的数量变化，结果如图 7.12 所示。

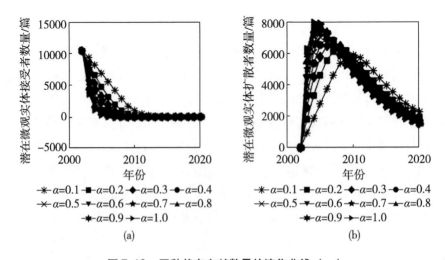

图 7.12　四种状态文献数量的演化曲线（一）

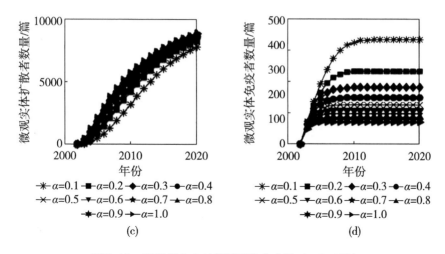

图 7.12　四种状态文献数量的演化曲线（一）（续）

由图 7.12 可知，α 对潜在微观实体接受者、潜在微观实体扩散者和微观实体扩散者的影响较为显著。α 越大，潜在微观实体接受者的数量下降得越快，微观实体扩散者的数量增长得越快，而微观实体免疫者的数量上升得越慢，且其最终达到的稳定值更小。说明 α 对微观实体免疫者具有反向抑制作用，对微观实体扩散者具有正向促进作用。随着时间的推移，潜在微观实体扩散者的数量呈先上升后下降的态势，而且 α 对潜在微观实体扩散者的数量呈先正向促进、后反向抑制的作用。总之，α 越大，微观实体的平均创新期越短，微观实体扩散者的数量增长得越快，即 α 对微观实体传播速度呈正向的促进作用。

（2）β 与微观实体扩散状态演化的关系。保持式（7.4）所示模型中 α、γ 和 θ 三个参数不变，不断调整参数 β，使其在 0.1 ~ 1.0 之间变动，观察不同 β 取值下潜在微观实体接受者、潜在微观实体扩散者、微观实体扩散者和微观实体免疫者四种状态文献的数量变化，结果如图 7.13 所示。

由图 7.13 可知，β 对潜在微观实体接受者、潜在微观实体扩散者和微观实体扩散者的影响较为显著。β 越大，潜在微观实体接受者的数量下降得越快，微观实体扩散者的数量增长得越快，而微观实体免疫者的数量上升得越慢，且其最终达到的稳定值更小。说明 β 对微观实体免疫者具有反向抑制作用，对微观实体扩散者具有正向促进作用。随着时间的推移，潜在微观实体扩散者的数量呈先上升后下降的态势，而且 β 对潜在微观实体扩散者的数量呈先正向促进、后反向抑制的作用。总之，β 越大，微观实体的平均潜伏期越短，则微观实体扩散者的数量增长得越快，即 β 对微观实体传播速度呈正向的促进作用。

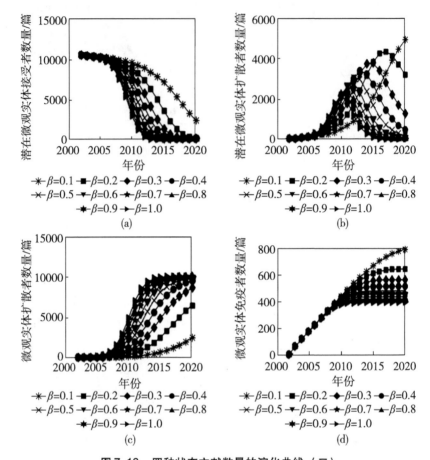

图 7.13　四种状态文献数量的演化曲线（二）

（3）γ 与微观实体扩散状态演化的关系。保持式（7.4）所示模型中 α、β 和 θ 三个参数不变，不断调整参数 γ，使其在 0.1 ~ 1.0 之间变动，观察不同 γ 取值下潜在微观实体接受者、潜在微观实体扩散者、微观实体扩散者和微观实体免疫者四种状态的数量变化，结果如图 7.14 所示。

由图 7.14 可知，γ 对潜在微观实体接受者的影响较为显著。γ 越大，潜在微观实体接受者的数量下降得越快，潜在微观实体接受者的数量下降得越快，而潜在微观实体扩散者和微观实体扩散者的数量上升得越慢，并且其最终达到的稳定值更低。说明 γ 对潜在微观实体扩散者和微观实体扩散者具有反向抑制作用，对微观实体免疫者具有正向促进作用。总之，γ 越大，微观实体的平均免疫期越短，微观实体扩散者的数量增长得越慢，即 γ 对微观实体传播速度呈反向的抑制作用。

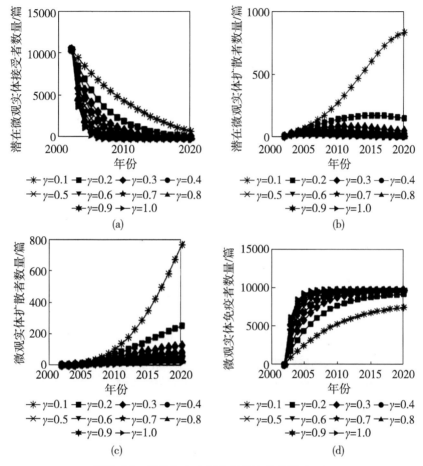

图7.14　四种状态文献数量的演化曲线（三）

（4）θ 与微观实体扩散状态演化。保持式（7.4）所示模型中 α、β 和 γ 三个参数不变，不断调整参数 θ，使其在 $0.1\sim1.0$ 之间变动，观察不同 θ 取值下潜在微观实体接受者、潜在微观实体扩散者、微观实体扩散者和微观实体免疫者四种状态的数量变化，结果如图7.15所示。

由图7.15可知，θ 对潜在微观实体接受者、潜在微观实体扩散者的影响较为显著。θ 越大，潜在微观实体接受者的数量下降得越快，微观实体免疫者的数量上升得越慢，而潜在微观实体扩散者和微观实体扩散者的数量增长得越快，说明 θ 对潜在微观实体扩散者和微观实体扩散者具有正向的促进作用。总之，θ 越大，微观实体的平均接受期越短，则微观实体扩散者的数量增长得越快，即 θ 对微观实体传播速度呈正向的促进作用。

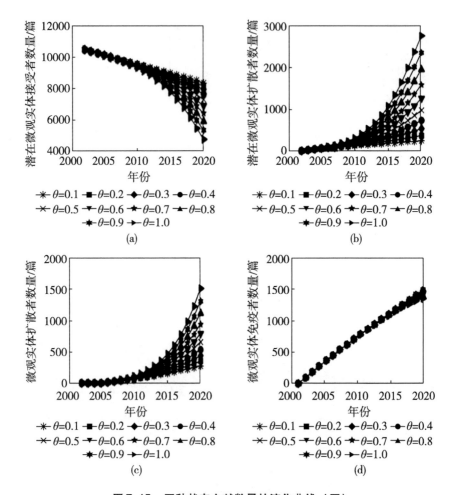

图 7.15　四种状态文献数量的演化曲线（四）

7.4　SEIZR 微观实体扩散动力学模型及仿真

为了进一步探讨微观实体在某一领域文献间的扩散规律，本节继续在 SEIR 模型的基础上进行改进，即加入微观实体质疑者这一类型，将一个领域内的文献划分成五种类型，在 t 时刻，它们的具体定义如下。

（1）潜在微观实体接受者（S）：尚未发表的文献。

（2）潜在微观实体扩散者（E）：含有该类微观实体但尚未得到引用的文献。

（3）微观实体扩散者（I）：既包括在统计阶段的初始时刻本身含有该类微观实体的文献，又包括在 t 时刻得到引用的含有该类微观实体的文献。

（4）微观实体质疑者（Z）：未引用微观实体扩散者且不含该类微观实体的文献。

（5）微观实体免疫者（R）：引用了微观实体扩散者但不含该类微观实体的文献。

从疾病传播微分动力学的角度，对于某一领域文献中某类微观实体的传播扩散过程可进行如下描述：在初始阶段，该领域中只有少量的微观实体扩散者，其他均为潜在微观实体接受者，潜在微观实体扩散者、微观实体质疑者和微观实体免疫者的数量均为 0。该类微观实体通过微观实体扩散者在该领域中开始扩散，随着时间的推移：①当微观实体扩散者将该类微观实体传递给潜在微观实体接受者时，潜在微观实体接受者将以一定的参数（θ）接受该微观实体，成为潜在微观实体扩散者；另外，由于自身的创新性，潜在微观实体接受者本身也可以以一定的参数（α）转变为潜在微观实体扩散者。②若潜在微观实体接受者对该类微观实体产生质疑，不引用微观实体扩散者，则其将以一定的参数（γ）转变为微观实体质疑者。③若潜在微观实体接受者对该类微观实体产生免疫，引用了微观实体扩散者但不含该类微观实体，则其将以一定的参数（ω）转变为微观实体免疫者。④若潜在微观实体扩散者得到引用，则其将以一定的参数（β）扩散该微观实体，成为新的微观实体扩散者。

7.4.1　SEIZR 微观实体扩散模型

微观实体在某一领域中传播时，任意一篇文献必定且只能处于五种状态中的一种。在 t 时刻，将处于某种扩散状态的文献在整个系统中所占的比重进行如下定义。

（1）$S(t)$：在 t 时刻，潜在微观实体接受者在整个领域中所占的比重。

（2）$E(t)$：在 t 时刻，潜在微观实体扩散者在整个领域中所占的比重。

（3）$I(t)$：在 t 时刻，微观实体扩散者在整个领域中所占的比重。

（4）$Z(t)$：在 t 时刻，微观实体质疑者在整个领域中所占的比重。

（5）$R(t)$：在 t 时刻，微观实体免疫者在整个领域中所占的比重。

其中，$S(t) + E(t) + I(t) + Z(t) + R(t) = 1$。

根据前面对某一领域内微观实体扩散过程的描述，绘制微观实体扩散个体状态转换图，如图 7.16 所示。

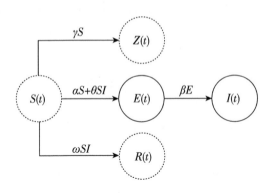

图 7.16　SEIZR 模型微观实体扩散个体状态转换图

当潜在微观实体接受者与微观实体扩散者之间存在引用关系时，潜在微观实体接受者以参数 θ 转变为潜在微观实体扩散者；由于自身的创新性，潜在微观实体接受者本身也可以以参数 α 转变为潜在微观实体扩散者，而潜在微观实体扩散者可以以参数 β 转变为微观实体扩散者。另外，潜在微观实体接受者可以以参数 γ 转变为微观实体质疑者或者以参数 ω 转变为微观实体免疫者。其中，α 为创新率，即潜在微观实体接受者自身提出微观实体的参数值；$1/\alpha$ 为平均微观实体创新期，α 越大，即平均微观实体创新期越短，说明微观实体在文献中扩散的速度越快，反之亦然。θ 为传染率，即潜在微观实体接受者转变为潜在微观实体扩散者的参数值；$1/\theta$ 为平均微观实体传染期，θ 越大，即平均微观实体传染期越短，说明微观实体依靠引用关系向外扩散的速度越快，反之亦然。β 为潜在微观实体扩散者转变为微观实体扩散者的参数值；$1/\beta$ 为平均微观实体潜伏期，即微观实体从被文献接受到开始向其他文献扩散所需的平均时间，β 越大，即平均微观实体潜伏期越短，说明微观实体依靠引用关系向外扩散的速度越快，反之亦然。γ 为质疑率，即潜在微观实体接受者转变为微观实体质疑者的参数值；$1/\gamma$ 为平均微观实体质疑期，γ 越大，即平均微观实体质疑期越短，说明微观实体扩散的速度越慢，反之亦然。ω 为免疫率，即潜在微观实体接受者转变为微观实体免疫者的参数值；$1/\omega$ 为平均微观实体免疫（衰退）期，ω 越大，说明微观实体衰退的速度越快，反之亦然。

根据上述微观实体扩散的过程和演化规则，建立如下 SEIZR 微分动力学模型：

$$
\begin{cases}
\dfrac{\mathrm{d}S(t)}{\mathrm{d}t} = -\alpha S(t) - \theta S(t)I(t) - \gamma S(t) - \omega S(t)I(t) \\[2mm]
\dfrac{\mathrm{d}E(t)}{\mathrm{d}t} = \alpha S(t) - \beta E(t) + \theta S(t)I(t) \\[2mm]
\dfrac{\mathrm{d}I(t)}{\mathrm{d}t} = \beta E(t) \\[2mm]
\dfrac{\mathrm{d}Z(t)}{\mathrm{d}t} = \gamma S(t) \\[2mm]
\dfrac{\mathrm{d}R(t)}{\mathrm{d}t} = \omega S(t)I(t)
\end{cases}
\tag{7.5}
$$

7.4.2 基于 SEIZR 模型的微观实体扩散仿真

1. 状态文献数量演化

根据前面对 SEIZR 模型的描述，在本小节中，处于潜在微观实体接受者状态的文献为某时刻尚未发表的文献；处于潜在微观实体扩散者状态的文献为该时刻含有"冠状病毒"这类微观实体但尚未得到引用的文献；处于微观实体扩散者状态的文献既包括在统计阶段的初始时刻本身含有"冠状病毒"这类微观实体的文献，又包括在该时刻得到引用且含有"冠状病毒"这类微观实体的文献；处于微观实体质疑者状态的文献为未引用微观实体扩散者且不含"冠状病毒"这类微观实体的文献；而处于微观实体免疫者状态的文献为引用了微观实体扩散者，但不含"冠状病毒"这类微观实体的文献。经过划分，目标文献集中任意一篇文献必定且只能处于这五种状态中的一种。由此可知，这五种状态的文献量都是一种累积量，而且每年潜在微观实体接受者、潜在微观实体扩散者、微观实体扩散者、微观实体质疑者和微观实体免疫者的总和就是这一年发表的文献量，用文献总量（10424 篇）减去这一总和就是潜在微观实体接受者的数量。2002—2020 年，数据集中各状态文献的数量如图 7.17 所示。从图中可以看出，潜在微观实体扩散者的数量始终高于微观实体扩散者、微观实体质疑者和微观实体免疫者的数量；而微观实体扩散者的数量明显高于微观实体免疫者的数量，但是前者的数量与微观实体质疑者的数量相差不大。

2. 参数确定及验证

为了确定 SEIZR 模型的一组最佳拟合参数值，本小节基于最小二乘法，利用 Matlab 软件对"冠状病毒"这类微观实体在文献间的扩散过程进行仿真，即通过不断调节参数 α、β、γ、θ 和 ω，使 2002—2020 年潜在微观实体接受者、潜在微观实体扩散者、微观实体扩散者、微观实体质疑者和微观实体免疫者的理论值与实际值的误差平方和达到最小，最终得到的最佳模型拟合参数值见表7.4。

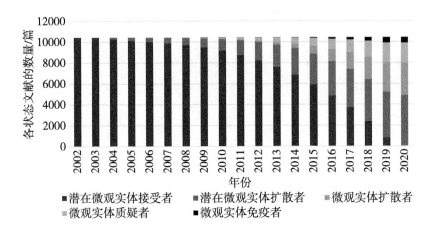

图7.17　五种状态文献的数量

表7.4　最佳模型拟合参数值

参数	α	β	γ	θ	ω
数值	0.0025	0.1087	0.0075	1.7387	0.1119

将表7.4中的最佳模型拟合参数值代入 SEIZR 模型中，则"冠状病毒"这类微观实体在新冠领域文献中传播扩散的 SEIZR 模型可记为

$$\begin{cases} \dfrac{\mathrm{d}S(t)}{\mathrm{d}t} = -0.0025S(t) - 1.7387S(t)I(t) - 0.0075S(t) - 0.1119S(t)I(t) \\[2mm] \dfrac{\mathrm{d}E(t)}{\mathrm{d}t} = 0.0025S(t) - 0.1087E(t) + 1.7387S(t)I(t) \\[2mm] \dfrac{\mathrm{d}I(t)}{\mathrm{d}t} = 0.1087E(t) \\[2mm] \dfrac{\mathrm{d}Z(t)}{\mathrm{d}t} = 0.0075S(t) \\[2mm] \dfrac{\mathrm{d}R(t)}{\mathrm{d}t} = 0.1119S(t)I(t) \end{cases}$$

$$(7.6)$$

为了能清晰地看出式（7.6）所示模型的拟合效果，将 2002—2020 年潜在微观实体接受者、潜在微观实体扩散者、微观实体扩散者、微观实体质疑者和微观实体免疫者数量的理论值与实际值进行对比，这四种状态文献的演化曲线如图7.18所示。

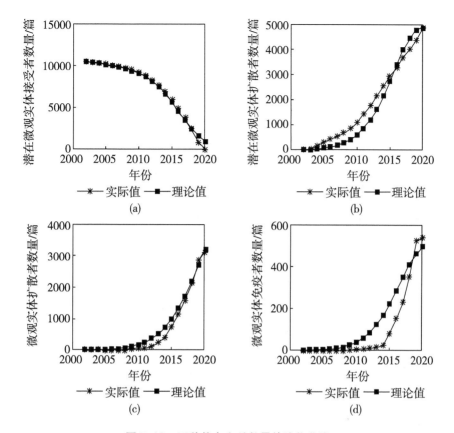

图 7.18　四种状态文献数量的演化曲线

　　从四种状态文献数量的实际演化趋势来看，随着时间的推移，潜在微观实体接受者的比例不断下降；潜在微观实体扩散者、微观实体扩散者和微观实体免疫者的比例不断上升。从演化速度来看，潜在微观实体扩散者的演化速度明显快于微观实体扩散者和微观实体免疫者。观察实际值与理论值的拟合程度可以发现，该模型对潜在微观实体接受者、潜在微观实体扩散者、微观实体扩散者和微观实体免疫者的拟合效果比较好。

　　图 7.19 所示为微观实体质疑者演化曲线，随着时间的推移，微观实体质疑者的比例不断上升。但是，通过观察实际值与理论值的拟合程度可以发现，该模型对微观实体质疑者的拟合效果并不理想，究其原因，可能是在 SEIZR 模型中，除了状态转换参数，微观实体质疑者的增长率只与潜在微观实体接受者的比例有关，而潜在微观实体接受者的比例与微观实体扩散者的比例的乘积深刻影响着潜在微观实体接受者、潜在微观实体扩散者、微观实体扩散者和微观实体免疫者的增长率。这种考虑到与其他变量

关系的模型结构可能更有利于仿真的过程，因此相较于微观实体质疑者，潜在微观实体接受者、潜在微观实体扩散者、微观实体扩散者和微观实体免疫者的拟合效果更好。

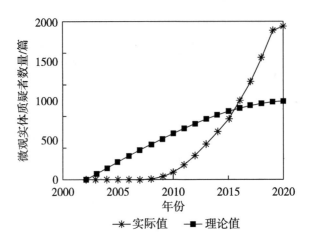

图 7.19　微观实体质疑者演化曲线

3. 状态转换参数与扩散演化的关系

SEIZR 模型中各微观实体扩散状态之间的状态转换参数所起的作用各不相同，其变化对整个微观实体扩散演化进程也会产生不同的影响。本小节利用 Matlab 软件对状态转换参数与微观实体扩散演化的关系进行探索，以期明晰微观实体扩散过程的动力学本质规律。

（1）α 与微观实体扩散状态演化的关系。保持式（7.6）所示模型中 β、γ、θ 和 ω 四个参数不变，不断调整参数 α，使其在 $0.1\sim1.0$ 之间变动，观察不同 α 取值下潜在微观实体接受者、潜在微观实体扩散者、微观实体扩散者、微观实体质疑者和微观实体免疫者五种状态文献的数量变化，结果如图 7.20 所示。

由图 7.20 可知，α 对潜在微观实体接受者、潜在微观实体扩散者和微观实体扩散者的影响较为显著。α 越大，潜在微观实体接受者的数量下降得越快，微观实体扩散者的数量增长得越快，而微观实体质疑者和微观实体免疫者的数量上升得越慢，并且其最终达到的稳定值越低。说明 α 对微观实体质疑者和微观实体免疫者具有反向的抑制作用，对微观实体扩散者具有正向的促进作用。随着时间的推移，潜在微观实体扩散者的数量呈先上升、后下降的态势，而且 α 对潜在微观实体扩散者的数量呈先正向促进、后反向抑制的作用。总之，α 越大，微观实体的平均创新期越短，即 α 对微观实体传播速度呈正向的促进作用。

（2）β 与微观实体扩散状态演化的关系。保持式（7.6）所示模型中 α、γ、θ 和 ω 四个参数不变，不断调整参数 β，使其在 0.1~1.0 之间变动，观察不同 β 取值下潜在微观实体接受者、潜在微观实体扩散者、微观实体扩散者、微观实体质疑者和微观实体免疫者五种状态文献的数量变化，结果如图 7.21 所示。

由图 7.21 可知，β 对潜在微观实体接受者、潜在微观实体扩散者和微观实体扩散者的影响较为显著。β 越大，潜在微观实体接受者的数量下降得越快，微观实体扩散者的数量增长得越快，而微观实体质疑者的数量上升得越慢，并且其最终达到的稳定值越低。说明 β 对微观实体质疑者具有反向抑制作用，对微观实体扩散者和微观实体免疫者具有正向促进作用。随着时间的推移，潜在微观实体扩散者的数量呈先上升、后下降的态势，而且 β 对潜在微观实体扩散者的数量呈先正向促进、后反向抑制的作用。总之，β 越大，微观实体的平均潜伏期越短，即 β 对微观实体传播速度呈正向的促进作用。

（3）γ 与微观实体扩散状态演化的关系。保持式（7.6）所示模型中 α、β、θ 和 ω 四个参数不变，不断调整参数 γ，使其在 0.1~1.0 之间变动，观察不同 γ 取值下潜在微观实体接受者、潜在微观实体扩散者、微观实体扩散者、微观实体质疑者以及微观实体免疫者五种状态的数量变化，结果如图 7.22 所示。

由图 7.22 可知，γ 对潜在微观实体接受者和微观实体质疑者的影响较为显著。γ 越大，潜在微观实体接受者的数量下降得越快，微观实体质疑者的数量增长得越快，而潜在微观实体扩散者、微观实体扩散者和微观实体免疫者的数量上升得越慢，并且其最终达到的稳定值越低，说明 γ 对潜在微观实体扩散者、微观实体扩散者和微观实体免疫者具有反向的抑制作用，对微观实体质疑者具有正向的促进作用。总之，γ 越大，微观实体的平均质疑期越短，即 γ 对微观实体传播速度呈反向的抑制作用。

（4）θ 与微观实体扩散状态演化。保持式（7.6）所示模型中 α、β、γ 和 ω 四个参数不变，不断调整参数 θ，使其在 0.1~1.0 之间变动，观察不同 θ 取值下潜在微观实体接受者、潜在微观实体扩散者、微观实体扩散者、微观实体质疑者和微观实体免疫者五种状态的数量变化，结果如图 7.23 所示。

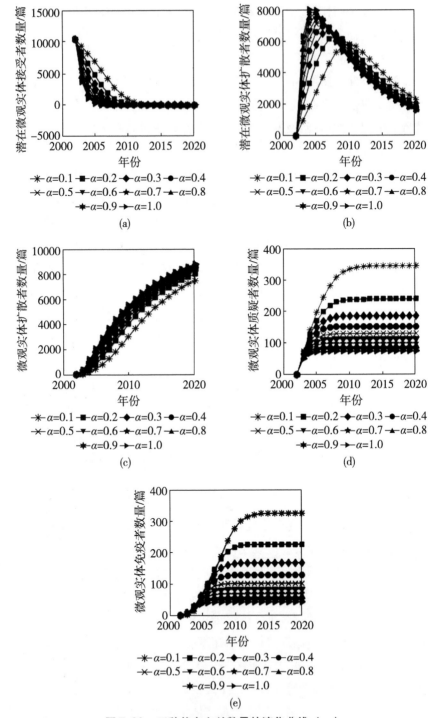

图 7.20　五种状态文献数量的演化曲线（一）

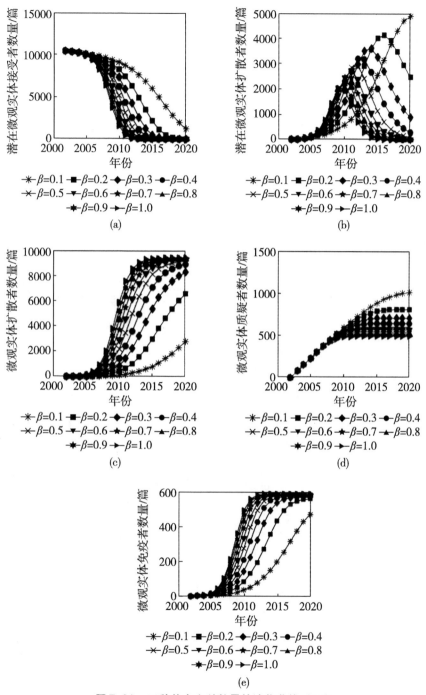

图 7.21 五种状态文献数量的演化曲线（二）

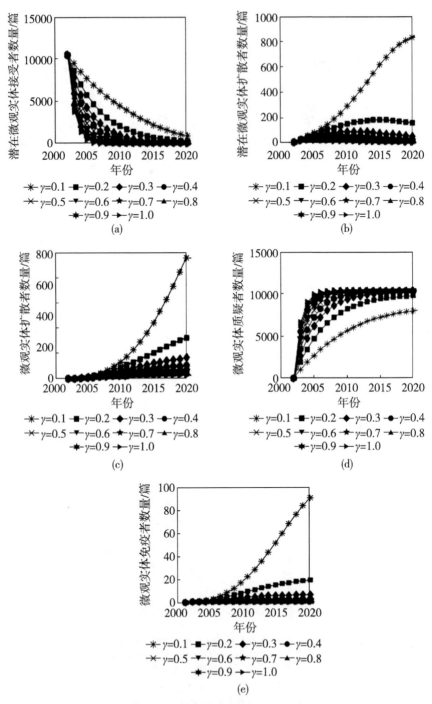

图 7.22　五种状态文献数量的演化曲线（三）

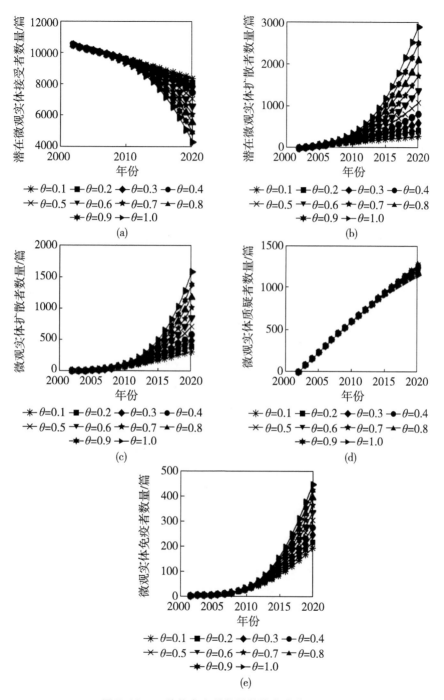

图 7.23　五种状态文献数量的演化曲线（四）

由图 7.23 可知，θ 对潜在微观实体接受者、潜在微观实体扩散者的影响较为显著。θ 越大，潜在微观实体接受者的数量下降得越快，微观实体质疑者的数量上升得越慢，而潜在微观实体扩散者、微观实体扩散者和微观实体免疫者的数量增长得越快，说明 θ 对微观实体质疑者具有反向抑制作用，对潜在微观实体扩散者、微观实体扩散者和微观实体免疫者具有正向促进作用。总之，θ 越大，微观实体的平均接受期越短，即 θ 对微观实体传播速度呈正向的促进作用。

（5）ω 与微观实体扩散状态演化。保持式（7.6）所示模型中 α、β、γ 和 θ 四个参数不变，不断调整参数 ω，使其在 $0.1 \sim 1.0$ 之间变动，观察不同 ω 取值下潜在微观实体接受者、潜在微观实体扩散者、微观实体扩散者、微观实体质疑者以及微观实体免疫者五种状态文献的数量变化，结果如图 7.24 所示。

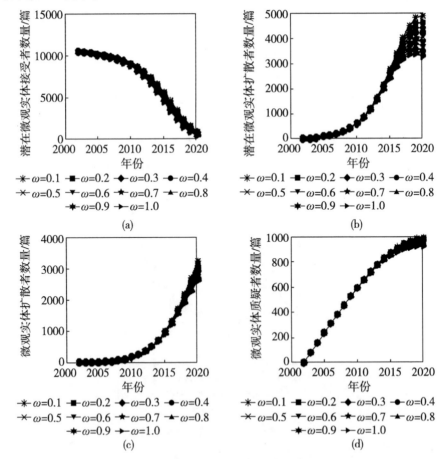

图 7.24　五种状态文献数量的演化曲线（五）

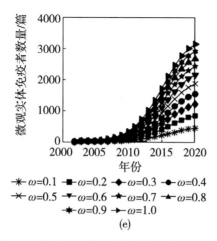

图 7.24　五种状态文献数量的演化曲线（五）（续）

由图 7.24 可知，ω 对潜在微观实体扩散者和微观实体免疫者的影响较为显著。ω 越大，潜在微观实体扩散者的数量上升得越慢，而微观实体免疫者的数量上升得越快。说明 ω 对微观实体免疫者具有正向促进作用，对潜在微观实体扩散者具有反向的抑制作用。ω 对潜在微观实体接受者、微观实体扩散者和微观实体质疑者的影响都不显著，随着 ω 不断变大，潜在微观实体接受者、微观实体扩散者和微观实体质疑者的数量略微下降，说明 ω 对它们呈微弱的反向抑制作用。总之，ω 越大，微观实体的平均免疫期越短，即 ω 对微观实体传播速度呈反向的抑制作用。

7.5　三种微观实体扩散动力学模型效果对比

为了评价 SIR、SEIR 和 SEIZR 三种微观实体扩散动力学模型对"冠状病毒"这类微观实体扩散过程的仿真效果，分别对 2002—2020 年三种模型的潜在微观实体接受者、潜在微观实体扩散者、微观实体扩散者和微观实体免疫者数量的理论值与实际值计算平均绝对误差（MAE）和均方根误差（$RMSE$），这两种衡量标准的值越小，说明模型的仿真效果越好，具体计算公式为式（7.7）和式（7.8）。其中，y_i 为 2002—2020 年三种模型中各种状态的文献数量的理论值；x_i 为 2002—2020 年各种状态文献数量的实际值，计算结果见表 7.5。

$$MAE = \frac{1}{16} \sum_{i=2002}^{2017} |y_i - x_i| \qquad (7.7)$$

$$RMSE = \sqrt{\frac{\sum_{i=2002}^{2017}(y_1 - x_i)^2}{16}} \tag{7.8}$$

表7.5　三种模型的仿真效果评价

模型		SIR 模型		SEIR 模型			SEIZR 模型	
类型		S	I	S	E	I	S	E	I
评价标准	MAE	296.16	249.28	215.95	344.53	114.13	204.79	312.12	114.76
	RMSE	474.63	290.73	321.10	399.67	147.65	309.82	362.15	150.62

虽然 SIR、SEIR 和 SEIZR 三种微观实体动力学模型使用的是同一数据集，但是这三种模型对文献类型的划分方式不同。由于这三种模型对潜在微观实体接受者的定义相同，因此其对潜在微观实体接受者的仿真效果可以直接进行比较；由于只有 SEIR 和 SEIZR 模型中有潜在微观实体扩散者且定义相同，因此这两种模型对潜在微观实体扩散者的仿真效果可以直接进行比较；由于 SEIR 和 SEIZR 模型对微观实体扩散者的定义相同，因此这两种模型对微观实体扩散者的仿真效果可以直接进行比较；由于 SIR 和 SEIR 模型对微观实体免疫者的定义相同，因此这两种模型对微观实体免疫者的仿真效果可以直接进行比较。

通过表7.5可以看出，对潜在微观实体接受者来说，SEIZR 模型的仿真效果更好；对潜在微观实体扩散者来说，SEIZR 模型的仿真效果更好；对微观实体扩散者来说，SEIR 模型的仿真效果更好；对微观实体免疫者来说，SIR 模型的仿真效果最好。从总体上看，SEIZR 模型的仿真效果更好一些，说明用 SEIZR 模型描述"冠状病毒"这类微观实体在新冠领域文献中的扩散状况比较合理。

7.6　本章小结

本章将微观实体在文献中的扩散特点与经典的传染病模型结合起来，提出了三种划分某一领域内文献的方法和状态演化规则，最终形成了 SIR、SEIR 和 SEIZR 三种微观实体扩散动力学模型。为了验证这三种模型的有效性，本章分别基于这三种模型对"冠状病毒"进行微观实体扩散仿真研究，得到三种微观实体扩散动力学模型的最佳拟合参数值，从而明确一个领域内某类微观实体的扩散状况，并通过比较得出 SEIZR 模型的仿真效果最好。另外，微观实体扩散动力学模型中各状态转换参数的变化对整个微观实体扩散演化进程会产生不同的影响，具体来说，创新率和传染率对微观实体在文献中的扩散有促进作用，而免疫率、质疑率以及潜伏期对微观实体在文献中的扩散有抑制作用。

本章参考文献

[1] 常荔，邹珊刚，李顺才．基于知识链的知识扩散的影响因素研究 [J]．科研管理，2001（5）：122-127.

[2] 曹盛力，冯沛华，时朋朋．修正 SEIR 传染病动力学模型应用于湖北省 2019 冠状病毒病（COVID-19）疫情预测和评估 [J]．浙江大学学报（医学版），2020，49（2）：178-184.

[3] 荀晶．面向微博数据的命名实体识别研究与实现 [D]．沈阳：东北大学．2013.

[4] 付卫东，周洪宇．新冠肺炎疫情给我国在线教育带来的挑战及应对策略 [J]．河北师范大学学报（教育科学版），2020，22（2）：14-18.

[5] 霍阔，李世霖．甲型 H1N1 流感传播的 SIR 模型研究 [J]．湖南工业大学学报，2010，24（4）：40-42.

[6] 李刚，黄永峰．一种面向微博文本的命名实体识别方法 [J]．电子技术应用，2018，44（1）：118-120.

[7] 李盛庆，蔡国永．复杂网络领域科研合著网络演化及知识传播特点研究 [J]．现代图书情报技术，2013（5）：64-72.

[8] 刘浏，王东波．命名实体识别研究综述 [J]．情报学报，2018，37（3）：329-340.

[9] 彭程，祁凯，黎冰雪．基于 SIR-EGM 模型的复杂网络舆情传播与预警机制研究 [J]．情报科学，2020，38（3）：145-153.

[10] 邱泉清，苗夺谦，张志飞．中文微博命名实体识别 [J]．计算机科学，2013，40（6）：196-198.

[11] 曲春燕，关毅，杨锦锋，等．中文电子病历命名实体标注语料库构建 [J]．高技术通讯，2015，25（2）：143-150.

[12] 施宏伟，索利娜．基于社会网络的服务创新关系与知识扩散模型 [J]．科技进步与对策，2011，28（18）：141-145.

[13] 施杨，李南．基于社会关系网络的团队知识扩散影响因素探析 [J]．科技进步与对策，2010，27（14）：137-140.

[14] 孙雅铭．生物医学文本中蛋白质相互作用关系抽取关键技术研究

［D］. 哈尔滨：哈尔滨工业大学，2012.

［15］沈国兵.“新冠肺炎”疫情对我国外贸和就业的冲击及纾困举措［J］. 上海对外经贸大学学报，2020，27（2）：16 – 25.

［16］唐驰，郭泽强，罗娜，等. 基于 SIR 模型对 2016 年南宁市手足口病传染源管理效果的评价［J］. 实用预防医学，2019，26（1）：114 – 116，129.

［17］王治莹，李勇建. 政府干预下突发事件舆情传播规律与控制决策［J］. 管理科学学报，2017，20（2）：43 – 52，62.

［18］王群，赵勇. 转型中的科学、技术和创新指标：从 STI 2018 年会论文看科学计量学研究当前热点与动态［J］. 情报理论与实践，2019，42（11）：164 – 170.

［19］夏宇彬，郑建立，赵逸凡，等. 基于深度学习的电子病历命名实体识别［J］. 电子科技，2018，31（11）：31 – 34.

［20］薛天竹. 面向医疗领域的中文命名实体识别［D］. 哈尔滨：哈尔滨工业大学，2017.

［21］尹聪慧，蒋一琛. 新冠肺炎国际研究进展的文献计量与合作网络研究［J］. 科技通报，2021，37（5）：104 – 112.

［22］杨锦锋，于秋滨，关毅，等. 电子病历命名实体识别和实体关系抽取研究综述［J］. 自动化学报，2014，40（8）：1537 – 1562.

［23］岳增慧，许海云，方曙. 基于微分动力学的科研合作网络知识扩散模型及影响机制研究［J］. 情报学报，2015，34（11）：1132 – 1142.

［24］周素萍. 高科技中小企业集群知识扩散模型构建及阶段分析［J］. 企业经济，2013，32（1）：77 – 80.

［25］张生太，宣雅迪，仇泸毅，等. 基于社会网络分析和文献计量学的新冠肺炎学术研究现状与特点研究［J］. 北京邮电大学学报（社会科学版），2020，22（5）：87 – 98，124.

［26］张雪英，朱少楠，张春菊. 中文文本的地理命名实体标注［J］. 测绘学报，2012，41（1）：115 – 120.

［27］张甜甜. 近 10 年国际化学教育研究：现状、特点与趋势［D］. 重庆：重庆师范大学，2020.

［28］赵善露，阳琳，罗铠炜，等. 2016—2020 年湖南省手足口病时空聚集性分析［J］. 公共卫生与预防医学，2022，33（2）：7 – 10.

[29] BORREGA O TAULÉ M, MARTÍ M A. What do we mean when we speak about named entities [R]. Barcelona: University of Barcelona, 2007.

[30] BETTENCOURT L M A, CINTRÓN-ARIAS A, KAISER D I, et al. The power of a good idea: Quantitative modeling of the spread of ideas from epidemiological models [J]. Physica A: Statistical Mechanics and its Applications, 2006, 364: 513 – 536.

[31] BETTENCOURT L M A, KAISER D I, KAUR J, et al. Population modeling of the emergence and development of scientific fields [J]. Scientometrics, 2008, 75 (3): 495 – 518.

[32] CAMPOS D, MATOS S, OLIVEIRAL J L. Gimli: Open source and high – performance biomedical name recognition [J]. Bioinformatics, 2013, 14 (1): 54.

[33] CHANG J T, SCHÜTZE H, ALTMAN R B. GAPSCORE: Finding gene and protein names one word at a time [J]. Bioinformatics, 2004, 20 (2): 216 – 225.

[34] CHEN C M, HICKS D. Tracing knowledge diffusion [J]. Scientometrics, 2004, 59 (2): 199 – 211.

[35] DERCZYNSKI L, MAYNARD D, RIZZO G, et al. Analysis of named entity recognition and linking for tweets [J]. Information Processing & Management, 2015, 51 (2): 32 – 49.

[36] DING Y, SONG M, HAN J, et al. Entitymetrics: Measuring the impact of entities [J]. PLoS One, 2013, 8 (8): 1 – 14.

[37] DONG E S, DU H R, GARDNER L M. An interactive web-based dashboard to track COVID-19 in real time [J]. The Lancet Infectious Diseases, 2020, 20 (5): 533 – 534.

[38] FERNANDEZ-SUAREZ X M, RIGDEN D J, GALPERIN M Y. The 2014 nucleic acids research database issue and an updated NAR online molecular biology database collection [J]. Nucleic Acids Research, 2013, 42 (Database issue): D1 – D6.

[39] GOH K, CUSICK M E, VALLE D, et al. The human disease network [J]. Proceedings of the National Academy of Sciences. 2007, 104 (21): 8685 – 8690.

[40] GOYAL A, GUPTA V, KUMAR M. Recent named entity recognition and classification techniques: A systematic review [J]. Computer Science Review, 2018, 29: 21 – 43.

[41] GRISHMAN R, SUNDHEIM B. Message Understanding Conference-6: A Brief History [C]. Proceedings of the 16th Conference on Computational Linguistics, 1996.

[42] GYSI D M, VALLE T D, ZITNIK M, et al. Network medicine framework for identifying drug repurposing opportunities for COVID-19 [J]. Proceedings of the National Academy, 2021, 118 (19): e2025581118.

[43] GROSSMAN G M, HELPMAN E. Innovation and Growth in the Global Economy [M]. Boston: MIT Press Books, 1993.

[44] HABIBI M, WEBER L, NEVES M, et al. Deep learning with word embeddings improves biomedical named entity recognition [J]. Bioinformatics, 2017, 33 (14): 137 – 148.

[45] HAGHANI M, BLIEMER M C J. Covid-19 pandemic and the unprecedented mobilisation of scholarly efforts prompted by a health crisis: Scientometric comparisons across SARS, MERS and 2019-nCoV literature [J]. Scientometrics, 2020, 125: 2695 – 2726.

[46] JUNG J J. Online named entity recognition method for microtexts in social networking services: A case study of twitter [J]. Expert Systems with Applications, 2012, 39 (9): 8066 – 8070.

[47] KISS I Z, BROOM M, CRAZE P G, et al. Can epidemic models describe the diffusion of topics across disciplines? [J]. Journal of Informetrics, 2010, 4 (1): 74 – 82.

[48] KERMACK W O, MCKENDRICK A G. A Contribution to the mathematical theory of epidemics [J]. Proceedings of The Royal Society of London, 1927, 115 (772): 700 – 721.

[49] KIM D, LEE J, et al. A Neural Named Entity Recognition and Multi – Type Normalization Tool for Biomedical Text Mining [C]. IEEE Access, 2019 (7): 73729 – 73740.

[50] LEAMAN R, DOGAN R I, LU Z. DNorm: Disease name normalization with pairwise learning to rank [J]. Bioinformatics, 2013, 29 (22):

2909 – 2917.

[51] LEAMAN R, GONZALEZ G. BANNER: An executable survey of advances in biomedical named entity recognition [J]. Pacific Symposium on Biocomputing, 2008 (13): 652 – 663.

[52] LEAMAN R, LU Z. TaggerOne: Joint named entity recognition and normalization with semi – Markov models [J]. Bioinformatics, 2016, 32 (18): 2839 – 2846.

[53] LEAMAN R, WEI C, LU Z. tmChem: A high performance approach for chemical named entity recognition and normalization [J]. Journal of Cheminformatics, 2015, 7 (Suppl 1): S3.

[54] LEE C, HWANG Y, OH H, et al. Fine – grained Named Entity Recognition Using Conditional Random Fields for Question Answering [C] //Proceedings of the Third Asia conference on Information Retrieval Technology, 2006: 581 – 587.

[55] LING X, WELD D S. Fine – grained Entity Recognition [C] // Proceedings of the Twenty – Sixth AAAI Conference on Artificial Intelligence, 2012, 1: 94 – 100.

[56] LEI J, TANG B, LU X, et al. A comprehensive study of named entity recognition in Chinese clinical text [J]. Journal of the American Medical Informatics Association, 2014, 21 (5): 808 – 814.

[57] LINDSEY B, RAJESH C, LIU JS, et al. Integrated bio – entity network: A system for biological knowledge discovery [J]. PLoS One, 2011, 6 (6): e21474.

[58] LIU X, ZHOU M. Two – stage NER for Tweets with Clustering [J]. Information Processing & Management, 2013, 49 (1): 264 – 273.

[59] LIU J, WANG L, ZHOU M, et al. Fine – grained entity type classification with adaptive context [J]. Soft Computing, 2018, 22 (13): 4307 – 4318.

[60] LUO L, YANG Z, YANG P, et al. An attention – based BiLSTM – CRF approach to document – level chemical named entity recognition [J]. Bioinformatics, 2018, 34 (8): 1381 – 1388.

[61] MARRERO M, URBANO J, SÁNCHEZ-CUADRADO S, et al. Named

entity recognition: Fallacies, challenges and opportunities [J]. Computer Standards & Interfaces, 2013, 35 (5): 482 – 489.

[62] PAFILIS E, FRANKILD S P, FANINI L, et al. The SPECIES and ORGANISMS resources for fast and accurate identification of taxonomic names in text [J]. PLoS ONE, 2013, 8 (6): e65390.

[63] PETTIGREW K E, MCKECHNIE L. The use of theory in information science research [J]. Journal of the American Society for Information Science and Technology, 2001, 52 (1): 62 – 73.

[64] SEKINE S, SUDO K, NOBATA C. Extended Named Entity Hierarchy [C]. Proceedings of the LREC, 2002.

[65] SEKINE S, NOBATA C. Definition, Dictionaries and Tagger for Extended Named Entity Hierarchy [C]. European Language Resources Association (ELRA), 2004.

[66] SETTLES B. ABNER: An open source tool for automatically tagging genes, proteins and other entity names in text [J]. Bioinformatics, 2005, 21 (14): 3191 – 3192.

[67] TSURUOKA Y, ANANIADOU M N. Normalizing biomedical terms by minimizing ambiguity and variability [J]. BMC Bioinformatics, 2008 (S2).

[68] WOO J Y, CHEN H C. Epidemic model for information diffusion in web forums: Experiments in marketing exchange and political dialog [J]. Springerplus, 2016 (5): 66.

[69] WANG X, SONG X C, LI B Z, et al. Comprehensive named entity recognition on CORD-19 with distant or weak supervision [J/OL]. arXiv: 2003. 12218, 2020.

[70] WANG Y, YU Z, CHEN L, et al. Supervised methods for symptom name recognition in free – text clinical records of traditional Chinese medicine: An empirical study [J]. Journal of Biomedical Informatics, 2014, 47: 91 – 104.

[71] WEI C, ALLOT A, LEAMAN R, et al. PubTator central: Automated concept annotation for biomedical full text articles [J]. Nucleic Acids Research, 2019, 47 (W1): W587 – W593.

[72] WEI C, KAO H. Cross – species gene normalization by species inference [J]. BMC bioinformatics, 2011, 12 (Suppl 8): S5.

[73] WEI C, KAO H, LU Z, et al. SR4GN: A species recognition software tool for gene normalization [J]. PLoS ONE, 2012, 7 (6): e38460.

[74] YAN E J, DING Y, CRONIN B. A bird's-eye view of scientific trading: Dependency relations among fields of science [J]. Journal of Informetrics, 2013, 7 (2): 249 – 264.

[75] YAN E J, DING Y, MILOJEVIĆ S, et al. Topics in dynamic research communities: An exploratory study for the field of information retrieval [J]. Journal of Informetrics, 2012, 6 (1): 140 – 153.

[76] YU Y T, LI Y J, ZHANG Z H, et al. A bibliometric analysis using VOS viewer of publications on COVID-19 [J]. Annals of Transl ational Medicine, 2020, 8 (13): 816.

[77] YU Q, WANG Q, ZHANG Y F, et al. Analyzing knowledge entities about COVID-19 using entitymetrics [J]. Scientometrics, 2021, 126: 4491 – 4509.

第8章 基于全文本的领域实体
自动抽取研究

当前，伴随着信息技术的快速发展，以及开放获取运动的兴起，以期刊文献、专利和会议报告为主的全文本数据的获取越来越容易，其方式和途径日益多样化，且数据规模呈爆炸式增长。全球三大国际期刊出版社 Elsevier、Springer Nature 和 Wiley 提供多个学科的多种格式的论文、专利的在线阅读和全文本下载服务，其以全文本内容中的结构化信息为主，如引用和引文语境信息、实体信息、章节标题、图表等，采用自然语言处理技术、深度学习和人工智能技术，为各研究领域的发展提供了坚实的数据依据和有效的技术支撑。在近几年的科学计量论坛中，相关专家从学术评价体系研究、新兴研究主题识别和预测、全文本数据的开放与构建、全文本的实体识别等方面揭示了国内外全文本文献计量分析在理论与技术方面的最新进展以及发展趋势（章成志等，2020）。尤其是在实体识别领域，开放获取运动的兴起为基于全文本的实体抽取研究带来了便利的数据基础和广阔的应用前景。

8.1 相关研究

8.1.1 实体计量学

Ding 等（2013）认为实体可以分为评价实体（evaluative entities）和知识实体（knowledge entities）：评价实体用于评估学术影响，包括论文、作者、期刊、机构和国家；知识实体在文献中作为知识单元的载体，包括关键词、主题类别、关键方法和领域实体（如生物实体：基因、药物和疾病）等。他们将实体计量学定义为：使用实体（即评估实体或知识实体）来衡量知识使用和知识转移，以促进知识发现。

学者们使用评价实体进行研究，能够了解各个国家、各种期刊对"新冠"的关注程度，以及不同领域受"新冠"的影响程度。De Felice 和 Polimeni（2020）从 Scopus 数据库中检索有关"新冠"的文献，获取机构、期刊、关键词、引用次数等基本信息，使用机器学习技术对文献进行分析，其中，中国产生了大部分文章，其次是美国、英国和意大利，"BMJ"发表的论文数量最多（$n = 129$），"The Lancet"被引用得最多（$n = 1439$），最普遍的话题是 COVID-19 的临床特征。Zyoud 和 Al-Jabi（2020）探讨了 COVID-19 最流行的研究主题，主要包括"临床特征研究""病理学发现和治疗设计""护理设施准备和感染控制"以及"孕产妇和新生儿"。Pasin O 和 Pasin T（2021）从文献的角度分析风湿病学和 COVID-19 的关系，共检索到 234 篇文献，并用 Spearman 相关系数分析被引频次与参考文献数量的相关性，平均每篇被引次数为 6.03，与风湿病学相关的 COVID-19 文献数量最多的国家是美国和英国。Aristovnik 等（2020）使用维恩图、VOSviewer 共现网络、杰卡德距离、聚类分析等方法对科学和社会科学研究领域的 COVID-19 文献进行计量分析，结果表明，就相关出版物的数量和总引用而言，健康科学占主导地位，而物理科学、社会科学和人文科学则明显落后，学科内部和学科之间存在合作研究。Verma 和 Gustafsson（2020）分析了 COVID-19 对商业领域的影响，基于商业领域 COVID-19 文献进行关键词共词分析，该领域的核心主题包括新冠对经济、价值链、供应链管理、创新、服务业和就业的影响。

而使用知识实体进行研究，可以细分到某一类实体（如基因、蛋白质、疾病），甚至某一个实体（如 SARS-CoV-2、ACE2）。Song 等（2013）基于一篇文章中的实体与其引用文章中的实体之间的隐藏关系，构建了一个基因对（Gene-Citation-Gene，GCG）网络，监测基因间的相互作用。Li 等（2020）探究生物医学文献中的生物医学实体（如疾病、药物和基因），使研究人员能够从实体演变的角度了解药物再利用（Drug Repurposing，DR），提出了 4 个基于实体计量的指标来调查阿司匹林的药物再利用情况：流行指数（popularity index）、希望指数（promising index）、声望指数（prestige index）和协作指数（collaboration index）。Yu 等（2021）对 COVID-19 文献进行实体计量分析，构建实体—实体共现网络，计算了与 Li 等（2020）相同的 4 个指标，发现 ACE-2 和 C 反应蛋白（C-reactive protein）是两个非常重要的基因，洛匹那韦（Lopinavir）和利托那韦

（Ritonavir）是两种非常重要的化学物质。Khan 等（2020）采用自动化的方法标记文献中与冠状病毒（包括 COVID-19）相关的疾病（1805 种）、基因（1910 种）和药物（2454 种），提取疾病—药物、疾病—基因、药物—蛋白质结构数据库（Protein Data Bank，PDB）对，衡量药物对疾病的有效性，推断疾病和基因之间的关联，发现瑞德西韦（Remdesivir）、他汀类药物（Statins）、地塞米松（Dexamethasone）和伊维菌素（Ivermectin）可被视为改善 COVID-19 住院患者临床状况和降低死亡率的潜在有效药物，而羟氯喹（Hydroxychloroquine）不能被认为是治疗 COVID-19 的有效药物。Korn 等（2021）从新冠相关文献中提取、整理和注释了与 SARS-CoV-2 相关的药物—靶点关系，包括 29 种蛋白质和 500 种药物，其中一些药物目前正在进行 COVID-19 的临床试验。Kim 等（2021）使用新闻数据和文献数据构建 COVID-19 知识图谱。董佳琳等（2021）从文献数据中抽取命名实体及实体间的联系构建知识图谱，通过对知识图谱的检索，回答用户输入的与新冠相关的问题，进行智能问答。

评价实体和知识实体所关注的重点不同，例如，使用评价实体进行研究可以得到以下结论："BMJ"发表的论文数量最多，使用知识实体可以进一步挖掘"BMJ"文献关注的具体内容，是"临床特征"被广泛讨论，还是"疫苗研发"受到更多关注。本章所研究的微观实体是知识实体的一种，借助微观实体揭示哪种基因、药物正被广泛研究，同时揭示各个领域新冠研究的热点。

8.1.2　实体抽取

实体抽取又称为命名实体识别（named entity recognition），是自然语言处理的一个基本方向，其任务是从非结构化的文档中识别出特定的实体。随着数据和信息量的爆发式增长，从海量信息中获取有效信息变得更加困难。无论是以整篇文献内容为知识粒度，还是以文献的题目、作者等外部特征为知识粒度，都无法满足人们追求获取高质量信息的要求。因此，从篇幅较长的全文本内容中识别出带有特定、有效信息的实体是当前的研究重点和热点（Liu，2016；王玉琢和章成志，2017；迟玉琢和王延飞，2018）。实体抽取在自然语言处理的知识库构建、自动问答系统和信息提取等任务中发挥着重要的作用。抽取实体的方法有模式匹配方法、基于机器学习或深度学习方法等。

模式匹配方法是兴起时间最早的实体抽取方法之一，Hearst（1992）提出通过建立规则来抽取实体，该方法由本体构建和数据匹配两部分组成：先对文本内容进行深入分析，根据分析结果建立规则，再将文本数据匹配到相应的规则中来抽取实体。该方法可以按照特定的情况建立规则或模式，相对较为灵活、直观。然而，当面对数据量较大或实体类型较多的实体抽取时，需要研究者花费大量的时间进行具体分析，且该方法对数据中的实体分布也有一定的要求，只适用于实体规则分布的数据。有部分学者采用该方法对文献中的地名、人名和机构等名词性短语实体进行了预测（郑家恒等，2007；Dwivedi and Sengupta，2012；Shi et al.，2010）。

基于机器学习的方法将实体抽取问题转化成序列标注问题，所用模型主要集中于隐马尔可夫、最大熵、条件随机场等。Dwivedi 和 Sengupta（2012）提出了基于剖面隐马尔可夫进行分类的方法，用于对 HIV-1 实体进行准确分类。Sarkar（2015）建立了基于 Trigram 隐马尔可夫模型的标注工具，该工具能利用地名表、POS 标记和其他词级特征等信息来增强已知标记和未知标记的观察概率。张悦等（2017）结合隐马尔可夫模型识别算法和人工修正模型，实现了招中标数据的自动化处理，且准确率有所提高。在最大熵模型中，Li 等（2016）利用短文本的多种情感标签与用户评分，构建了多标签最大熵模型，用于在短文本中确定情感实体、划分用户情绪，有助于理解普通使用者的喜好。孙晨等（2018）采用最大熵模型来提取中文实体及实体关系，该方法通过数据分析来找到实体关系抽取的最优特征模板，并且可使识别准确率高于85%。条件随机场模型也可用于命名实体识别，Xu 等（2015）为了提高从文本中提取化合物及药物实体的效率，在 CRF 模型的基础上，增加了若干数据特征，建立了可用于自动识别化学实体的系统。唐慧慧等（2018）把条件随机场模型用于事件名提取中，在对不同的特性进行调节后，获得了一个最佳的提取模型。杨美芳和杨波（2022）使用 IDCNN 网络的输出层作为条件随机场模型的输入，加入 ELMo 向量作为特征进行学习，将整套实体识别模型应用到企业风险领域中，获得了较好的模型性能结果。在这几种模型中，CRF 模型的性能较好，但是单一的模型效果并没有达到最好。

近些年来，深度学习也被应用到实体抽取领域，深度学习属于机器学习研究领域中一个新兴的方向，它旨在通过模拟人脑机制对数据进行分析处理，能够更好地对图像、声音与文本数据进行处理。冯蕴天等（2016）

在相关研究的基础上增加深度信息网络，构造了一个神经网络模型来抽取命名实体，该模型比 CRF 模型具有更大的优越性，该结构模型的引入对提取实体有较强的借鉴价值。循环神经网络在解决序列标记问题上有很好的应用前景，但其在处理更长的距离相关问题时则表现出了明显的缺陷。Sundermeyer 等（2012）对现有的神经网络进行了改进，将长短时记忆网络（LSTM）模型应用到文本实体研究中。Huang 等（2015）首次将 LSTM 和 CRF 融合，得到 LSTM-CRF 模型；为了兼顾前后文信息，其又将双向的 LSTM 模型与 CRF 模型结合得到 BiLSTM-CRF 模型，该模型在命名实体识别任务中有很好的表现。朱笑笑等（2019）把 BiLSTM-CRF 模型与 CRF 模型、前向的 LSTM 模型和后向的 LSTM 模型均应用到疾病反应实体抽取中，使用评估指标进行对比，发现 BiLSTM-CRF 模型的评价效果明显好于其余三个模型。张华丽等（2020）建立 BiLSTM-CRF 模型用于电子病历中实体的识别，并将注意力机制融入其中，该方法加强了当前文本与前后文信息的语义关联性，避免了对人工提取特征的强依赖。2018 年，由谷歌提出的 BERT 预训练模型横空出世（Devlin et al., 2019），其在自然语言处理的各类任务中表现出色，尤其是在命名实体识别领域（吴俊等，2020）。它突破了传统的单向语言模型的局限，采用掩码语言模型（Masked Language Mode, MLM）生成深度的双向语言特征，且只需在预训练的基础上加上线性分类器就能完成各类任务。刘哲宁等（2019）将 BERT 应用于含有噪声的伪标注语料库中，通过与 CRF 模型的性能进行对比，证实了该模型的有效性。Kong 等（2021）提出 BERT-CRF 模型，将 BERT 的双向编码语义特征与 CRF 的预测能力相结合，对缺陷文本进行实体自动抽取，实现了较好的实体识别能力。也有学者（景慎旗和赵又霖，2021）将 BERT 与图神经网络（GCN）结合，构建半自动化标注模型——BERT-GCN-CRF 模型，并将其应用于电子病例中，模型识别效果得到了明显提高。BERT 模型采用双向 Transformer 编码器，从海量语料集中学习语义信息，有效应对同义词、多义词在不同语境中的含义；BiLSTM 模型加入记忆单元及门等约束来解决长短程问题并兼顾前后文信息；相比于其他机器学习模型，CRF 模型具有更好的实体抽取效果。BERT-BiLSTM-CRF 模型同时结合了 BERT、BiLSTM 和 CRF 模型的长处，使命名识别模型的性能得到了改善。

8.2 数据来源及预处理

8.2.1 数据来源

拥有完善且准确的数据集是至关重要的，它是学者探索相关研究的基础，对研究过程和结果都有重要的意义。目前在新型冠状病毒感染领域，CORD-19 是最大、最全面的文献数据集之一（Wang et al., 2020）。该数据集在陈－扎克伯格倡议（CZI）、白宫科技政策办公室（OSTP）、微软研究中心（Microsoft Research）、艾伦人工智能研究所（AI2）、乔治敦大学安全与新兴技术中心（CSET）和美国国家医学图书馆（NLM）的共同合作下，于 2020 年 3 月 16 日发布了第一个版本，之后每周定期更新一次，截至 2022 年 6 月 2 日，该数据集中的文献量达到 1056660 篇，是新冠相关数据集中包含文献最多的数据集。该数据集的全面性体现在它有七种数据源，分别是世界卫生组织信息共享数据库（WHO）、爱思唯尔数据库（Elsevier）、MEDLINE 数据库、PubMed 检索平台（PMC）、ArXiv、BioRxiv 和 MedRxiv。其中后三种是预印本网站。研究质量较高的预印本文献在发表于预印本文献平台后，有很大的可能性会被期刊所正式收录，因此预印本文献的正式发表比例一直备受学者关注，它是用来评判预印本文献质量和认可度的重要指标之一，故本章后续也未将预印本文献剔除。

本章选择 CORD-19 的 2022－06－02 版本作为本章的数据基础。表 8.1 列出了七种数据源文献分布情况，由于部分文献同时被两种或两种以上数据源收录，所以所有数据源文献的占比总和大于 100%。从表 8.1 中可以看出，在七种主要数据源中，来自 WHO 的文献最多，其次是 MEDLINE 和 PMC，其余四个数据源的文献占比均小于 10%。

表 8.1 七种数据源文献分布情况

数据源	文献量	占比（%）
PMC	304230	35.19
MEDLINE	364912	42.21
BioRxiv	7355	0.85
WHO	472502	54.65
ArXiv	11499	1.33
MedRxiv	17436	2.02
Elsevier	71313	8.25

　　CORD-19 数据集里包含两个文档：其中一个文档涵盖文献的题目、文献来源、DOI、摘要等基本信息，见表 8.2；另一个文档是部分文献的全文本合集，在 2022－06－02 版本里，有 373766 篇文献的全文本内容。因此，以有全文本内容的文献作为本章的数据集，即共 373766 篇文献。

表 8.2　CORD-19 数据集中文献基本字段定义及举例

基本信息	定义	举例
cord_uid	文献集群的唯一标识符	nck4f5ny
source_x	文献来源	PMC
title	文献题目	COVID-19：A critical care perspective informed by lessons learnt from other viral epidemics
doi	文献的 DOI	10.1016/j.accpm.2020.02.002
pmcid	文献的 PMC ID	PMC7119083
pubmed_id	文献的 Pubmed ID	32088344
license	文献协议	no-cc
abstract	文献摘要	NaN（表示本篇文献无摘要）
publish_time	文献发表时间	2020/2/20
authors	文献的作者	Ling L, Joynt G M, Lipman J, Constantin J M, Joannes-Boyau O
journal	文献所属期刊	Anaesth Crit Care Pain Med
pdf_json_files	文献的 PDF 版本的全文本内容的文件名称	6a43f1603edfe8220dc7706a2c269b7aa5370044.txt
pmc_json_files	文献的 PMC 版本的全文本内容的文件名称	PMC7119083.txt

8.2.2　数据预处理

　　在 CORD-19 数据集中，存在以下几个问题待处理。

　　（1）数据集里存在重复文献。CORD-19 数据集的创始者为了确保数据集的全面性，认定只要两篇文献的 cord_uid、doi、pmcid 或 pubmed_id 字段中有一个不相同，就认为两篇文献不是同一篇文献，进而生成两条数据。但经过人工核验，出于同一篇文献有多个 pmcid 或 doi 更新等原因，部分文献确实是同一篇文献。

　　（2）全文本文档中包含与 COVID-19 无关的文献。CORD-19 数据集是关于 COVID-19 和相关历史冠状病毒（如 SARS 和 MERS）的出版物与预印本的集合。

（3）在全文本文档中，部分文献关联多个全文本内容（从 PDF 文件中解析或根据 PMC ID 下载），需要为每篇文献选择合适的全文本版本。

（4）缺乏实体语料库。在实施实体自动抽取工作之前，需要利用实体语料库训练一个性能好的实体识别模型。

根据以上问题，本章的数据预处理步骤如下。

（1）提取四个字段（cord_uid、doi、pmcid 或 pubmed_id）中有一个及以上重复的文献信息，人工核验是否为同一篇文献。如果为同一篇文献，则将两条数据按照最新字段信息进行合并。

（2）提取文献题目或摘要包含"COVID-19""2019-nCoV""SARS-CoV-2"或"coronavirus 2019"关键词的文献。

（3）相较于从 PDF 文件中解析出的全文本，使用 PMC ID 下载的全文本内容错误更少。另外，部分全文本原文件是空白的。因此，对于全文本版本的筛选，围绕两个中心点进行：①优先选择 PMC 版本；②剔除全文本文件大小 < 2kB 的文献。

经过以上三个步骤的处理，最终有 184956 篇文献，本章将其称为"cord-19 子集"。其中有 135657 篇文献的全文本使用 PMC 版本，49299 篇文献使用 PDF 解析版本。

（4）构建新冠实体语料库。本研究依据文献来源和文献协议从 cord-19 子集中选取 500 篇文献，定义实体类别，人工标注这 500 篇文献，构成实体语料库，具体的实体类别定义及标注指南和结果见下一小节。

8.3　实体语料库构建

8.3.1　待标注文献选择

本章依据文献来源和文献协议从 cord-19 子集中选取 500 篇文献进行实体语料库的构建。为了方便后续研究，本章依据 PMC、MEDLINE、Elsevier、ArXiv、BioRxiv、MedRxiv、WHO（优先级从前到后由强到弱）的顺序为每篇文献选择一个唯一的来源，将该字段命名为 source 字段。举个例子，若一篇文献的 source_x 字段是 BioRxiv；MedRxiv；WHO，依据上述规则，新的 source 字段为 BioRxiv，因为在 BioRxiv、MedRxiv 和 WHO 三个来源中，BioRxiv 排在另外两个来源的前面。在表 8.3 中，source_x 为原字段，source 为新字段，cord-19 子集文献的来源字段从原来的 46 类组合变成现在的 6 类：PMC、MEDLINE、Elsevier、ArXiv、BioRxiv、MedRxiv。

表 8.3　cord-19 子集文献来源字段变化情况

类别	source_x	source	类别	source_x	source
1	ArXiv	ArXiv	24	Elsevier；MEDLINE	MEDLINE
2	ArXiv；Elsevier	Elsevier	25	Elsevier；MEDLINE；PMC	PMC
3	ArXiv；Elsevier；MEDLINE；PMC	PMC	26	Elsevier；Medline；PMC；WHO	PMC
4	ArXiv；Elsevier；MEDLINE；PMC；WHO	PMC	27	Elsevier；Medline；WHO	MEDLINE
5	ArXiv；Elsevier；PMC	PMC	28	Elsevier；PMC	PMC
6	ArXiv；Elsevier；PMC；WHO	PMC	29	Elsevier；PMC；WHO	PMC
7	ArXiv；MedRxiv	ArXiv	30	MedRxiv；WHO	MedRxiv
8	ArXiv；MedRxiv；WHO	ArXiv	31	Medline；PMC	PMC
9	ArXiv；MEDLINE	MEDLINE	32	Elsevier；WHO	Elsevier
10	ArXiv；MEDLINE；PMC	PMC	33	MedRxiv	MedRxiv
11	ArXiv；MEDLINE；PMC；WHO	PMC	34	MedRxiv；MEDLINE	MEDLINE
12	ArXiv；MEDLINE；WHO	MEDLINE	35	MedRxiv；MEDLINE；PMC	PMC
13	ArXiv；PMC	PMC	36	MedRxiv；MEDLINE；PMC；WHO	PMC
14	BioRxiv；MedRxiv；MEDLINE；PMC；WHO	PMC	37	ArXiv；PMC；WHO	PMC
15	MedRxiv；PMC；WHO	PMC	38	ArXiv；WHO	ArXiv
16	Medline；PMC；WHO	PMC	39	BioRxiv	BioRxiv
17	BioRxiv；MedRxiv；WHO	BioRxiv	40	BioRxiv；MedRxiv	BioRxiv
18	BioRxiv；MEDLINE	MEDLINE	41	BioRxiv；MedRxiv；MEDLINE；PMC	PMC
19	BioRxiv；MEDLINE；PMC	PMC	42	MedRxiv；PMC	PMC
20	BioRxiv；MEDLINE；PMC；WHO	PMC	43	PMC	PMC
21	BioRxiv；MEDLINE；WHO	MEDLINE	44	PMC；WHO	PMC
22	BioRxiv；WHO	BioRxiv	45	BioRxiv；MedRxiv；MEDLINE；WHO	MEDLINE
23	Elsevier	Elsevier	46	MedRxiv；MEDLINE；WHO	MEDLINE

　　确定好每篇文献的唯一来源后，根据 source 和 license 字段，将 cord-19 子集分为 24 类，然后从 24 类中根据文献比例随机抽取 500 篇文献，见表 8.4。依据向上取整原则，最终挑选出 517 篇文献进行实体的标注。

表 8.4　文献提取表

类别	source	license	文献数量	按比例抽取的文献数量	向上取整后的文献数量
1	ArXiv	arxiv	5226	14.10	15
2	ArXiv	medrxiv	1	0	1
3	BioRxiv	biorxiv	3977	10.73	11
4	BioRxiv	medrxiv	38	0.10	1
5	Elsevier	els-covid	83	0.22	1
6	MedRxiv	medrxiv	13221	35.67	36
7	MEDLINE	arxiv	47	0.13	1
8	MEDLINE	biorxiv	403	1.09	2
9	MEDLINE	els-covid	12	0.03	1
10	MEDLINE	medrxiv	340	0.92	1
11	PMC	arxiv	8	0.02	1
12	PMC	biorxiv	33	0.09	1
13	PMC	cc-by	61938	167.11	168
14	PMC	cc-by-nc	11305	30.50	31
15	PMC	cc-by-nc-nd	5358	14.46	15
16	PMC	cc-by-nc-sa	1828	4.93	5
17	PMC	cc-by-nd	509	1.37	2
18	PMC	cc-by-sa	3	0.01	1
19	PMC	cc0	442	1.19	2
20	PMC	els-covid	14360	38.74	39
21	PMC	gold-oa	1	0	1
22	PMC	hybrid-oa	8	0.02	1
23	PMC	medrxiv	13	0.04	1
24	PMC	no-cc	66168	178.52	179
总和	—	—	185322	500.00	517

8.3.2 实体类别及标注指南

1. 实体类别的确定

在参阅了大量的文献和相关研究后，结合新型冠状病毒感染领域的特性，本研究确定了该领域待标注的16类实体。每类实体的定义参照统一医学语言系统（Unified Medical Language System，UMLS）的语义网络、百度百科和维基百科。每类实体的类型、定义及举例见表8.5。

表8.5 每类实体的类型、定义及举例

ID	实体类型	定义	举例
1	冠状病毒	冠状病毒科的成员，可引起多种脊椎动物的呼吸道或胃肠道疾病	SARS-CoV-2
2	非冠状病毒	冠状病毒以外的病毒的成员	AIDS；HIV adenoviruses
3	基因/蛋白/酶等	该类别包括基因、蛋白质、酶、基因组和蛋白质组	Ferritin；IL6
4	化合物	完全由有机或无机化学式定义的物质，包括其他化学物质的混合物	alcohol；graphene
5	疾病或症状	一种改变或干扰生物体正常过程、状态或活动的现象。它通常以宿主的一个或多个系统、部分或器官的功能异常为特征。这里包括描述疾病的一系列症状	COVID-19；cancer
6	材料	构成物理对象的有形物质	tobacco；hydrocolloid
7	身体器官	位于特定区域，或结合并执行生物体的一种或多种专门功能的细胞和组织的集合。其范围大到结构，小到复杂器官的组成部分。与组织相比，这些结构相对来说有明确的位置	nose；lungs
8	身体基质	细胞外物质或细胞和细胞外物质的混合物，由身体产生、排泄或增加	blood；urine
9	实验技术	用于确定样本的成分、数量或浓度的方法或技术	PCA；RT-PCR
10	家畜	为家庭使用或营利而饲养的家养农场动物	sheep；pig
11	宠物	人类饲养的用于陪伴的动物，而不是家畜	cat, dog
12	野生动物	被认为是野生的或不适合家庭使用的动物	pangolin；snake

ID	实体类型	定义	例子
13	实验动物	用于或打算用于研究、测试或教学的动物	white mouse
14	其他动物	家畜、野生动物、实验动物和宠物以外的动物	fish
15	人	可能被细菌、病毒或其他生物感染的人。此类别不包括角色（患者、医生）和职称（教授、主任）	infected person
16	细菌	一种小型的、典型的单细胞原核微生物。它们是单细胞原核微生物，通常具有刚性细胞壁，通过细胞分裂进行繁殖，并表现出三种主要形式：圆形或球形、杆状或杆菌状以及螺旋状	Salmonella

2. 标注指南及方式

在进行实体标注之前，为了提高实体标注的效率和准确率，根据本研究的实际情况，建立了相应的标注指南。除交代实体的类别和定义外，实体指南还包含标注的规则，并给出相应的例子。表8.6展示了标注指南中的部分规则。

表8.6　标注指南中的部分规则

（1）对于实验室技术类实体，要同时标注线索词，如"method" "assays" "approach" "technique" "methodology"

（a）To evaluate the flexibility of the new **qPCR method** to amplicon lengths, we designed a series of reverse primers to generate various lengths（from 55 to 250 bps）of amplicons with the HFman probe（Supplementary Table S2）, and compared the amplification efficiencies

（b）To test the application of the new **RT-qPCR** in quantification of gene expression, we established **RT-qPCR assays** based on the new method（HFman probe）and the conventional method（TaqMan probe）to quantify the expression of **β-actin**

（2）标注包含该实体的最短连续部分，如"ketorolac"为化学物质，不标注前面的"oral（口服的）"，"saline solution"重复出现，均要标注

（a）Thirty patients were randomized into two treatment groups：Group A, oral **ketorolac** 10 mg plus intramuscular placebo（1 mL **saline solution**）; or Group B, oral placebo（similar tablet to oral **ketorolac**）plus intramuscular **tramadol** 50 mg diluted in 1 mL **saline solution**

由6名标注人员和1名管理员组成标注团队，使用BRAT标注软件进行标注。BRAT是一种开源的基于Web的自然语言处理（Natural Language

Processing，NLP）辅助文本标注工具。它使用标准 Web 技术构建，不需要额外的标注软件或浏览器插件，且有一个直观的标注界面，只需双击一个词就可以添加或修改实体。图 8.1（另见彩图 8.1）所示为 BRAT 标注页面的基本情况，不同种类的实体会用不同的颜色突出显示，并在实体上方显示该实体的类别。

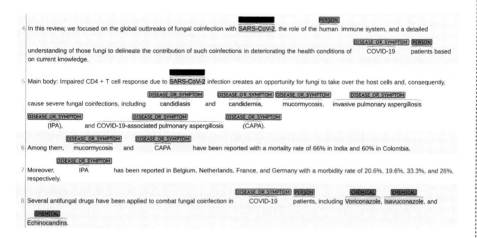

图 8.1　BRAT 软件辅助人工标注截图

8.3.3　标注过程及结果分析

实体的标注工作分为两轮。第一轮是随机选取 100 篇待标注文献，6 名标注人员分别独立地进行标注。标注过程中不得进行任何讨论，以保证差异性和一致性，除了标注指南，还可参考必应、谷歌和百度等各类百科。第一轮完成后，每个文档的所有标注结果都由管理员合并，以识别相同的标注和不相同的标注。标注人员讨论存在差异的部分，并更新标注指南，直到完全达成共识。第二轮是将剩余待标注文献平均分配给 6 位标注人员，他们各自完成相应的标注工作。

由表 8.7 可知，517 篇文献共包含 107513 个实体，其中疾病或症状类和基因/蛋白/酶等类的实体超过 2 万个，占比分别为 25.71% 和 18.64%；实验技术类、化合物类、人类和冠状病毒类实体的占比均为 5% ~ 15%，分别有 12640 个、12591 个、9055 个和 5960 个实体；其余类型的实体占比均小于 5%，尤其是 4 个动物实体类型（野生动物类、其他动物类、家畜类和宠物类）的实体均为不超过 1000 个。

表8.7 实体标注结果

实体类型	标注	实体数量	占比（%）
疾病或症状	DISEASE_OR_SYMPTOM	27639	25.71
基因/蛋白/酶等	GENE_OR_PROTEIN_OR_ENZYME	20040	18.64
实验技术	LABORATORY_TECHNIQUE	12640	11.76
化合物	CHEMICAL	12591	11.71
人	PERSON	9055	8.42
冠状病毒	CORONAVIRUS	5960	5.54
身体器官	BODY_ORGAN	5259	4.89
非冠状病毒	NON_CORONAVIRUS	5248	4.88
材料	MATERIAL	2597	2.42
身体基质	BODY_SUBSTANCE	2274	2.12
实验动物	LABORATORY_ANIMAL	1641	1.53
细菌	BACTERIUM	824	0.77
野生动物	WILDLIFE	638	0.59
其他动物	OTHER_ANIMAL	577	0.54
家畜	LIVESTOCK	484	0.45
宠物	PET	46	0.04
总和	—	107513	100

8.4 BERT-BiLSTM-CRF 模型及实验

目前常用的命名实体识别方法主要有三种：基于规则的方法、机器学习方法和深度学习方法。以大数据、人工智能等新兴技术为驱动，以深度学习为基础的命名实体识别方法因其良好的建模效果而备受研究者重视。在深度学习技术中，LSTM-CRF 模型是实体识别的基础结构。后来，在LSTM-CRF 模型的基础上，有学者提出了 BiLSTM-CRF 模型，该模型能同时获取上下文的语义信息，在各大实体识别任务中表现优异。但上述模型都有一个缺陷：只能生成固定的词向量，对于不同语境中出现的一词多义现象无法很好地进行解释。由谷歌团队在 2018 年提出的 BERT（Bidirectional

Encoder Representation from Transformers）是一个预训练的语言表征模型，它利用 Transformer 结构对文本序列进行动态的特征编码，进而采用注意力机制对每个句子中词语间的关系特征进行建模（Devlin et al, 2019）。该模型在各类文本挖掘任务中都有很好的表现。故本研究结合 BERT 模型，构建 BERT-BiLSTM-CRF 模型进行新型冠状病毒感染领域命名实体的识别。

8.4.1　BERT-BiLSTM-CRF 模型

单一的 BERT 模型虽能获得动态的词向量，解决一词多义的问题，但其无法作用于长文本，其在长文本上无法捕捉各种复杂的交互关系；而单一的 BiLSTM 模型虽能充分训练较长的上下文信息，并输出分数最高的标签，但其忽略了实体标注规则，导致输出结果违背常理；传统的 CRF 模型是一种序列化标注算法，在单词的真实标签和预测标签对应上有较好的性能。因此，本章采用融合 BERT、BiLSTM 和 CRF 的 BERT-BiLSTM-CRF 模型提取全文本内容中的实体。该模型的结构如图 8.2 所示，由 BERT、BiLSTM 和 CRF 三部分组成。首先，用 BERT 模块训练实体语料库中的实体数据，提取相应的词向量信息，然后用 BiLSTM 特征提取层依据文本的句子依存关系提取出每个句子的语义特征，再将 BiLSTM 学习到的特征输入 CRF 中。在 CRF 模块中，输入结果被解码，并基于整体特征预测最佳标注序列。在将数据输入该模型后，模型自动提取序列特征，无须提前预训练数据，这是 BERT-BiLSTM-CRF 最大的优势之一。

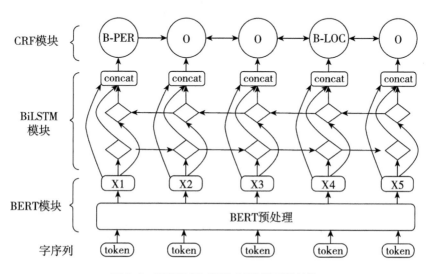

图 8.2　BERT-BiLSTM-CRF 模型的结构

1. BERT 预训练模型

BERT 模型是一种基于 Transformer 结构的多层双向训练模型。相较于传统的语言模型（one-hot、Word2Vec 等），该模型不仅能获得动态编码的词向量，进而适应各种语境表达更贴切的意思，而且其泛化能力很强，在字符、词语和句子等不同的层级上均具有较好的性能，在命名实体识别研究上也很有优势。

BERT 有两个预训练任务：一个任务是 Masked LM，即在训练文本时，以 15% 的概率随机遮盖文本中的部分词语，利用上下文预测被遮盖的词语，这样能更好地根据全文理解词语的意思，该任务是 BERT 的重点；另一个任务是 Next Sentence Prediction（NSP），即在训练文本中任意挑选两个句子用于句子预测，使模型能更好地理解句子关系。图 8.3 展示了 BERT 模型训练好的词向量，由字向量、句向量和位置向量组成，通过叠加形成一个文本序列。每个句子的输入都有一个［CLS］的标记用于表示文本序列的开始，每两个句子间的间隔和文本序列的结束均用［SEP］标记。

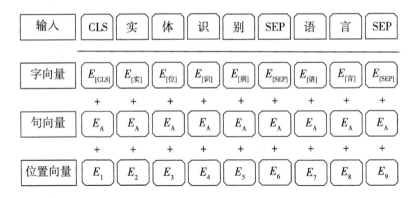

图 8.3　BERT 词向量

2. BiLSTM 模型

LSTM 是一种经过改进的循环神经网络（RNN）。该网络包含三部分：输入层、隐藏层和输出层，其中隐藏层连接输入层和输出层，这样特殊的设计特点使 LSTM 模型能高效地处理各类 NER 任务。

但是，LSTM 模型只能获得文本序列中的前向信息，无法同时兼顾前后文信息，而在实体识别中，前向信息和后向信息对当前信息的确定都十分重要。为了提高模型的适应性，人们提出了双向长短期记忆网络（BiLSTM）模型，其结构如图 8.4 示，每个词序列都有两层 LSTM，前向

LSTM 用来向前捕捉前文，再依据后向 LSTM 向后传递，探索后文信息，最后将两层 LSTM 输出并合并。这样在每个时刻都有前向和后向信息与之对应，使模型效果得到提升。

输出层

隐藏层2

隐藏层1

输入层

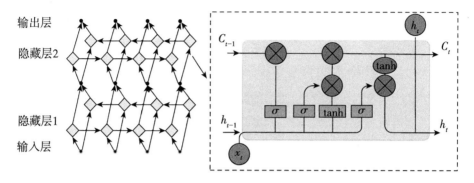

图 8.4　BiLSTM 模型的结构

在命名实体识别任务中，虽然 BiLSTM 模型考虑前后文信息，且每次输出都选择概率最大的值，但忽视了实体相邻标注序列间的依存关系，因此本研究融入 CRF 模型来输出最佳的标注序列。

3. CRF 的解码层

CRF 模型能在已知真实标签序列的条件下计算全部可能的预测序列的联合概率分布。该模型解决了隐马尔可夫模型存在的标注偏置问题，能够对模型的输入进行判断并合理选择最优值，通过相邻标签的前后关系得到一个最佳的标签预测序列。它将上一层即 BiLSTM 层的输出作为输入，利用转移概率和发射矩阵，输出符合标注规则、得分最高的预测标注序列。CRF 的计算过程如下：对于任意一个序列 $X = (x_1, x_2, \cdots, x_{1n})$，假设 S 为该序列在 BiLSTM 层输出的 $n \times k$ 大小的得分矩阵，n 为序列中词的个数，k 为其标签个数，S_{ij} 表示第 i 个词的第 j 个标签的分数。那么，序列 X 的预测序列 Y 的分数函数为

$$S(x,y) = \sum_{i=0}^{n} A_{y_i, y_{i+1}} + \sum_{i=1}^{n} P_{i, y_i} \tag{8.1}$$

式中，A 表示转移分数矩阵，A 的大小为 $k + 2$；A_{ij} 表示标签 i 转移到 j 的分数。那么 Y 产生的概率为

$$P(Y \mid X) = \frac{e^{s(x,y)}}{\sum_{\tilde{Y} \in Y_X} s(X, \tilde{Y})} \tag{8.2}$$

式中，$\tilde{Y}$ 表示真实的标签序列；Y_X 表示全部可能的标签序列。在全部的实

体序列分值中，为了让真实的实体序列分数最大，在训练过程中采用 Veterbi 算法，即利用标记序列的最大似然函数来求解得到预测序列 Y^*，它是所有可能序列中分数最高的，计算公式为

$$\lg(P(Y^* \mid S)) = S(X, Y^*) - \lg(\sum_{\tilde{Y} \in Y_X} s(X, \tilde{Y})) \qquad (8.3)$$

$$Y^* = \arg\max s(X, \tilde{Y}) \qquad (8.4)$$

8.4.2 数据集及模型参数设置

BERT-BiLSTM-CRF 模型所需的数据需要明确每个实体何时开始和何时结束。依据新型冠状病毒感染领域实体类别的特点，本实验采用的实体标注格式为 BIO 格式，其中 B 表示一个实体的开始，I 表示一个实体除开头单词的其余部分，O 表示该单词为非实体。这里运用一个具体的例子加以说明。待标注句子为 "Vast distribution of ACE-2 receptors may explain the multi-organ targeting of SARS-CoV-2."，在 BIO 模式下，该句子的标注结果见表8.8。

表 8.8 BIO 格式下的实体标注举例

分词结果	BIO 格式下的标注结果
Vast	O
distribution	O
of	O
ACE	B-GENE_OR_PROTEIN_OR_ENZYME
—	I-GENE_OR_PROTEIN_OR_ENZYME
2	I-GENE_OR_PROTEIN_OR_ENZYME
receptors	I-GENE_OR_PROTEIN_OR_ENZYME
may	O
explain	O
the	O
multi	O
—	O
organ	O
targeting	O

分词结果	BIO 格式下的标注结果
of	O
SARS	B-CORONAVIRUS
—	I-CORONAVIRUS
CoV	I-CORONAVIRUS
—	I-CORONAVIRUS
2	I-CORONAVIRUS
—	O

将由 517 篇文献的全文本内容构建好的实体语料库按 BIO 格式处理好后，将全部数据按文献数量以 9∶1 的比例分为训练集和测试集，数据集构成情况见表 8.9。

表 8.9　数据集统计

数据集	文献数/篇	句子数/个	实体数/个
训练集	465	77210	98906
测试集	52	7597	8607

该实验在 Windows 11 系统上完成。使用 Python 语言（主要用到 transformers 和 torch 框架）；采用的 GPU 版本为 NVIDIA GeForce RTX3090（显存 24G）。本实验在 torch（1.12.1 版本）框架下建立 BERT-BiLSTM-CRF 模型，进行新型冠状病毒感染领域全文本内容的实体抽取任务。实验中 BERT 预训练模型的最大序列长度设为 300，batch_size 设为 32，epoch 为 100，优化器使用 Adam，Dropout 设置为 0.3 来防止过拟合，学习率设置为 2e-5。

8.4.3　评价指标及实验结果

本实验通过建立 BERT-BiLSTM-CRF 模型对新型冠状病毒感染领域的实体进行自动抽取。为了验证该模型的性能，采用同样的实验数据分别对以下三种模型进行实验：①BiLSTM-CRF 模型，该模型是典型的命名实体识别模型，其通过双向 LSTM 获取语义信息，加入 CRF 层，弥补了 LSTM 层在序列标注学习时无法满足标注约束条件的缺陷；②BERT 模型，该模型使用 BERT 预训练模型提取出文本序列的特征向量后，在预训练模型层上添加新的网络进行命名实体识别；③ BERT-CRF 模型，该模型与BiLSTM-CRF 模型的唯一区别是采用 BERT 模型来得到 CRF 编码层所需的发射矩阵。对四个模型的实验进行对比分析，结果见表 8.10。

表 8.10　四个模型的实验结果对比

模型	准确率（P）	召回率（R）	$F1$ 值
BiLSTM-CRF	0.69	0.73	0.71
BERT	0.73	0.80	0.76
BERT-CRF	0.75	0.82	0.78
BERT-BiLSTM-CRF	**0.78**	**0.84**	**0.81**

由表 8.10 可知，结合 BiLSTM 模型和 CRF 模型的 BiLSTM-CRF 模型的 $F1$ 值虽然达到了 0.71，但与其他模型比较，该模型的性能表现最差。单独使用 BERT 模型进行实体识别时，尽管 $F1$ 值不是很高，但与 BiLSTM-CRF 模型相比，凸显出 BERT 模型在实体识别上具有很大的优势。BERT-CRF 模型使用 BERT 进行预训练，其输出的预测标注序列效果好于BiLSTM-CRF 模型，$F1$ 值达到了 0.78。BERT-BiLSTM-CRF 模型充分挖掘语义特征，双向获取并优化语义信息，其准确率达到 0.78，召回率达到 0.84，$F1$ 值为 0.81，三个评价指标均为最高值。从实验结果的比较来看，将 BERT 预训练模型与 BiLSTM-CRF 模型结合进行实体抽取，得到的抽取结果更准确。

为了明确 BERT-BiLSTM-CRF 模型对不同类型实体的识别效果，本实验使用准确率、召回率和 $F1$ 值对新型冠状病毒感染领域的 16 类实体的识别效果进行对比分析。由表 8.11 可知，疾病或症状类和人类的识别结果最好，准确率和召回率均达到 0.95 及以上，接近 1，表明几乎全部的疾病或症状类和人类实体都能被模型识别正确。非冠状病毒类、基因/蛋白/酶等类、冠状病毒类和身体基质类的识别效果也较好，其 $F1$ 值都在 0.80 以上。实体数量太小的细菌类、家畜类、宠物类、其他动物类和野生动物类的准确率、召回率和 $F1$ 值均在 0.50 以下，模型识别效果较差。这可能与实体数量太少有关（见表 8.7），这几类实体的数量均不超过 1000 个，其中数量最多的细菌类仅占实体总量的 0.77%（840 个实体）。

表 8.11　各实体类别识别效果

实体类别	准确率（P）	召回率（R）	F1 值
疾病或症状	0.97	0.98	0.97
人	0.95	0.97	0.96
非冠状病毒	0.82	0.86	0.84
基因/蛋白/酶等	0.76	0.90	0.82
冠状病毒	0.80	0.84	0.82
身体基质	0.77	0.85	0.81
化合物	0.70	0.81	0.75
身体器官	0.59	0.96	0.73
实验技术	0.64	0.67	0.66
实验动物	0.55	0.79	0.65
材料	0.56	0.44	0.49
细菌	0.21	1.09	0.36
家畜	0.18	0.33	0.23
其他动物	0.01	0.01	0.01
野生动物	0.01	0.01	0.01

注："宠物"实体类别没有被识别出来，原因在于其在实体标注数据集中的占比非常小，不足 0.05% 。

8.5　领域实体抽取结果分析

本实验采用训练好的 BERT-BiLSTM-CRF 模型对剩余的 184439 篇文献的全文本内容进行实体的自动抽取工作。以篇为单位，对每一篇全文本分别进行预测，对模型输入 184439 个 .txt 文件，经模型预测，输出得到 184439 个 .bio 文件，每个 .bio 文件中包含两列内容，其中第一列是文本内容，第二列是预测的 BIO 格式的实体标签，两列之间用空格隔开。将实体语料库中的 517 篇文献与使用 BERT-BiLSTM-CRF 模型预测的 184439 篇文献合在一起（184956 篇），将其中全部的实体加在一起形成新型冠状病毒感染领域全文本内容的完整实体语料库。该实体语料库共包含实体 32549741 个，每类实体的数量见表 8.12。

结合图 8.5 中各类实体的占比来分析整体的实体分布情况。其中，疾病或症状类实体约占 1/3 的比例，其总量排在第一位，有 11077710 个实体；其次是基因/蛋白/酶等类实体，占比约为 13.94%，共有 4536279 个实体，表明平均每篇文献约有 25 个基因、蛋白或酶类实体；总量排在第三位的是人类，约占总实体的 11.44%；化合物类、实验技术类和冠状病毒类紧随其后，分别占比 10.56%、9.54% 和 7.55%；剩余的身体器官类、材料类和身体基质类等的占比较小，均小于 5%，尤其是其他动物类、细菌类、宠物类、野生动物类和家畜类的占比接近 0，实体总量均在 10 万以下。

表 8.12　全文本文献中的实体统计

实体类型	实体数量	实体类型	实体数量
疾病或症状	11077710	身体基质	847224
基因/蛋白/酶等	4536279	非冠状病毒	462350
人	3724808	实验动物	292583
化合物	3436932	其他动物	89479
实验技术	3105425	细菌	24522
冠状病毒	2459004	宠物	2873
身体器官	1607681	野生动物	1082
材料	880792	家畜	996

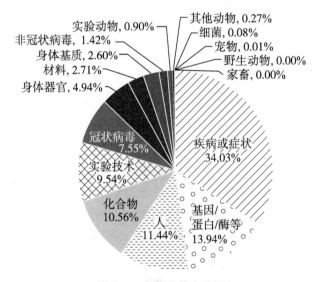

图 8.5　各类实体占比图

在各实体类别中，按实体出现次数降序排列，将每类中排名前五的实体展示在表 8.13 中，并标注了每个实体的中文含义。

表 8.13　各类实体类型中排名前五的实体统计

实体类别	具体实体	具体含义	出现次数
基因/蛋白/酶等	ACE2	血管紧张素转化酶 2	237527
	cytokine	细胞因子	78803
	IL-6	白细胞介素-6	73104
	IgG	免疫球蛋白	61190
	CRP	C 反应蛋白	47651
疾病或症状	COVID-19	新型冠状病毒感染	3669701
	pandemic	大流行病	942925
	anxiety	焦虑	183292
	depression	抑郁症	129917
	stress	压力	104609
化合物	COVID-19 vaccine	COVID-19 疫苗	53309
	remdesivir	瑞德西韦	43107
	alcohol	酒精	37434
	hydroxychloroquine	羟氯喹	35540
	PBS	磷酸缓冲盐溶液	32523
冠状病毒	SARS-CoV-2	新型冠状病毒	1266269
	coronavirus	冠状病毒	148807
	SARS-CoV	严重急性呼吸系统综合征冠状病毒	86808
	MERS-CoV	中东呼吸综合征冠状病毒	40915
	severe acuterespiratory syndrome coronavirus 2	新型冠状病毒	39628
非冠状病毒	HIV	艾滋病毒	51028
	RSV	呼吸道合胞病毒	11413
	influenza virus	流感病毒	10945
	respiratory viruses	呼吸道病毒	9538
	HIV-1	艾滋病毒-1	8769

实体类别	具体实体	具体含义	出现次数
实验技术	CT	计算机断层扫描	90709
	PCR	聚合酶链反应	74875
	RT-PCR	逆转录聚合酶链反应	60604
	meta-analysis	荟萃分析	34516
	telemedicine	远程医疗	25370
身体器官	lung	肺	204686
	respiratory	呼吸道	106871
	brain	脑	42738
	pulmonary	肺	38697
	cardiac	心脏	36349
其他动物	pathogen	病原体	47112
	bats	蝙蝠	1372
	mammals	哺乳动物	758
	plasmodium	疟原虫	675
	mosquitoes	蚊科	611
宠物	dogs	狗	1725
	cats	猫	339
	pigs	猪	190
	chickens	鸡	40
	cat	猫	32
实验动物	mice	小鼠	100874
	hamsters	仓鼠	9349
	rats	大鼠	8074
	cats	猫	7926
	dogs	狗	7821
材料	wastewater	废水	34739
	masks	面具	16089
	PPE	个人防护装备	14720
	water	水	10076
	smartphone	智能手机	10026

实体类别	具体实体	具体含义	出现次数
细菌	S. aureus	S. 葡萄球菌	1333
	staphylococcus aureus	金黄色葡萄球菌	1314
	E. coli	E. 大肠杆菌	1214
	pseudomonas aeruginosa	铜绿假单胞菌	1189
	escherichia coli	大肠杆菌	1047
身体基质	blood	血	199687
	plasma	血浆	96653
	serum	血清	88097
	saliva	唾液	70128
	sputum	痰	14557
人	patients	病人	3073116
	children	孩子	138935
	people	人	70432
	participants	参与者	55889
	human	人	40046
野生动物	bat	蝙蝠	188
	duck	鸭	52
	tiger	老虎	36
	wild bird	野生鸟类	22
	bird	鸟	17
	broiler chicken	肉用仔鸡	120
家畜	pig	猪	52
	horse	马	52
	poultry	家禽	38
	backyard chickens	家养鸡	33

在基因/蛋白/酶等类中，ACE2（血管紧张素转化酶2）实体出现的次数最多，它是 SARS-CoV、HCoV-NL63 和 SARS-CoV-2 等冠状病毒的宿主细胞受体，能与这些病毒表面的 S 蛋白相互作用；细胞因子由干扰素、白细

胞介素 – 6（IL-6）等组成，细胞因子可促进或抑制炎症，使人体维持一种平衡状态；另外，IgG（免疫球蛋白）和 CRP（C 反应蛋白）都是机体受到感染时释放出来的蛋白质，在免疫过程中起到调理、加强吞噬细胞吞噬、防止机体被感染等保护作用。在疾病或症状类别中，COVID-19 出现的次数最多，达到 3669701 次，也是整个实体语料库中出现次数最多的实体。另外，pandemic（大流行病）、anxiety（焦虑）、depression（抑郁症）和 stress（压力）等疾病症状在 COVID-19 流行期间也不容忽视，这场全球性的疫情造成了人们在经济和生活等各方面的担忧，甚至焦虑和抑郁。在化合物类实体中，COVID-19 vaccine（疫苗）出现的频次最高，自新冠病毒感染疫情暴发后，全球研究者都在研发能抵御 SARS-CoV-2 的疫苗和药物。其中，remdesivir（瑞德西韦）出现的频次最高，它能够起到降低病毒活性的作用；alcohol（酒精）、hydroxychloroquine（羟氯喹）和 PBS（磷酸缓冲盐溶液）的排名也比较靠前，它们主要被用在实验中，是进行各类实验的辅助化合物用品。

在新型冠状病毒感染领域的文献中，提到了各类冠状病毒，主要有 SARS-CoV-2、SARS-CoV 和 MERS-CoV，其中后两者用于和 SARS-CoV-2 的起源、形成、症状和治疗进行比较。在非冠状病毒类别中，HIV（艾滋病毒）、RSV（呼吸道合胞病毒）、influenza virus（流感病毒）和 respiratory viruses（呼吸道病毒）被提到的次数最多，它们也多用于和 SARS-CoV-2 进行多方面的比较，试图找到其不同点和相同点，为 SARS-CoV-2 的研究提供依据。在研究者进行实验的过程中，应用得较多的是 CT（计算机断层扫描）、PCR（聚合酶链反应）、RT-PCR（逆转录聚合酶链反应）、meta-analysis（荟萃分析）和 telemedicine（远程医疗）五种实验技术，其中聚合酶链反应技术和逆转录聚合酶链反应技术可用于检测受试者是否被新冠病毒感染及其是否具有传染性。在身体器官类实体中，主要的是 lung（肺）和 respiratory（呼吸道），两者出现的次数均达到 10 万以上，远高于 brain（脑）、pulmonary（肺）和 cardiac（心脏）等身体器官，研究表明，新冠病毒主要造成呼吸系统感染、肺部发炎等症状。在身体基质类别中，排名前五的实体分别是 blood（血）、plasma（血浆）、serum（血清）、saliva（唾液）和 sputum（痰），其中血、血浆、血清和唾液主要用于新冠病毒感染的实验与诊断，人体的痰量增加是其主要症状之一。在材料类别中，用于预防新冠病毒感染的面具（masks）等个人防护装备（PPE）出现的次数较多。另外，wastewater（废水）材料多用于新冠病毒传播机制方面的研究。此外，在占比较小的人类实体中，patients（病人）、children（孩子）出现的次数较多，表明相关研究主要聚集在被新冠病毒感染的病人中，对儿童的相关研究也很多。在各类动物类实体中，mice（小鼠）、hamsters（仓鼠）和 rats（大鼠）多被作为实验动物辅助实验研究；bats（蝙蝠）和 mammals（哺乳动物）多出现在对新冠病毒源头宿主等的研究中；dogs（狗）、cats（猫）和 pigs（猪）多出现在对新冠病毒中间宿主等的研究中。

8.6 本章小结

本章基于 BERT-BiLSTM-CRF 模型对新型冠状病毒感染领域 18 万篇文献的全文本内容进行实体自动抽取。首先介绍了模型使用的文献数据并对其进行预处理；然后为了训练更好的 BERT-BiLSTM-CRF 模型，通过定义实体类别、建立标注指南和标注规则等步骤构建了一个新冠实体语料库，该语料库中的文本是 517 篇全文本，包含 16 类实体，共标注了 137023 个实体，平均每篇文献约有 265 个实体；最后基于建立好的实体语料库，构建 BERT-BiLSTM-CRF 模型，并将该模型的性能与 BERT、BERT-CRF 和 BiLSTM-CRF 模型进行对比，结果表明，BERT-BiLSTM-CRF 模型的性能更好，新冠实体语料库构建得比较成功。利用训练好的模型识别新型冠状病毒感染领域全文本文献中的相关实体，在 18 万篇文献中，共识别出超过 3254 万个实体，平均每篇文献约有 176 个实体。

本章参考文献

[1] 迟玉琢，王延飞．面向科学数据管理的科学数据引用内容分析框架 [J]．情报学报，2018，37（1）：43－51．

[2] 董佳琳，张宇航，徐永康，等．基于知识图谱的新冠疫情智能问答系统 [J]．信息技术与信息化，2021（6）：258－261．

[3] 冯蕴天，张宏军，郝文宁，等．基于深度信念网络的命名实体识别 [J]．计算机科学，2016，43（4）：224－230．

[4] 景慎旗，赵又霖．面向中文电子病历文书的医学命名实体识别研究：一种基于半监督深度学习的方法 [J]．信息资源管理学报，2021，11（6）：105－115．

[5] 刘哲宁，朱聪慧，郑德权，等．面向特定标注数据稀缺领域的命名实体识别 [J]．指挥信息系统与技术，2019，10（5）：14－18．

[6] 孙晨，付英男，程文亮，等．面向企业知识图谱构建的中文实体关系抽取 [J]．华东师范大学学报（自然科学版），2018，（3）：55－66．

[7] 唐慧慧，王昊，张紫玄，等．基于汉字标注的中文历史事件名抽取研究 [J]．数据分析与知识发现，2018，2（7）：89－100．

[8] 王玉琢，章成志．考虑全文本内容的算法学术影响力分析研究 [J]．图书情报工作，2017，61（23）：6－14．

[9] 吴俊，程垚，郝瀚，等．基于 BERT 嵌入 BiLSTM-CRF 模型的中文专业术语抽取研究 [J]．情报学报，2020，39（4）：409－418．

[10] 杨美芳，杨波．基于笔画 ELMo 嵌入 IDCNN-CRF 模型的企业风险领域实体抽取研究 [J]．数据分析与知识发现，2022，6（9）：86－99．

[11] 章成志，胡志刚，徐硕，等．全文本计量分析理论与技术的新进展与新探索：2019 全文本文献计量分析学术沙龙综述 [J]．信息资源管理学报，2020．（1）：111－117

[12] 张华丽，康晓东，李博，等．结合注意力机制的 Bi-LSTM-CRF 中文电子病历命名实体识别 [J]．计算机应用，2020，40（S1）：98－102．

[13] 张悦，潘淑文，刘秀磊．人名识别技术在中国招中标领域的应用 [J]．北京信息科技大学学报（自然科学版），2017，32（5）：72－76．

［14］ 郑家恒，谭红叶，王兴义．基于模式匹配的中文专有名词识别 ［C］//第十一届全国民族语言文字信息学术研讨会论文集，2007：160－167.

［15］ 朱笑笑，杨尊琦，刘婧．基于 Bi-LSTM 和 CRF 的药品不良反应抽取模型构建［J］．数据分析与知识发现，2019，3（2）：90－97.

［16］ ARISTOVNIK A, RAVSELJ D, UMEK L. A bibliometric analysis of COVID-19 across science and social science research landscape［J］. Sustainability, 2020, 12 (21)：9132.

［17］ DE FELICE F, POLIMENI A. Coronavirus disease（COVID-19）：A machine learning bibliometric analysis［J］. VIVO, 2020, 34：1613－1617.

［18］ DEVLIN J, CHANG M W, LEE K, et al. BERT：Pre-training of deep bidirectional transformers for language understanding［J/OL］. arXiv, 1810.04805, 2019.

［19］ DING Y, SONG M, HAN J, et al. Entitymetrics：Measuring the impact of entities［J］. PLoS ONE, 2013, 8 (8)：e71416.

［20］ DWIVEDI S K, SENGUPTA S. Classification of HIV-1 sequences using profile hidden markov models［J］. PLoS ONE, 2012, 7 (5)：e36566.

［21］ HEARST M A. Automatic Acquisition of Hyponyms from Large Text Corpora ［C］//Proceedings of the 14th International Conference on Computer Linguistics, 1992：539－545.

［22］ HUANG Z H, XU W, YU K. Bidirectional LSTM-CRF models for sequence tagging［J］. arXiv, 1508.01991, 2015.

［23］ KHAN J Y, KHONDAKER M T I, HOQUE I T, et al. Toward preparing a knowledge base to explore potential drugs and biomedical entities related to COVID-19：Automated computational approach［J］. JMIR Medical Informatics, 2020, 8 (11)：e21648.

［24］ KIM T, YUN Y, KIM N. Deep learning-based knowledge graph generation for COVID-19［J］. Sustainability, 2021, 13 (4)：2276.

［25］ KONG Z, YUE C X, Shi Y, et al. Entity extraction of electrical equipment malfunction text by a hybrid natural language processing algorithm［J］. IEEE Access, 2021 (9)：40216－40226.

［26］ KORN D, PERVITSKY V, BOBROWSKI T, et al. COVID-19 knowledge extractor（COKE）：A curated repository of drug-target associations extracted from the CORD-19 corpus of scientific publications on COVID-19 [J]. Journal of Chemical Information and Modeling, 2021, 61 (12)：5734 –5741.

[27] LI J Y, RAO Y, JIN F, et al. Multi-label maximum entropy model for social emotion classification over short text [J]. Neurocomputing, 2016. 210：247 –256.

[28] LI X, ROUSSEAU J F, DING Y, et al. Understanding drug repurposing from the perspective of biomedical entities and their evolution：bibliographic research using aspirin [J]. JMIR Medical Informatics, 2020, 8 (6)．

[29] LIU R. Citation – Based Extraction of Core Contents from Biomedical Articles [C]. Trends in Applied Knowledge – Based Systems and Data Science, IEA/AIE, 2016.

[30] PASIN O, PASIN T. A bibliometric analysis of rheumatology and COVID-19 researches [J]. Clinical Rheumatology, 2021, 40 (11)：4735 –4740.

[31] SARKAR K. A hidden markov model based system for entity extraction from social media english text at FIRE 2015 [J]. ArXiv, 2015：1512. 03950.

[32] SHI S M, ZHANG H B, YUAN X J, et al. Corpus-based semantic class mining：distributional vs. pattern-based approaches [C]. COLING, 2010：23 –27.

[33] SONG M, HAN N H, KIM Y H, et al. Discovering implicit entity relation with the gene-citation-gene network [J]. PLoS ONE, 2013, 8 (12)：e84639.

[34] SUNDERMEYER M, SCHLÜTER R, NEY H. LSTM Neural Networks for Language Modeling [J]. Interspeech, 2012 (12)：194 –197.

[35] VERMA S, GUSTAFSSON A. Investigating the emerging COVID-19 research trends in the field of business and management：A bibliometric analysis approach [J]. Journal of Business Research, 2020, 118：253 –261.

[36] WANG L L, LO K, CHANDRASEKHAR Y, et al. CORD-19：The COVID-19 open research dataset [J/OL]. arXiv, 2004. 10706, 2020.

［37］ XU S, AN X, ZHU L J, et al. A CRF-based system for recognizing chemical entity mentions （CEMs） in biomedical literature ［J］. Journal of Cheminformatics, 2015, 7 （suppl 1）: S11.

［38］ YU Q, WANG Q, ZHANG Y F, et al. Analyzing knowledge entities about COVID-19 using entitymetrics ［J］. Scientometrics, 2021, 126 （5）: 4491 – 4509.

［39］ ZYOUD S H, AL-JABI S W. Mapping the situation of research on coronavirus disease-19 （COVID-19）: A preliminary bibliometric analysis during the early stage of the outbreak ［J］. BMC Infectious Diseases, 2020, 20 （1）.

第9章 基于全文本的研究主题动态演化分析

随着开放获取运动的兴起，对于全文本数据，如何从大量的文本数据中精准地挖掘各领域的研究演变进程和研究热点，便于学者进行后续研究分析成为关键问题。研究主题是文献的主旨和核心，其演变遵循一定的内在规律，掌握某一领域研究主题的内在规律，在领域层面可判别该领域的研究现状和趋势，在国家层面能够明晰演变方向、引导研究全面发展，使国家利益最大化。因此，了解每个领域的发展进程，精准地识别其研究主题和演化过程是重要的前沿课题。在主题识别技术中，面对全文本数据，以简单的文献内部特征进行主题识别已经不能满足要求，更多的学者将研究着眼于基于文献外部特征的精准文献主题识别。如何构建一种准确、有效的主题识别方法，是一个亟待解决的问题。

为此，本研究基于全文本里丰富的领域实体信息，建立融入实体信息的主题提取模型和主题演化框架来精准地揭示新型冠状病毒感染领域的研究主题，探究其动态演化规律，为国家相关政策的制定提供科技情报支撑，为我国学者和科研人员在该领域开展进一步的研究提供方向上的指导，帮助他们及时调整科研方向，抓住科学研究契机，实现科研资源的合理配置与均衡使用，对流行病学的研究范式具有一定的借鉴意义。

9.1 相关研究

9.1.1 主题识别技术

主题是对文档内容的高度凝练和概括，随着互联网、大数据的高速发展，从海量文档中提取文档主题，对快速、准确地识别文档的主要内容，动态探索各领域研究主题的演化规律有重要的意义。主题模型把文档中高维度的词语空间映射到低维度的目标主题空间，在发现和分析文档潜在结构及隐含语义信息后，得到主题概率分布和主题中词语的概率分布，最后得出文档主题和主题关键词，它是一种生成式概率模型。1983 年，TF-IDF文档表示模型（Salton and Mcgill, 1986）的提出展开了人们对主题模型的研究。但 TF-IDF 模型只能应用于篇幅较小的文献且无法揭示文档间的结构信息，因此 Deerwester 等（1990）提出潜在语义分析（Latent Semantic Analysis，LSA）模型，避免了 TF-IDF 模型的缺陷。为了解决"一词多义"问题，PLSA 模型于 1999 年被著名学者 Hofmann 提出，该模型是概率生成式模型（Hofmann, 1999），但其容易出现过拟合现象。随后，LDA 模型（Blei and Jordan, 2003）的提出弥补了 PLSA 模型的不足，是第一个完整的贝叶斯网络模型。自此，主题模型在各个领域得到广泛而深入的研究与应用。

　　虽然 LDA 模型具有较好的主题识别能力，但它忽略了重要的外部特征（作者、科研机构、时间等），仅采用文档内部特征（文档题目、关键词、摘要等）进行主题识别，这已无法满足当前海量文档的精准主题识别要求，因此学者们的关注点转移到如何结合文档外部特征来识别文献主题上。例如，Rosen-Zvi 等（2004）将科研人员特征加入主题模型中，提出了作者主题（Author Topic，AT）模型，该模型研究科研人员与主题间的关系，并挖掘研究人员的研究方向与兴趣。后来的 APT（Author Person Topic）模型（Mimno and Mccallum, 2007）、AIT（Author Interest Topic）模型（Kawamae, 2010）和 LIT（Latent Interest Topic）模型（Kawamae, 2010）弥补了 AT 模型隐形假设的缺陷，对科研人员兴趣与主题之间关系的挖掘更加深入。融入时间外部特征的主题模型也应运而生，如 DTM 模型（Blei and Lafferty, 2006）、ToT 模型（Wang and Mccallum, 2006）。Pariwise-Link-LDA 模型（Nallapati et al., 2008）、RTM 模型（Chang and Blei, 2009）和 LTHM 模型（Gruberet al., 2012）等融入参考文献特征的模型得到了广泛的研究。例如，Huang 等（2016）对被引文献中采用 Link-LDA 模型生成主题与词和引文间的分布，并提出 Bi-Cituation-LDA 模型，该模型能识别被引文献中对施引文献影响力较大的主题。杨春艳等（2016）提出结合引用语境及主题词构建 Labeled-LDA 模型，再通过 K-means 聚类得到文档主题。

　　随着用户需求的多样化，其对主题模型的应用要求也越来越高，融合单一外部特征的主题模型已无法满足需求。近年来，同时融入两个及以上外部特征的主题模型应运而生，这类主题模型主要有四个方向。由 Tang 等（2008）提出的 ACT（Author Conference Topic）模型是首个将多个外部特征融入主题提取的模型，该模型同时融入文档的研究人员和期刊名称，挖掘文档、研究人员和发表该文档的期刊间的依赖关系。第二个方向是在主题模型中同时加入研究人员和文档发表/发布时间特征，该方向的经典模型是 AToT（Author Topic over Time）模型（Xu et al.，2014），它不仅能揭示文档主题和研究人员的研究方向的演变历程，还能探索深层主题不断变化的时间规律。第三个方向是将研究人员和合著关系加入主题模型，形成 coAT（coAuthor Topic）模型（An et al.，2014），其创新之处在于对合作的研究人员间研究主题的耦合性进行挖掘。第四个方向是将多个外部特征加入主题模型中的 CAT（Community Author Topic）模型（Han et al.，2014），其加入研究人员和社区结构因素来分析各个社区的特定主题与专家。

以上传统的主题模型和加入单个或多个外部特征的主题模型在学术文献、专利、报告等数据集中都表现出了较好的性能，但这些模型并未考虑文档中存在的实体。随着开源运动、开放获取运动的开展，文档的全文本内容里包含着更加丰富的实体语义信息，这些细粒度的文本信息对文档主题的准确识别也有一定的帮助。由于实体一般由多个专有名词组成，贝叶斯方法总是将实体作为预处理步骤，而单词与实体间的区别不是在学习过程中，而是在事后产生的。为了解决该问题，Newman 等（2006）提出两种基于实体的主题模型：SwitchLDA 模型和 CorLDA2 模型。通过比较，CorLDA2 模型的性能优于 CL-LDA、Corr-LDA 等类似的模型。但这些模型忽略了实体的类别信息，Xu 等（2019）在此基础上提出 CcorLDA2 模型，采用布朗聚类方法对实体进行分组，与同类方法相比，该模型具有更好的性能。

总体来看，目前的主题识别模型要么将单一的外部特征引入，要么将多个外部特征融入，较少考虑将文本中的实体信息融合到主题识别模型中，且对实体的分类并不全面。因此，本章在定义多类别实体的基础上，构建融入实体信息的主题模型，以便了解主题、实体和实体类别之间的关系，并将该模型应用到新型冠状病毒感染领域，评估模型性能。

9.1.2 主题演化研究

学科或领域的主题识别与主题演化分析是息息相关的，前者是后者的基础。主题演化分析指的是在获得一个研究领域的主题后对其展开关联分析，进而识别出该研究领域的内容变化趋势和变化特征，并通过识别出主题变化的发生机制，明确该研究领域的发展脉络（宫小翠，2017）。主题的演化趋势研究可以分为基于引文分析的方法和基于词汇的方法。

基于引文分析的方法，是运用数学和统计学的研究方法，以及比较、归纳、抽象、概括等逻辑学方法，对各种类型的分析对象，如科技期刊、论文、著者等的引证和被引证现象展开分析，从而发现它们的外部特征和内在规律的一种文献计量学分析方法。例如，Garfield（2004）应用直接引文法分析知识领域的研究主题演化过程；吴菲菲等（2014）通过分析 3D打印技术的编年图和主路径得到该技术的研究主题发展趋势；王卓等（2019）通过构建引文网络分析施引文献与被引文献间的关联强度来识别主题并将其可视化；邰杨芳等（2020）结合引文采用韦恩图法分析国内知识管理领域的主题演化路径。

基于词汇的主题演化研究将文本中细粒度的单词作为分析对象，挖掘其所代表的领域研究的组成或结构，分析领域研究的发展和演变趋势。基于词汇的主题演化研究可以分为基于词频、共词和主题三种类型。基于词频的方法是以单词的词频分布为基础，根据单词出现的频次，对学科的发展情况进行分析。例如，leinberg（2004）将时间要素融入词频分布，提出突发词检测算法来刻画学科领域演化过程及前沿课题预测；Martens 和Goodrum（2006）使用文献中的高频词进行突发词检测来研究前言的主题。基于共词的方法是在统计单词的共现频次后，使用共词矩阵得到共词网络，通过分析单词间联系的紧密程度得到领域研究的演化过程。例如，程齐凯和王晓光（2013）基于舍去相似度算法和 Z-value 算法构建了科研主题演化模型；吴洪玲等（2014）通过构建关键词共现网络，解读和分析我国哲学领域硕士论文研究主题的演化轨迹；贾洪文和王宇（2020）通过构建关键词共现聚类图来分析中外惠普金融研究热点。

近年来，利用概率主题模型从文档、主题、词语三个层面深入分析文本数据逐渐成为当前自然语言处理领域进行主题挖掘和演变分析的研究热点。在建立主题模型的基础上，通过主题过滤和主题关联构建主题演化路径。曲佳彬和欧石燕（2018）为了提升主题演变的准确性，在 LDA 模型生成主题后，通过主题—文档概率矩阵建立主题过滤规则，去除噪声主题，探索精准的主题演化过程。关鹏等（2019）将重点放在语义分析上，结合主题语义信息进行主题演化类型的判定，最终将该方法实施在锂离子电池领域，得出了该领域的主题演化过程。基于概率主题模型进行主题演化分析的关键是主题关联。主题关联是指对相邻时间窗口中的研究主题建立连接关系，这种关系拼接构成了演化过程。目前，建立主题间关联的方法有直接关联法、距离阈值法、相似度阈值法、主题关联过滤法等。胡吉明和陈果（2014）基于主题相似度和主题强度，采用距离阈值法研究主题的演化轨迹。秦晓慧和乐小虹（2015）提出利用主题关联过滤来确定文献中的核心主题及其演化关系，并用在肿瘤领域，证实了该方法的有效性。Chen等（2017）用余弦相似度计算主题间的关联度，以此分析信息检索领域的主题动态演化过程。

总的来讲，关于主题演化有基于引文和基于词汇分析两种方法。基于引文的主题演化分析虽然具有很好的结构，但仍然需要在作者对文献的主题理解程度或文献关键词的帮助下，对其进行进一步的分析，且存在时滞性问题，无法从时序角度解释主题演化过程，早期对该方法的研究较多。以词汇与共词为单位进行分析的方法比较容易，但存在主题识别不够完善、语义特征无法准确说明所涉及的研究内容等局限性。相比于早期的词汇方法和共词方法，以概率主题模型为基础进行主题演化分析，不但可以解决基于引文分析方法的时滞性问题，还可以对主题的语义特性进行更深层次的挖掘，从而得到领域研究主题的演化路径。本章则是在构建融合实体和引文的基础上，精准挖掘研究主题，并结合主题关联过滤法和相似度阈值法进行主题演化类型的判定，作为生成主题演化知识图谱的数据基础。

9.2 实验数据及预处理

9.2.1 实验数据

本章将新型冠状病毒感染领域的184956篇文献的全文本内容作为实验数据，构建主题概率模型来提取研究主题。184956篇文献的发表年份分布见表9.1，发表年份横跨2019—2022年，因新冠病毒感染疫情在2019年12月份暴发，2019年的相关文献极少，只有12篇。2020年及之后该领域的文献数量激增，在2021年文献数量达到顶峰，约占全部文献量的1/2。

表 9.1　新型冠状病毒感染领域的文献发表时间统计

全文本文件版本	发表年份	文献数量
PMC	2019	7
	2020	42580
	2021	67971
	2022	25099
PDF	2019	5
	2020	23026
	2021	19050
	2022	7218

此外，为了更好地进行主题演化分析，本章分时间段对各个时期的文献分别进行研究主题的提取。由于 2019 年的文献数量过少，将其合并到 2020 年中。因此，将时间窗口分为 2020 年、2021 年和 2022 年，分别对这三年的文献全文本内容进行主题识别，以便下一步进行主题演化分析。如图 9.1 所示，2020 年、2021 年和 2022 年的文献数量分别为 65618 篇、87021 篇和 32317 篇，其中 2021 年的文献数量最多，2022 年的文献数量最少。

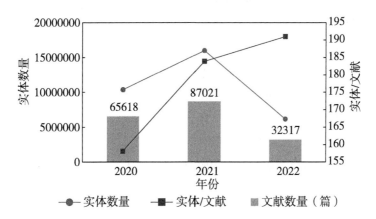

图 9.1　各时间窗口文献数量、实体数量和实体/文献比值分布

9.2.2　数据预处理

经整理和筛选得到的文献数据，只是确定了实验的数据集，保证这些

数据集是可使用的，但无法将其直接用于本章的主题模型中，需要对其进行一定的预处理。在将文献划分到各自的时间窗口后，再对这些文献数据进行预处理，包括句子检测、单词分词、词语标记和过滤停用词处理。

1. 句子检测

句子检测器可以识别标点符号是否标记句子的结尾。本章采用 OpenNLP 中的句子检测器来检测句子边界。但因为标点符号通常是模棱两可的，导致部分句子边界的识别更为困难。为了提升句子边界检测的性能，本章从数据集中收集了许多缩写词，如 var.、sp.、cv. 和 syn. 等。利用这些缩写词生成了几种规则，例如，若当前句子是以这些缩写词或逗号结尾，或者下一个句子是以小写字母开头等，则将当前句子和下一个句子合并成一个新句子。

2. 单词分词

对句子中的单词进行分词是文本数据预处理的基本环节。虽然相对于含义较为复杂的中文语句来讲，英文语句的构成较为简单，大多数是单词间的简单连接，但全文本内容中包含多个章节的内容，其中有较多的特殊符号，为了最大限度地减少语句分词对实验结果的影响，应尽可能地将分词分准确。本章在使用 OpenNLP 工具进行分词的基础上扩展了几个分词标准，整个过程均用 JAVA 语言实现。扩展分词标准及举例见表 9.2，在遇到 '–'、'/'、'－' 时，应将符号前后的两个单词分成两个词，但 Spacy 工具将两个单词连同中间的特殊符号识别成一个单词；因部分全文本内容是从 PDF 文档中解析出来的，可能存在两个单词粘连在一起的情况，如"L-DOPAinduced"应该是"L-DOPA"和"induced"两个单词；另外，也有部分单词和符号之间、数字之间、符号和数字之间应拆分成两个单词的情况，具体示例见表 9.2。

3. 词语标记

在第 8 章中，已经将新型冠状病毒感染领域的 184956 篇全文本内容中的实体识别出来，故本章直接使用上一章的实体识别结果。表 8.12 显示了所用数据集的实体统计，有 18 类实体类别和 3250 多万个实体被提及。依据时间序列划为 3 个长度为 1 年的时间窗口，根据出版年份把文献划分到对应的时间窗口中。

4. 过滤停用词

在全文本内容中，一些常用的字和词出现的频率相当高。在写文档过程中，这些常用词的使用是必不可少的，如 a、the、it 等，但它们并不表达特殊的或重要的含义，对主题提取过程还会产生噪声影响，因此需要进行停用词过滤。NLTK 是由宾夕法尼亚大学开发的一种自然语言工具包，其使用 Python 语言实现各类文本数据处理工作。NLTK 有分词、词性标注、句法分析、停用词过滤等多种功能，这里使用该语言工具包自带的英文停用词列表进行停用词过滤，并在此基础上扩展了一些标点符号，如@、&和% 等。

表9.2　扩展分词标准及举例

标准	举例
遇到一些符号不分割单词，但应该分开	'–''/''-''~'','''.''/'';'')''×''('""'['':''+'']''%'"''''*''.''—'
一些两两单词之间需要分开	"L-DOPAinduced" 应是 "L-DOPA""induced"，"SARS-CoVspecific" 应是 "SARS-CoV""specific"
单词和符号之间需要分开	"patient's," 应是 "patient's"","，"DEGs'," 应是 "DEGs'"","
单词和数字之间需要分开	"CD4bound" 应是 "CD4""bound"，"CCR5using" 应是 "CCR5""using"
符号和数字之间需要分开	"issue? 5" 应是 "issue?""5"

9.3　融合实体信息的研究主题揭示

随着科技的进步和信息时代的到来，各领域的学术文献发表量激增，亟须解决如何从海量的学术文献中精准、快速地获取领域研究内容、总结研究主题的问题。主题模型致力于发现文档集合中的重要主题，LDA、DTM 和 HDP 等主题模型在文献计量学和科学计量学中有很多应用。这些模型在学术文献、专利、媒体数据等各类文本数据集中展示出其强大的主题提取功能。在传统的主题模型中，研究人员在基础主题模型的基础上，加入作者、作者结构、图像等信息，以此识别文档主题，并推断作者、主题和单词间的关系。由于文本内容中有着丰富的实体信息，实体通常是由文档中多个单词组成的专有名词，如人名、机构和地点等，但未考虑将实体信息纳入主题模型中，在模型学习过程中形成单词与实体间的关联，而仅将实体及标注作为预处理步骤。本节将重点探讨主题建模和实体建模的交集，构建 CCorrLDA2 主题模型，将实体和实体类别纳入模型的学习过程中，使用全文本内容对不同时间段的文献分别进行主题提取，得到单词主题和实体主题，并分析单词、实体和实体类别间的关系。

9.3.1 基于实体的主题模型概述

CI-LDA（Conditionally-Independent LDA）模型（Cohn and Hofmann，2000）首次明确地将实体信息嵌入主题模型中，对文档中的单词和实体进行先验区分，但其不是真正的生成式模型，每个文档中包含的单词和实体的数量是随机的。Newman 等（2006）提出的 SwitchLDA 模型将文档中的实体分布作为模型流程的一部分，在生成过程中添加额外的二项分布 Ψ 来控制主题中的实体比例。CI-LDA 模型和 SwitchLDA 模型都可以处理包含多种类别的实体，但模型生成的单词主题和实体主题可能会出现耦合过度的情况。为了在单词主题和实体主题间实现最大程度的对应，CorrLDA1 模型应运而生（Blei and Jordan，2003）。该模型首先为文档生成单词主题，再使用与文档中的单词关联的主题来生成实体，从而使单词和实体之间产生直接的关联。然而，在挖掘研究主题时，单词主题通常与多个实体主题相关，但 CorrLDA1 模型中的单词主题只对应一个实体主题，Newman 等（2006）提出的另一个模型 CorrLDA2 解决了该问题。如图 9.2 所示，CorrLDA2 模型允许单词主题包含多个实体主题的混合（非单个实体主题），使提取出的单词主题和实体主题更丰富。与 CI-LDA、CorrLDA1 等模型相比，CorrLDA2 模型在实体预测任务上表现得更好。但是，CorrLDA2 模型只考虑将实体融入模型中，得到单词主题与实体主题间的联系，而忽略了实体的类别信息。Xu 等（2019）对 CorrLDA2 模型进行优化，得到 CCorrLDA2 模型，如图 9.3 所示，该模型将实体类别加入模型的学习中，在提取出单词主题、实体主题的同时，还能得到与单词主题最相关的实体类别以及主题、实体和实体类别之间的关系。因此，为了充分利用实体信息，本章在提取出新型冠状病毒感染领域全文本中各类实体的基础上，基于全文本文档内容，构建 CCorrLDA2 主题模型，将每篇文档内的实体和实体类型融入主题模型，精准地提取出文档的研究主题。

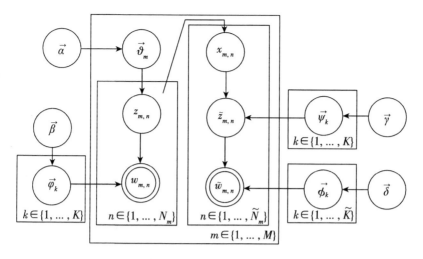

图 9.2　CorrLDA2 模型概率图

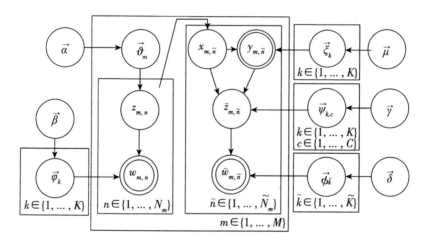

图 9.3　CCorrLDA2 模型概率图

9.3.2　融合实体的主题模型构建

本小节对构建 CCorrLDA2 主题模型的过程加以描述。CCorrLDA2 模型通过引入 $\vec{\gamma}$ 和 $\vec{\xi}$ 两组隐藏随机变量来学习文档中的主题、实体及实体类别之间的关系。需要注意的是，当文档中只有一个实体类别（即 $C=1$）时，该模型就成了原始的 CorrLDA2 模型；当文档中不加入实体时，该模型则退化为最初的 LDA 模型。也可以说，CorrLDA2 模型和 LDA 模型是CCorrLDA2 模型的两个特例。图 9.3 展示了 CCorrLDA2 模型的概率图表示，其中双圆圈代表可观测变量，单圆圈代表隐变量，剩余的符号及其含义见

表9.3。也可以从生成角度描述 CCorrLDA2 模型：

（1）对每个主题 $k \in \{1,...,K\}$，有 $\vec{\varphi}_k \sim Dir(\vec{\beta})$，$\vec{\xi}_k \sim Dir(\vec{\mu})$。

（2）对每个主题 $k \in \{1,...,K\}$ 和每个实体类别 $c \in \{1,...,C\}$，有 $\vec{\psi}_{k,c} \sim Dir(\vec{\gamma})$。

（3）对每个主题 $\tilde{k} \in \{1,...,\tilde{K}\}$，有 $\vec{\phi}_{\tilde{k}} \sim Dir(\vec{\delta})$。

（4）对每个文档 $m \in \{1,...,M\}$，有 $\vec{\vartheta}_{\tilde{k}} \sim Dir(\vec{\alpha})$。

（5）对每个文档 $m \in \{1,...,M\}$ 和每个文档 m 中的单词 $n \in \{1,...,N_m\}$，有 $z_{m,n} \sim Mult(\vec{\vartheta}_m)$ 和 $w_{m,n} \sim Mult(\vec{\varphi}_{z_{m,n}})$。

（6）对每个文档 $m \in \{1,...,M\}$ 和每个文档 m 中的实体 $\tilde{n} \in \{1,...,\tilde{N}_m\}$，有超级主题 $x_{m,\tilde{n}} \sim Unif(z_{m,1},...,z_{m,N_m})$，$y_{m,\tilde{n}} \sim Mult(\vec{\xi}_{x_{m,\tilde{n}}})$，$\tilde{z}_{m,\tilde{n}} \sim Mult(\vec{\psi}_{x_{m,\tilde{n}},y_{m,\tilde{n}}})$ 和 $\tilde{w}_{m,\tilde{n}} \sim Mult(\vec{\theta}_{\tilde{z}_{m,\tilde{n}}})$。

表 9.3 CCorrLDA2 模型中的符号

符号	描述
K；$\tilde{K}$	单词主题数量；实体主题数量
M；C	文档数量；唯一的实体类别数量
V；$\tilde{V}$	唯一的单词数量；唯一的实体数量
N_m；$\tilde{N}_m$	文档 m 中的单词和实体
$\vec{\vartheta}_m$	文档 m 中主题的多项式分布
$\vec{\phi}_k$	单词主题 k 中单词的多项式分布
$\vec{\varphi}_{\tilde{k}}$	实体主题 $\tilde{k}$ 中实体的多项式分布
$\vec{\psi}_{k;c}$	特定于单词主题 k 中和实体类别 c 中实体主题的多项式分布
$\vec{\xi}_k$	单词主题 k 中实体类别的多项式分布
$z_{m,n}$	文档 m 中与第 n 个实体相关联的单词主题
$\tilde{z}_{m,\tilde{n}}$	文档 m 中与第 n 个实体相关联的实体主题
$x_{m,\tilde{n},}$	文档 m 中与第 n 个实体相关联的超级主题
$y_{m,\tilde{n}}$	文档 m 中与第 n 个实体相关联的实体类别
$w_{m,n}$；$\tilde{w}_{m,\tilde{n}}$	文档 m 中的第 n 个单词和第 n 个实体
$\vec{\beta}$；$\vec{\mu}$；$\vec{\gamma}$；$\vec{\delta}$；$\vec{\alpha}$	参数

与许多主题模型一样，在该模型中无法进行后验推理。近些年有多种近似推理算法被提出，如平均场变算法、马尔可夫链蒙特卡洛采样和随机

变分推理方法。在优化超参数后，推理算法之间在困惑度方面的性能差异显著减少。因此，在 CCorrLDA2 模型中，使用配备超参数优化子过程的折叠吉布斯采样，该采样提供了一种更简单的在狄利克雷先验下获得参数估计的方法，并允许估计的组合来自后验分布的几个局部最大值。在折叠吉布斯采样过程中，需要计算后验分布，给定观测值的隐藏随机变量（$\vec{z}$，$\vec{\tilde{z}}$ 和 $\vec{x}$）以及其他隐藏变量 $Pr(Z_{m,n} \mid \vec{W}, \vec{Z}_{\neg(m,n)}, \vec{\alpha}, \vec{\beta})$ 和 $Pr(x_{m,\tilde{n}}, \widetilde{Z}_{m,\tilde{n}} \mid \vec{w}, \vec{z}, \vec{y}, \vec{x}_{\neg(m,\tilde{n})}, \vec{\tilde{z}}_{\neg(m,\tilde{n})}, \vec{\mu}, \vec{\gamma}, \vec{\delta})$。其中，$\vec{Z}_{\neg(m,n)}$ 代表除 $w_{m,n}$ 外所有单词的主题分配，$\vec{x}_{\neg(m,\tilde{n})}$ 和 $\vec{\tilde{z}}_{\neg(m,\tilde{n})}$ 分别代表除 $\widetilde{W}_{m,\tilde{n}}$ 外所有实体的超级主题和实体主题分配。其后验分布表示为

$$Pr(z_{m,n} \mid \vec{w}, \vec{z}_{\neg(m,n)}, \vec{\alpha}, \vec{\beta}) \propto \frac{n_{z_{m,n}}^{(w_{m,n})} + \beta_{w_{m,n}} - 1}{\sum_{v=1}^{V} (n_{Z_{m,n}}^{(v)} + \beta_v) - 1} (n_m^{(z_{m,n})} + \alpha_{z_{m,n}} - 1)$$

$$(9.1)$$

$$Pr(x_{m,\tilde{n}}, \widetilde{Z}_{m,\tilde{n}} \mid \vec{w}, \vec{z}, \vec{y}, \vec{x}_{\neg(m,\tilde{n})}, \vec{\tilde{z}}_{\neg(m,\tilde{n})}, \vec{\mu}, \vec{\gamma}, \vec{\delta}) \propto$$

$$\frac{n_m^{(x_m, \tilde{n})}}{N_m} \frac{n_{\tilde{z}_m, \tilde{n}}^{(\widetilde{w}_m, \tilde{n})} + \sigma_{\widetilde{w}_m, \tilde{n}} - 1}{\sum_{\tilde{v}=1}^{\widetilde{V}} (n_{\tilde{z}_m, \tilde{n}} + \sigma_{\tilde{v}}) - 1}$$

$$\frac{n_{x_m, \tilde{n}}^{(y_m, \tilde{n})} + \mu_{y_m, \tilde{n}} - 1}{\sum_{c=1}^{C} (n_{x_m, \tilde{n}}^{(c)} + \mu_c) - 1} \frac{n_{x_m, \tilde{n}, y_m, \tilde{n}}^{(\tilde{z}_m, \tilde{n})} + \gamma_{\tilde{z}_m, \tilde{n}} - 1}{\sum_{\tilde{k}=1}^{\widetilde{K}} (n_{x_m, \tilde{n}, y_m, \tilde{n}}^{(\tilde{k})} + \gamma_{\tilde{k}}) - 1} \quad (9.2)$$

公式（9.1）与标准的 LDA 模型相同，公式（9.2）中的前两项与 CorrLDA2 模型相同。通过狄利克雷分布的期望，可以得到模型参数公式为

$$\varphi_{k,v} = \frac{n_k^{(v)} + \beta_v}{\sum_{v=1}^{V} (n_k^{(v)} + \beta_v)} \quad (9.3)$$

$$\vartheta_{m,k} = \frac{n_m^{(k)} + \alpha_k}{N_m + \sum_{k=1}^{K} \alpha_k} \quad (9.4)$$

$$\xi_{k,c} = \frac{n_k^{(c)} + \mu_c}{\sum_{c=1}^{C} (n_k^{(c)} + \mu_c)} \quad (9.5)$$

$$\psi_{k,c,\tilde{k}} = \frac{n_{k,c}^{(\tilde{k})} + \gamma_{\tilde{k}}}{\sum_{\tilde{k}=1}^{\bar{K}} (n_{k,c}^{(\tilde{k})} + \gamma_{\tilde{k}})} \quad (9.6)$$

$$\varphi_{\tilde{k},\tilde{v}} = \frac{n_{\tilde{k}}^{(\tilde{v})} + \delta_{\tilde{v}}}{\sum_{\tilde{v}=1}^{\tilde{V}} (n_{\tilde{k}}^{(\tilde{v})} + \delta_{\tilde{v}})} \qquad (9.7)$$

式中，$n_k^{(v)}$ 是单词 v 分配给主题 k 的数量；$n_m^{(k)}$ 是文档 m 中分配给主题 k 的单词数量；$n_k^{(c)}$ 是超级主题 k 中实体类别 c 的实体数量；$n_{k,c}^{(\tilde{k})}$ 是分配给实体主题 $\tilde{k}$ 的超级主题为 k 和实体类别为 c 的实体数量；$n_{\tilde{k}}^{(\tilde{v})}$ 是分配给实体主题 $\tilde{k}$ 的实体 $\tilde{v}$ 的数量。

9.3.3　主题识别及评价

首先选择每年最佳的主题数量，在本章的模型中，根据困惑度的取值情况来选择主题数量。困惑度的计算公式为

$$perplexity(D) = \exp\left(-\frac{\sum \log p(w)}{\sum_{d=1}^{M} N_d}\right) \qquad (9.8)$$

式中，分母 $\sum \log p(w)$ 表示数据集的总长度，即所有单词之和；$p(w)$ 表示数据集中每个单词出现在文献中的概率，可由 $p(w) = p(z|d) * p(w|z)$ 计算得到，其中，$p(z|d)$ 表示每个主题在某一文档中出现的概率，$p(w|z)$ 表示每个单词在某一主题中出现的概率。

该度量定义为模型下负归一化预测似然的指数，其值越小，表示建模性能越好。将迭代次数设为 2000，分别设置不同的主题数量并观察困惑度的变化情况，如图 9.4 所示，2020 年、2021 年和 2022 年均在主题数量为 50 时困惑度最低，因此选择提取的主题数量为 50。另外，将非对称狄利克雷先验 α、β、μ、γ 和 δ 的初始值分别设置为 $[0.5, 0.5, \cdots, 0.5]^{\mathrm{T}}$、0.01、0.1、0.5 和 0.01。所有的超参数都通过狄利克雷分布的定点迭代直接进行优化。折叠吉布斯采样进行 2000 次迭代，其中 500 次用于老化期。

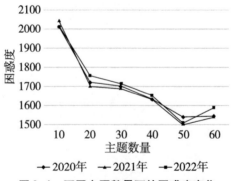

图9.4　不同主题数量下的困惑度变化

　　为了证实 CCorrLDA2 模型的性能优势，本章将同样的数据和参数应用到 CorrLDA2 模型中，通过比较二者在迭代 2000 次后的困惑度来评估模型性能。如图 9.5 所示，CCorrLDA2 模型和 CorrLDA2 模型都在约 200 次迭代后收敛（收敛被定义为所产生的困惑度不再随着迭代次数的增加而减少的情况），但 CCorrLDA2 模型在主题提取方面的表现优于 CorrLDA2 模型。

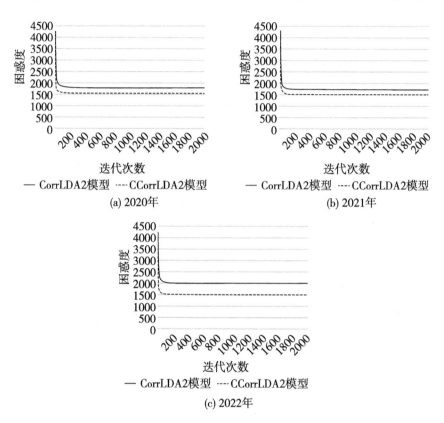

图 9.5　CCorrLDA2 模型和 CorrLDA2 模型的困惑度

　　根据每个主题下对应文献的内容对各主题进行命名，发现有 15 个主题中的相关文章无法总结和归类，因此剔除这 15 个主题，最终 2020 年包含 45 个主题，2021 年有 45 个主题，2022 年有 45 个主题。表 9.4、表 9.5 和表 9.6 分别展示了 2020 年、2021 年和 2022 年的前 10 个主题及主题关键词。不同年份的研究主题存在差异，2020 年提取出的前 10 个主题分别是远程医疗研究、冠状病毒感染人群研究、应用技术研究、图像模型研究、医疗诊断方法研究、新冠病毒对孕妇的影响研究、冠状病毒变体研究、病毒基因序列研究、日常活动措施建议、病毒检验装置研究。除了对新冠病毒的变体、诊断和治疗技术进行研究，还针对新冠病毒对孕妇的影响、公众日常活动措施建议做了相应的研究。2021年的前10个主题是生产冲击研究、新冠病毒的传播与控制、新冠对怀孕女性的影响、病毒抗体和疫苗实验研究、数据系统创建研究、不同群组差异研究、图像模型研究、社交媒体主题研究、临床病毒诊断研究、人群流动性因素研究。相对于2020年的研究主题，2021年的研究更注重结合实际，既有新冠病毒感染引起的生产冲击研究，还有针对新冠病毒的疫苗实验研究。2022年的前10个研究主题分别是文献发表分布相关研究、人群感染风险因素研究、患者感染现状研究、新冠患者死亡率相关研究、临床治疗研究、病毒变异与抗体研究、动力学模型研究、疫苗接种研究、冠状病毒类症状比较研究、病毒突变研究。2022年的前10个主题与2021年有较多重合的地方，如均有疫苗研发与接种、临床治疗研究、公众感染情况分析、理论图像与动力学模型研究等。综上，各时间段的研究主题多种多样，且均结合实际情况，针对该时间段的实时状况进行科学研究，力争为此次流行病研究提供坚实的科学基础。

表9.4　2020年前10个主题及主题关键词

主题	主题关键词
远程医疗研究	care; health; services; visits; medical; providers; covid; healthcare; access; service; clinical; support; home; face; person; provide; physicians; delivery; visit; clinic
冠状病毒感染人群研究	NUMBER; risk; mortality; ci; covid; age; study; higher; factors; outcomes; data; death; association; population; cohort; prevalence; compared; increased; studies; years
应用技术研究	data; information; network; users; NUMBER; contact; system; user; app; time; privacy; tracing; digital; devices; location; technology; apps; application; applications; technologies
图像模型研究	NUMBER; model; data; images; models; performance; learning; dataset; training; features; proposed; accuracy; classification; set; image; results; prediction; network; feature; method
医疗诊断方法研究	NUMBER; treatment; clinical; therapy; trial; trials; dose; day; mg; study; days; treated; efficacy; adverse; data; drug; risk; safety; group; administration

主题	主题关键词
新冠病毒对孕妇的影响研究	NUMBER；covid；women；pregnant；table；pregnancy；reported；maternal；delivery；compared；birth；total；mother；figure；years；neonatal；neonates；vertical；range；fetal
冠状病毒变体研究	NUMBER；sequences；mutations；sequence；genome；variants；mutation；genetic；fig；sequencing；table；data；genomes；strains；virus；genomic；samples；figure；found；variant
病毒基因序列研究	NUMBER；binding；host；cell；rna；sequence；epitopes；receptor；structure；protein；viral；virus；ov；peptides；site；entry；figure；fusion；membrane；surface
日常活动措施建议	physical；NUMBER；home；lockdown；social；activity；time；health；older；women；family；exercise；parents；increased；child；isolation；activities；increase；impact；families
病毒检验装置研究	NUMBER；air；particles；surface；virus；transmission；flow；surfaces；size；time；high；airborne；temperature；pressure；particle；μm；fig；figure；concentration；efficiency

表9.5 2021 年前 10 个主题及主题关键词

主题	主题关键词
生产冲击研究	NUMBER；economic；market；supply；financial；demand；impact；crisis；sector；industry；costs；markets；cost；stock；production；price；business；policy；economy；results
新冠病毒的传播与控制	NUMBER；health；measures；social；public；risk；distancing；mask；control；prevention；spread；wearing；preventive；face；virus；people；dental；compliance；transmission；government
新冠对怀孕女性的影响	NUMBER；table；reported；total；figure；found；compared；rate；fig；common；similar；half；ranging；million；versus；ranged；times；ii；globally；years
病毒抗体和疫苗实验研究	NUMBER；cells；fig；mL；Cell；℃；figure；min；μg；performed；infection；incubated；mm；μL；virus；control；viral；added；activity；infected
数据系统创建研究	data；system；information；users；digital；user；technology；time；app；devices；technologies；systems；application；platform；applications；privacy；monitoring；process；design；device

主题	主题关键词
不同群组差异研究	NUMBER; study; group; groups; significant; higher; significantly; compared; results; age; table; levels; showed; differences; found; difference; total; score; years; performed
图像模型研究	NUMBER; model; models; data; performance; images; learning; dataset; features; training; accuracy; proposed; classification; image; results; prediction; feature; set; method; network
社交媒体主题研究	social; media; information; people; public; news; political; tweets; trust; twitter; words; misinformation; related; topic; users; content; communication; topics; government; science
临床病毒诊断研究	NUMBER; samples; rna; detection; viral; sample; μL; mL; ℃; clinical; cov; reaction; target; copies; method; min; sensitivity; concentration; load; sars
人群流动性因素研究	NUMBER; mobility; urban; state; areas; states; travel; city; level; county; data; population; cities; home; local; counties; public; spatial; area; people

表 9.6 2022 年前 10 个主题及主题关键词

主题	主题关键词
文献发表分布相关研究	NUMBER; data; authors; study; research; writing; article; manuscript; editing; analysis; review; approved; interest; declare; original; university; china; draft; investigation; contributed
人群感染风险因素研究	NUMBER; transmission; cases; infection; contact; control; measures; risk; infected; spread; testing; case; number; covid; outbreak; disease; infections; contacts; social; distancing
患者感染现状研究	NUMBER; covid; mortality; hospital; icu; study; admission; clinical; severity; risk; severe; disease; hospitalized; hospitalization; higher; outcomes; care; days; admitted; death
新冠患者死亡率相关研究	NUMBER; covid; cases; number; data; period; countries; wave; deaths; march; population; rate; incidence; increase; study; country; mortality; rates; reported; observed
临床治疗研究	NUMBER; treatment; clinical; group; study; trial; day; days; trials; therapy; dose; control; intervention; events; treated; efficacy; safety; received; adverse; administration
病毒变异与抗体研究	NUMBER; cells; fig; mL; ℃; figure; cell; min; μL; incubated; performed; mm; control; virus; μg; viral; sars; added; usa; rna

主题	主题关键词
动力学模型研究	NUMBER；model；time；parameters；number；models；data；rate；distribution；values；population；parameter；β；function；dynamics；probability；infected；fig；state；section
疫苗接种研究	vaccine；NUMBER；vaccination；vaccines；vaccinated；dose；covid；doses；mrna；effectiveness；hesitancy；received；booster；efficacy；population；effects；unvaccinated；immunity；individuals；adverse
冠状病毒类症状比较研究	NUMBER；cov；sars；infection；viral；infected；virus；positive；study；infections；covid；reported；symptoms；studies；asymptomatic；negative；results；disease；clinical；tested
病毒突变研究	NUMBER；variants；mutations；variant；sequences；cov；mutation；sars；sequence；genome；lineage；viral；sequencing；virus；strain；host；genetic；lineages；strains；genomic

在 CCorrLDA2 模型结果中，除了可以得到单词主题和每个主题下的关键词，还能得到与每个单词主题相关联的实体类别、实体主题和相应的关键实体。图9.6、图9.7和图9.8所示为 CCorrLDA2 模型分别从2020年、2021年和2022年的文献中学习的三个主题示例。每个单词主题都用以下四个部分来表示：①与单词主题最相关的前10个单词；②围绕该单词主题最可能的实体类别；③每个主要实体类别最相关的实体主题；④每个实体主题的前10个最相关的实体。可以看出，这三个单词主题都与新冠病毒突变研究有关。这表明各年的研究主题间确实存在一些可以相互关联的隐藏主题。尽管如此，这三个主题之间仍然存在一些差异。例如，2020年围绕单词主题6的实体主要属于基因/蛋白质/酶类（GENE_OR_PROTEIN_OR_ENZYME, 40.40%）、冠状病毒类（CORONAVIRUS, 27.77%）、实验技术类（LABORATORY _ TECHNIQUE, 8.82%）和非冠状病毒类（NON _ CORONAVIRUS, 8.21%）；2021年围绕单词主题31的实体类别主要是基因/蛋白质/酶类（38.68%）、冠状病毒类（31.16%）、实验动物类（LABORATORY_ANIMAL, 11.44%）和非冠状病毒类（6.79%）；2022年围绕单词主题31的实体主要属于基因/蛋白质/酶类（35.39%）、冠状病毒类（51.11%）、实验动物类（5.84%）和非冠状病毒类（5.22%）。三个主题共有的实体类是基因/蛋白质/酶类、冠状病毒类和非冠状病毒类。此外，从实体类到实体主题的权重可以看出，围绕特定单词主题的实体大多只属于一个实体主题。

单词主题6

单词	概率
NUMBER	11.07%
sequences	1.80%
mutations	1.35%
sequence	1.24%
genome	1.02%
variants	0.90%
mutation	0.90%
genetic	0.74%
fig	0.63%
sequencing	0.59%

实体类别

GENE_OR_PROTEIN_OR_ENZYME	CORONAVIRUS	LABORATORY_TECHNIQUE	NON_CORONAVIRUS
40.40%	27.77%	8.82%	8.21%

99.04%↓ 98.45% 96.43%

实体主题5		实体主题9		实体主题1	
实体	概率	实体	概率	实体	概率
ace2	5.33%	sars	13.58%	ct	8.83%
rbd	4.75%	coronavirus	7.27%	rt-pcr	2.73%
cytokine	1.72%	sars-cov	6.68%	pcr	2.63%
igg	1.64%	coronaviruses	3.21%	telemedicine	1.79%
s protein	1.11%	sars-cov-2	3.14%	meta-analysis	1.57%
crp	0.95%	mers-cov	3.12%	analysis	1.01%
tmprss2	0.92%	severe acute respiratory syndrome coronavirus 2	2.72%	ai	0.88%
s	0.87%	novel coronavirus	2.49%	chest ct	0.82%
d-dimer	0.85%	hiv	2.08%	elisa	0.59%
cytokines	0.80%	virus	1.96%	ecmo	0.57%

图 9.6　2020 年单词主题示例

单词主题31

单词	概率
NUMBER	12.57%
variants	2.11%
mutations	1.84%
variant	1.37%
cov	1.37%
sequences	1.36%
mutation	1.12%
sars	0.94%
sequence	0.83%
genome	0.78%

实体类别

GENE_OR_PROTEIN_OR_ENZYME	CORONAVIRUS	LABORATORY_ANIMAL	NON_CORONAVIRUS
38.68%	31.16%	11.44%	6.79%

99.74%↓ 98.96% 99.78%

实体主题9		实体主题1		实体主题3	
实体	概率	实体	概率	实体	概率
ace2	6.10%	sars	4.49%	to	20.37%
rbd	3.53%	sars-cov-2	3.88%	in	13.00%
cytokine	2.23%	lung	3.76%	mice	10.87%
igg	1.26%	coronavirus	2.92%	is	8.33%
spike protein	1.17%	respiratory	2.84%	a	5.67%
s protein	1.03%	sars-cov	1.83%	for	3.55%
antibody	0.88%	lungs	1.51%	that	2.33%
crp	0.85%	severe acute respiratory syndrome coronavirus 2	1.36%	mouse	2.27%
s	0.78%	hiv	1.23%	with	2.08%
cytokines	0.77%	coronaviruses	1.18%	lare	1.90%

图 9.7　2021 年单词主题示例

单词主题31	
单词	概率
NUMBER	13.75%
variants	2.73%
mutations	2.27%
variant	1.63%
sequences	1.34%
cov	1.33%
mutation	1.12%
sars	0.98%
sequence	0.87%
genome	0.69%

实体类别			
GENE_OR_PROTEIN_OR_ENZYME	CORONAVIRUS	LABORATORY_ANIMAL	NON_CORONAVIRUS
35.39%	51.11%	5.84%	5.22%

99.98%   99.95%   99.82%

实体主题3	
实体	概率
ace2	6.93%
rbd	2.77%
spike protein	2.22%
igg	1.14%
cytokine	1.11%
antibody	1.09%
s	1.06%
s protein	0.81%
crp	0.81%
antibodies	0.80%

实体主题1	
实体	概率
sars	9.27%
omicron	8.81%
delta	6.68%
coronavirus	5.91%
delta variant	3.70%
omicron variant	3.50%
sars-cov-2	3.16%
severe acute respiratory syndrome coronavirus 2	3.13%
alpha	2.79%
sars-cov	2.78%

实体主题4	
实体	概率
mice	4.71%
ppe	3.61%
wastewater	2.54%
masks	1.65%
pathogens	1.64%
pathogen	1.49%
mouse	1.37%
water	1.21%
mask	1.09%
hamsters	1.06%

图 9.8　2022 年单词主题示例

9.4　领域研究主题动态演化分析

研究主题是对领域学术研究成果的总结，代表了该领域主要的研究内容，其演变反映出领域研究的方向和规律。掌握各领域研究主题的演变过程和规律，对科研人员来说，能系统地探究领域研究主题结构和演化趋势，为后续研究提供方向；对国家来说，能把握领域研究分布现状和前沿热点，为政策发布和管理决策制定提供理论支撑。本节在第 8 章建立主题模型提取新型冠状病毒感染领域研究主题的基础上，加入时间因素，对研究主题进行动态演化分析。如图 9.9 所示，整个研究分四个步骤：建立主题关联、设定过滤原则、演化关系判定和演化结果分析。

（1）建立主题关联。利用加权的对称 KL 散度方法计算各主题与相邻时间窗口主题的相似度，建立各主题间的联系。

（2）设定过滤原则。通过设置合适的阈值构建主题过滤原则，剔除无效关联，筛选出有效的主题关联。

（3）演化关系判定。根据生命周期规则，建立主题新生、继承、消亡、分裂和融合的演化关系规则，对主题间的演化关系进行判定。

（4）演化结果分析。对演化结果进行可视化展示，并结合主题研究内容进行分析。

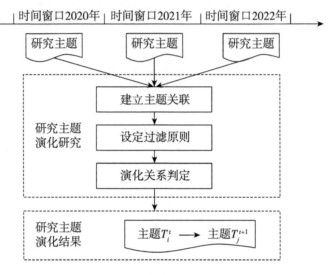

图9.9　主题动态演化分析框架

9.4.1　建立主题关联

由主题概率模型识别出来的各时间窗口内的主题是相互独立的，因此，需要设定主题关联规则对相邻时间窗口的主题建立联系，这是分析主题演化过程的基础。主题之间的关联性一般表现为文字内容的变化和连续，可以根据相邻时间窗口中主题之间的相似性设定适当的阈值，从而判定主题之间的关联性。在文献计量学中，有多种用于主题分析的相关度度量方法，由于本章使用主题概率模型来提取主题，因此 TF-IDF 相似度、BM25 等方法不适用于本章。KL 散度也称为相对熵，用来衡量两个概率分布间的差异，对于两个概率分布，KL 散度值越小，表明两者的差异越小，即相似度越高。在主题模型中，主题被识别为一些单词的多项式分布，因此可采用 KL 散度来判断评估主题间的相似度。

1. 主题相似度

从图 9.10 中可以看出，CCorrLDA2 模型中的主题定义与标准 LDA 模型不同。虽然 CCorrLDA2 模型中的主题词与标准 LDA 模型中的主题词相同，但 CCorrLDA2 模型明确地区分了单词主题和实体主题。在 CCorrLDA2 模型中，每个单词主题被许多不同类别的实体包围，然后将具有某些类别的实体进一步划分为多个实体主题，也就是前文中提到的单词主题是实体主题的超级主题，图 9.10 说明了单词簇（菱形节点）、单词主题（圆形节点）、实体类别（五边形节点）、实体主题（正方形节点）和实体簇（六边形节点）之间的关系，其中箭头表示产生的条件分布。从图中可以看出，单词簇、实体类别和实体簇可以充当主题之间的联系枢纽。因此，本章构建基于单词簇、实体类别和实体簇的加权 KL 散度来计算主题间的关联，将其定义为

$$
\begin{aligned}
D_{KL}(k^{(t1)}, k^{(t2)}) = {} & (1 - \lambda - \rho) \, D_{KL}\big(\Pr([L]_{l=1}^{L} \mid k^{(t1)}), \\
& \Pr([L]_{l=1}^{L} \mid k^{(t2)})\big) + \lambda \, D_{KL}\big(\Pr([C]_{c=1}^{C} \mid k^{(t1)}), \\
& \Pr([C]_{c=1}^{C} \mid k^{(t2)})\big) + \rho \, D_{KL}\big(\Pr([\tilde{L}]_{\tilde{\Gamma}=1}^{\tilde{\Gamma}} \mid k^{(t1)}), \\
& \Pr([\tilde{L}]_{\tilde{\Gamma}=1}^{\tilde{\Gamma}} \mid k^{(t2)})\big)
\end{aligned}
\tag{9.9}
$$

其中，等号右边的三项分别对应单词主题间的 KL 散度、实体类间的 KL 散度和实体主题间的 KL 散度；权重 λ 和 ρ 可以调节每一项的重要程度，在本章中，将 λ 和 ρ 都设置为 1/3，假设这三项有相同的重要程度。

由于 KL 散度是非对称的，为了确保计算结果的全面性，使用对称 KL 散度来计算两个主题间的相似度。加权的对称 KL 散度的计算公式为

$$
sym_{KL} = \frac{D_{KL}(k^{(t1)}, k^{(t2)}) + D_{KL}(k^{(t2)}, k^{(t1)})}{2}
\tag{9.10}
$$

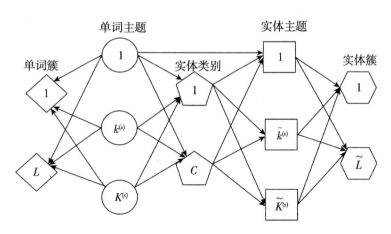

9.10　单词簇、单词主题、实体类别、实体主题和实体簇之间的网络结构

2. 主题关联

每个主题都有一个前向主题和一个后向主题来建立联系。位于时间窗

口 t 内的主题为 T_i^t，将时间窗口 $t-1$ 内的主题与主题 T_i^t 的对称 KL 散度按升序排列，其中与主题 T_i^t 散度最小的 T_j^{t-1} 是 T_i^t 的前向主题；同理，将时间窗口 $t+1$ 内的主题与主题 T_i^t 的对称 KL 散度按升序排列，其中与主题 T_i^t 散度最小的 T_j^{t+1} 是 T_i^t 的后向主题。其中，$T_j^{t-1} = prior(T_i^t)$；$T_j^{t+1} = post(T_i^t)$。通过以上两个步骤，分别得到每个主题的前向主题和后向主题。

图 9.11 所示为 2020 年与 2021 年、2021 年与 2022 年研究主题间的相似度箱形图，大多数 KL 散度分布在 4~7 之间，表明两两时间段内大多数研究主题的相似性不明显，各年的研究主题类型多样，比较发散。依据主题关联原则得到每个主题的前向主题和后向主题，最终得到 2020 年 45 个主题的后向主题、2021 年的前向主题和后向主题各 45 个、2022 年 45 个主题的前向主题，共 180 个主题关联。由表 9.7 可知，各年份的前向主题和后向主题的对称 KL 散度均值都在 1.5 左右，相对整体的对称 KL 散度来讲，有主题关联的对称 KL 散度明显小很多，表明这些主题相对来讲更加相似。

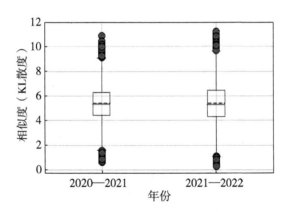

图 9.11　2020 年与 2021 年、2021 年与 2022 年研究主题间的相似度箱形图

表 9.7　主题关联性均值

关联类型	对称 KL 散度均值
2020 年的后向主题	1.7733
2021 年的前向主题	1.8019
2021 年的后向主题	1.2748
2022 年的前向主题	1.2482
总均值	1.5245

9.4.2　设定过滤原则

建立好主题关联后，关键在于筛选存在演变关系的主题对。一些主题对之间虽然有关联，但关联性过小，以至于不能认为其存在演变关系。因此，需要对有关联的主题对建立一定的规则，筛选出有效的、存在演变关系的主题对。

本章总结秦晓慧和乐小虹（2015）定义的过滤规则，并在此基础上进行更加精细和严谨的设定，定义了三条规则来筛选有效的主题关联，这三条规则之间为逐步递进关系。

（1）将所有主题对间的相似度均值设定为阈值 θ，若主题对间的相似度大于或等于阈值 θ，则剔除该主题对间的关联关系，保留剩余主题对间的关联关系。

（2）若 T_i^t 有后向主题 T_j^{t+1}，也就是说，将 T_i^t 与 $t+1$ 时间窗内所有的主题相似度进行升序排列，T_j^{t+1} 是第一名；且将 T_j^{t+1} 与 t 时间窗内所有的主题相似度进行升序排列，T_i^t 是第 m 名（$m>5$），那么剔除主题 T_i^t 与 T_j^{t+1} 间的关联关系。

（3）若 T_i^t 有后向主题 T_j^{t+1}，即 $T_j^{t+1}=post(T_i^t)$，将 T_j^{t+1} 与 t 时间窗内所有的主题相似度进行升序排列，T_i^t 是第 m 名（$2\le m\le 5$），此时，若 t 时间窗内某一主题 T_s^t 的排名 n 比 m 高，且 T_s^t 的后向主题不是 T_j^{t+1}，即排名 $1<n<m$，那么剔除主题 T_i^t 与 T_j^{t+1} 间的关联关系。

通过以上过滤规则，对 180 个主题关联关系进行筛选。首先通过规则（1）将加权对称 KL 散度不小于 1.5245（均值）的关联关系剔除，剔除后剩余 105 个主题对。经过研究发现，105 对关联关系均符合规则（2）和规则（3）的要求，表明当主题 m 的前向主题或后向主题为主题 n 时，在主题 n 与主题 m 所在年份的所有主题 KL 散度排名（升序）中，主题 m 排在前 1~5 名，表明这 105 个主题对间的相似度相较于其他主题对间的相似度非常高。最后对 105 个主题对进行演化关系的判定。

9.4.3　演化关系判定

本章依据生命周期理论，将主题间的演化关系分为五类，分别是主题新生、消亡、继承、融合和分裂。图 9.12 分别展示了这五类演化关系，其具体定义如下。

（1）主题新生。如果时间窗口 $t-1$ 内不存在主题 T_i^t，且在时间窗口 t 内 T_i^t 没有前向主题，则说明主题 T_i^t 是新生主题。

（2）主题消亡。如果时间窗口 t 内存在主题 T_i^t，但时间窗口 $t+1$ 内不存在主题 T_i^t，且时间窗口 t 内 T_i^t 没有后向主题，则说明该主题消亡。

（3）主题继承。在时间窗口 t 内存在主题 T_i^t，其后向主题为 T_j^{t+1}；同时，在时间窗口 $t+1$ 内存在主题 T_j^{t+1}，且其前向主题为 T_i^t，表明两个主题间的研究内容存在延续更新趋势，表现为继承关系，即 T_j^{t+1} 继承了 T_i^t。

（4）主题融合。在时间窗口 t 内存在主题 T_i^t，其后向主题为 T_j^{t+1}；在时间窗口 $t+1$ 内存在主题 T_j^{t+1}，其前向主题为 T_s^t，并且 $i \neq s$，表示为时间窗口 t 内的主题 T_i^t 和 T_s^t 融合为时间窗口 $t+1$ 的主题 T_j^{t+1}；如果时间窗口 t 内的两个或多个主题的后向主题都为 T_j^{t+1}，表明时间窗口 t 内的这些主题融合为 T_j^{t+1}。

（5）主题分裂。在时间窗口 $t+1$ 内存在主题 T_j^{t+1}，其前向主题为 T_i^t；在时间窗口 t 内存在主题 T_i^t，其后向主题为 T_s^{t+1}，并且 $j \neq s$，表示为时间窗口 t 内的主题 T_i^t 分裂成时间窗口 $t+1$ 内的主题 T_j^{t+1} 和主题 T_s^{t+1}；如果时间窗口 $t+1$ 内的两个或多个主题的前向主题都为 T_i^t，表明时间窗口 $t+1$ 内的这些主题是由 T_i^t 分裂而来的。

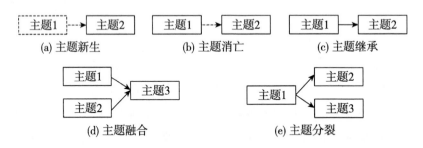

图 9.12　主题演化类型

注：虚线表示所包含的主题不存在。

这里以主题融合和主题分裂关系为例进行说明。如图 9.13a 所示，因 2020 年主题 49 的后向主题是 2021 年主题 34，而 2021 年主题 34 的前向主题恰好是 2020 年主题 49，依据主题继承的定义，2021 年主题 34 继承了 2020 年主题 49；另外，2020 年主题 19 的后向主题是 2021 年主题 34，即 2020 年主题 19 和 49 的后向主题均为 2021 年主题 34，依据主题融合的定义，2020 年主题 19、主题 49 融合成 2021 年主题 34。如图 9.13b 所示，因 2021 年主题 23 的后向主题是 2022 年主题 15，且 2022 年主题 15 的前向主题是 2021 年主题 23，故 2022 年主题 15 继承了 2021 年主题 23；另外，2022 年主题 32 的前向主题是 2021 年主题 23，即 2022 年主题 15 和主题 32 的前向主题均为 2021 年主题 23，依据主题分裂的定义，最终演化结果是主题 23 分裂成主题 15 和主题 32。

2020年主题	关系	2021年主题	2021年主题	关系	2022年主题
19	待定	34	23	继承	15
49	继承	34	23	待定	32
↓			↓		
19	融合	34	23	分裂	15
49		34	23		32

(a) 主题融合类型示例　　　　(b) 主题分裂类型示例

图 9.13　主题演化类型判定示例

经过判定，有 48 个主题继承了前一个时间段的主题，有 1 个融合演化关系、2 个分裂演化关系；另外，有 20 个主题属于新生主题，有 1 个主题在演变过程中消亡。

9.4.4　演化结果分析

通过建立主题关联、设定过滤规则和判定演化关系，已筛选出 2020 年、2021 年和 2022 年三年间有演化关系的主题对，并相应地给出了演变类型，通过可视化的方式将这些演变关系和类型同时展示出来。图 9.14（另见彩图 9.14）直观地展示了主题的演化过程，从中可以观察到大部分主题间存在继承关系，部分主题间存在融合和分裂的演化关系。图 9.14 中连接"新生"的线表示这些关系仅关联了 2021 年和 2022 年，2021 年的这些主题在 2020 年不存在，且没有前向主题，故这些主题可以称为新生主题。新生主题有 19 个，分别是 2021 年主题 0（生产冲击研究）、主题 6（不同群组差异研究）、主题 7（图像模型研究）、主题 11（生活方式变化研究）、主题 14（接种疫苗相关研究）、主题 23（基因数据和技术探索）、主题 26（全球公共政策研究）、主题 28（心理压力影响因素研究）、主题 30（新冠病毒传播机制研究）、主题 32（社会调查研究）、主题 33（孕婴类人群风险研究）、主题 35（临床诊断研究）、主题 37（感染物种研究）、主题 39（冠状病毒分子结构研究）、主题 40（冠状病毒历史研究）、主题

41（群体医疗防护研究）、主题 42（综合病症的病理机制研究）、主题 43（感染现状研究）和主题 44（细胞抗体实验研究）。图 9.14 中连接"灭亡"的线表示这些关系仅关联 2020 年和 2021 年，在 2021 年之后，这些主题并未向后延续，故这些主题在 2021 年灭亡，灭亡的主题有 1 个，是 2021 年主题 20（病毒细胞受体研究）。

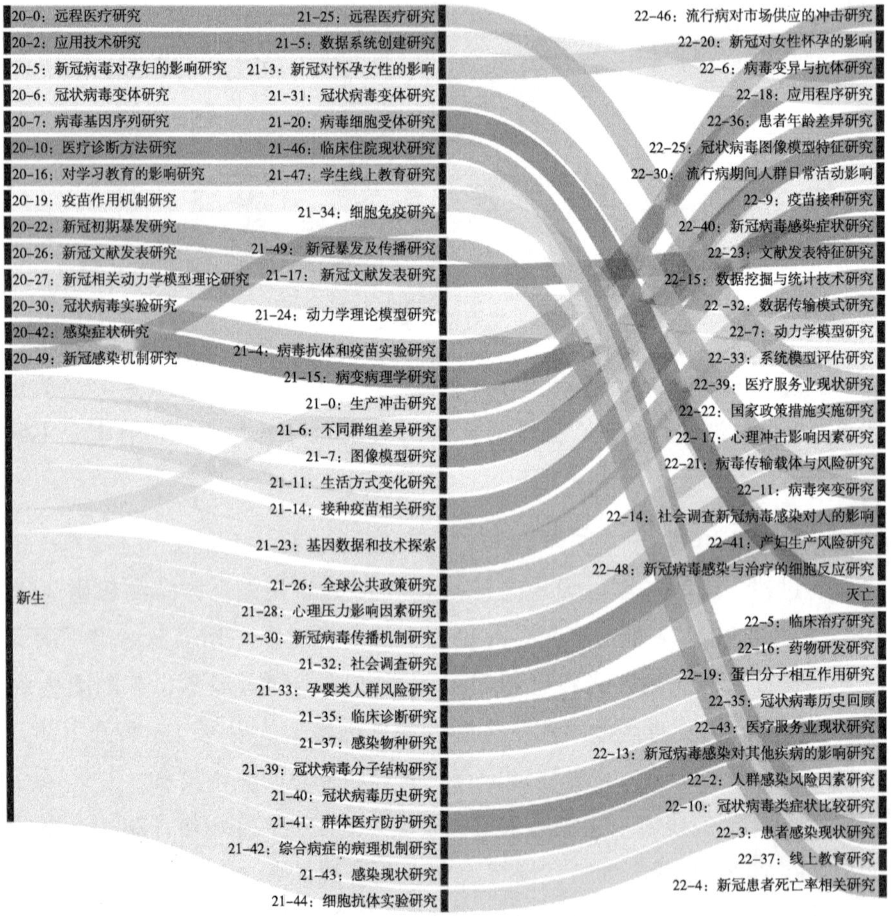

图 9.14 主题的演化过程

在图 9.14 中，有 1 个主题融合演变过程，2020 年主题 19（疫苗作用机制研究）和主题 49（新冠感染机制研究）融合为 2021 年主题 34（细胞免疫研究），这三个主题都与新冠病毒的免疫研究和疫苗研究相关，2020 年主题 19 主要介绍新冠病毒疫苗的研发过程，2020 年主题 49 侧重对细胞免疫的整个过程进行研究，而 2021 年主题 34 综合了二者的内容，对细胞免疫各方面的现状进行统计和研究。图 9.14 中有两条主题分裂路径：①2021 年主题 24（动力学理论模型研究）分裂成 2022 年主题 7（动力学模型研究）和主题 33（系统模型评估研究），其实 2021 年主题 24 和 2022 年主题 7 互为对方的前后向主题，也可称二者为继承关系，但 2021 年主题 24 中还包含部分对新冠病毒感染患者的个体特征统计与分析，故 2021 年主题 24 分裂出 2022 年主题 33；②2021 年主题 23（基因数据和技术探索）分裂成 2022 年主题 15（数据挖掘与统计技术研究）和主题 32（数据传输模式研究）。除此之外，绝大多数演变关系皆为继承关系，即后一主题研究与前一主题研究的内容基本相同。

通过以上主题演化过程的分析，本章总结了 2020—2022 年新型冠状病毒感染领域的文献连续研究的 10 个主要话题，见表 9.8。

表 9.8　2020—2022 年连续研究的主要话题

序号	话题名称	涵盖主题
1	临床研究	2020 年主题 33、主题 48；2021 年主题 9、主题 18、主题 35、主题 46；2022 年主题 5
2	社会调查研究	2020 年主题 14；2021 年主题 6、主题 13、主题 32；2022 年主题 14
3	冠状病毒诊断研究	2020 年主题 4、主题 9、主题 10、主题 38；2021 年主题 22、主题 29；2022 年主题 40
4	免疫系统研究	2020 年主题 19、主题 24、主题 45、主题 49；2021 年主题 4、主题 14、主题 34；2022 年主题 9、主题 42、主题 48
5	理论模型研究	2020 年主题 3、主题 27、主题 35；2021 年主题 7、主题 24；2022 年主题 7、主题 25、主题 33
6	新冠暴发及传播研究	2020 年主题 11、主题 22；2021 年主题 2、主题 30、主题 49；2022 年主题 21
7	线上教育、医疗研究	2020 年主题 0、主题 16；2021 年主题 25、主题 47；2022 年主题 37、主题 44
8	新冠病毒传播研究	2020 年主题 1、主题 11、主题 17、主题 28、主题 41、主题 42、主题 43；2021 年主题 21、主题 37、主题 43；2022 年主题 2、主题 3
9	抗病毒药物研究	2020 年主题 34、主题 37；2021 年主题 1、主题 25；2022 年主题 2、主题 20
10	个人心理健康研究	2020 年主题 29；2021 年主题 28、主题 45；2022 年主题 17、主题 29

话题 1 （临床研究）通过对病患的年龄、性别和并发症等临床特征进行统计，对新冠病毒感染与其他疾病的关系进行研究，如文献 Kummer 等（2020）、Drake 等（2020）。话题 2 （社会调查研究）通过问卷调查等方法对公众进行调查，以此评估新冠病毒的社会影响，如文献 Mechessa 等（2020）、Ozbaran 等（2022）。话题 3 （冠状病毒诊断研究）主要研究诊断新冠病毒感染的方法和手段，如 Lieberman 等（2020）、Amouzadeh 和 Acedo（2022）。话题 4 （免疫系统研究）主要是在新冠病毒感染情境下对人体免疫系统进行研究，如文献 Charmaine 等（2020）、Pedreañez 等（2021）。话题 5 （理论模型研究）下的文献主要是基于图像研究来测定新冠病毒感染情况，如文献 Gifani 等（2021）、Qayyum 等（2022）。话题 6 （新冠暴发及传播研究）针对 COVID-19 大流行期间国内外的病毒传播、感染预防和控制进行比较，并比较中西方的诊断疗法，如文献 Shen 等（2020）、Liu 等（2022）。因新冠病毒具有传染性，大多数教育机构只能在线上授课，话题 7 （线上教育、医院研究）下的文献研究者对线上授课的类型和改进情况进行了研究，如文献 Alexeeva 等（2022）、Younes 等（2022）。话题 8 （新冠病毒传播研究）主要对新冠病毒的传播途径进行研究，新冠病毒多通过空气进行传播，但也有可能通过废水进行传播，如文献 Hozalski 等（2020）、Tang 等（2022）。话题 9 （抗病毒药物研究）主要通过分析新冠病毒的基因序列和感染机制，试图找到抗病毒药物，如文献 Mishra 等（2021）、Chun 等（2021）。话题 10 （个人心理健康研究）针对新冠病毒感染疫情暴发期间公众因生活和工作的巨大变化引起的心理健康问题进行研究，如文献 Dursun 等（2022）、Hsu 等（2022）。

9.5　本章小结

本章建立了融合实体信息的主题提取和主题演化框架，开展主题的识别及演化研究，主要的研究成果和结论如下。

（1）通过定义实体类别、建立标注指南和标注规则等步骤建立 COVID-19 领域实体语料库，该语料库中包含 16 类共 107513 个实体。使用 BERT-BiLSTM-CRF 模型对 184956 篇全文本文献进行实体的自动抽取，共识别出 3250 多万个实体，平均每篇文献约含有 176 个实体。

（2）使用融合全文本内容和实体信息建立 CCorrLDA2 主题模型，识别 COVID-19 领域在不同年份的研究主题。生成的主题所涉及内容较广，且在不同的年份有所差异；每个单词主题都有其特定的实体类别，在特定单词主题下，每个实体类别通常只与一个实体主题最为相关。

（3）使用加权对称 KL 散度来度量主题间的相似程度，建立主题关联过滤算法，分析 COVID-19 领域研究主题的动态演化过程。经过判定，在180 个主题中，有 19 个主题属于新生主题，有 1 个主题在演变过程中灭亡，有 39 个主题继承了前一个时间段的主题，有 1 条融合演化路径、2 条分裂演化路径。在整个主题演化过程中，绝大多数演化关系皆为继承关系，即后一主题研究与前一主题研究的内容基本相同。

本章参考文献

［1］程齐凯，王晓光．一种基于共词网络社区的科研主题演化分析框架［J］．图书情报工作，2013，57（8）：91-96.

［2］宫小翠．基于社会网络分析的医学领域主题演化探测研究［D］．北京：北京协和医学院．2017.

［3］关鹏，王曰芬，傅柱．基于LDA的主题语义演化分析方法研究：以锂离子电池领域为例［J］．数据分析与知识发现，2019，3（7）：61-72.

［4］胡吉明，陈果．基于动态LDA主题模型的内容主题挖掘与演化［J］．图书情报工作，2014，58（2）：138-142.

［5］贾洪文，王宇．中外普惠金融研究热点对比分析：基于关键词共现聚类的透视［J］．农村金融研究，2020（11）：49-57.

［6］秦晓慧，乐小虬．基于LDA主题关联过滤的领域主题演化研究［J］．现代图书情报技术，2015（3）：18-25.

［7］曲佳彬，欧石燕．基于主题过滤与主题关联的学科主题演化分析［J］．数据分析与知识发现，2018，2（1）：64-75.

［8］邰杨芳，张芬利，王帅，等．基于引文与韦恩图法的国内隐性知识管理研究主题的演化分析［J］．数字图书馆论坛，2020（3）：25-32.

［9］王卓，王宏起，李玥．基于引文网络的不同研究领域融合对主题演化影响研究［J］．情报理论与实践，2019，42（9）：104-110.

［10］吴菲菲，段国辉，黄鲁成，等．基于引文分析的3D打印技术研究主题发展趋势［J］．情报杂志，2014，33（12）：64-70.

［11］吴洪玲，侯剑华，乔文娟．我国科学技术哲学研究主题和前沿问题探析［J］．中北大学学报（社会科学版）．2014，30（2）：6-12.

［12］杨春艳，潘有能，赵莉．基于语义和引用加权的文献主题提取研究［J］．图书情报工作，2016，60（9）：131-138.

［13］ALEXEEVA A，ARCHIBALD A R，BREUER J A，et al. A preference for peers over faculty in the pandemic era：Development and evaluation of a medical student-led virtual physiology exam review［J］．Medical Science Educator，2022，32（1）：3-5.

[14] AMOUZADEH T M, ACEDO P. Highly sensitive RNA-based electrochemical aptasensor for the determination of c-reactive protein using carbon nanofiber-chitosan modified screen-printed electrode [J]. Nanomaterials (Basel), 2022, 12 (3).

[15] AN X, XU S, WEN Y L, et al. A shared interest discovery model for coauthor relationship in SNS [J]. International Journal of Distributed Sensor Networks, 2014, 2014: 1 - 9.

[16] AZZOPARDI L, GIROLAMI M, VAN RISJBERGEN K. Investigating the relationship between language model perplexity and IR precision-recall measures [C]. The 26th Annual International ACM SIGIR Conference, 2003: 369 - 370.

[17] BLEI D M, JORDAN M I. Modeling Annotated Data [C]. The 26th ACM/SIGIR International Symposium on Information Retrieval, 2003: 127 - 134.

[18] BLEI D M, LAFFERTY J D. Dynamic Topic Models [C]. Proceedings of the 23rd International Conference on Machine Learning, 2006: 113 - 120.

[19] CHANG J, BLEI D M. Relational topic models for document networks [J]. Journal of Machine Learning Research-Proceedings Track, 2009 (5): 81 - 88.

[20] CHARMAINE VAN EEDEN C, KHAN L, OSMAN M S, et al. Natural killer cell dysfunction and its role in COVID - 19 [J]. International Journal of Molecular Sciences, 2020, 21 (17).

[21] CHEN B, TSUTSUI S, DING Y, et al. Understanding the topic evolution in a scientific domain: An exploratory study for the field of information retrieval [J]. Journal of Informetrics, 2017, 11 (4): 1019 - 1030.

[22] CHUN S, GOPAL J, MUTHU M. Antioxidant activity of mushroom extracts/polysaccharides-their antiviral properties and plausible anti COVID-19 properties [J]. Antioxidants, 2021, 10 (12): 1899.

[23] COHN D, HOFMANN T. The missing link: A probabilistic model of document content and hypertext connectivity [J]. Advances in Neural Information Processing System, 2000 (13): 409 - 415.

[24] DEERWESTER S C, DUMAIS S T, FURNAS G W, et al. Indexing by

latent semantic analysis [J]. Journal of the Association for Information Science and Technology, 1990, 41: 391 –407.

[25] DRAKE T M, DOCHERTY A B, HARRISON E M, et al. Outcome of hospitalization for COVID-19 in patients with interstitial lung disease: an international multicenter study [J]. American Journal of Respiratory and Critical Care Medicine, 2020, 202 (12): 1656 –1665.

[26] DURSUN A, KAPLAN Y, ALTUNBAŞ T, et al. The mediating effect of experiential avoidance on the relationship between psychological resilience and psychological needs in the COVID-19 pandemic [J]. Current Psychology, 2022: 1 –11.

[27] GARFIELD E. Historiographic mapping of knowledge domains literature [J]. Journal of Information Science, 2004, 30 (2): 119 –145.

[28] GIFANI P, SHALBAF A, VAFAEEZADEH M. Automated detection of COVID-19 using ensemble of transfer learning with deep convolutional neural network based on CT scans [J]. International Journal of Computer Assisted Radiology & Surgery, 2021, 16 (1): 115 –123.

[29] GRUBER A, ROSEN-ZVI M, WEISS Y. Latent topic models for hypertext [J/OL]. arXiv, 2012: 1206. 3254.

[30] HAN H Q, XU S, GUI J, et al. Uncovering research topics of academic communities of scientific collaboration network [J]. International Journal of Distributed Sensor Networks, 2014, 10 (4).

[31] HOFMANN T. Probabilistic latent semantic analysis [J/OL]. arXiv, 1301. 6705, 1999.

[32] HOZALSKI R M, LAPARA T M, ZHAO X T, et al. Flushing of stagnant premise water systems after the COVID-19 shutdown can reduce infection risk by legionella and mycobacterium spp [J]. Environmental Science & Technology, 2020, 54 (24): 15914 –15924.

[33] HSU W T, LIN A, SHANg I W. The role of novelty satisfaction in distance physical education during the COVID-19 pandemic: A self-determination theory perspective [J]. Psychological Reports, 2022: 348725969.

[34] HUANG L, LIU H, HE J, et al. Finding Latest Influential Research

Papers through Modeling Two Views of Citation Links [C]. Web Technologies and Applications, Lecture Notes in Computer Science, 2016: 555 - 566.

[35] KAWAMAE N. Author Interest Topic Model [C]. Proceedings of the 33rd International ACM SIGIR Conference on Research and Development in Information Retrieval, 2010: 887 - 888.

[36] KAWAMAE N. Latent interest-topic model: Finding the causal relationships behind dyadic data [C]. Proceedings of the 19th ACM International Conference on Information and Knowledge Management, 2010.

[37] KLEINBERG J M. Bursty and hierarchical structure in streams [J]. Data Mining and Knowledge Discovery, 2004, 7 (4): 373 - 397.

[38] KUMMER B R, KLANG E, STEIN L K, et al. History of stroke is independently associated with in-hospital death in patients with COVID-19 [J]. Stroke, 2020, 51 (10): 3112 - 3114.

[39] LIEBERMAN J A, PEPPER G, NACCACHE S N, et al. Comparison of commercially available and laboratory-developed assays for in vitro detection of SARS-CoV-2 in clinical laboratories [J]. Journal of clinical Microbiology, 2020, 58 (8): e00821.

[40] LIU M H, SHI L Y, CHEN H Q, et al. Comparison between China and Brazil in the two waves of COVID-19 prevention and control [J]. Journal of Epidemiology and Global Health, 2022, 12 (2): 168 - 181.

[41] MARTENS B V D V, GOODRUM A. The diffusion of theories: A functional approach [J]. Journal of the Association for Information Science and Technology, 2006, 57: 330 - 341.

[42] MECHESSA D F, EJETA F, ABEBE L, et al. Community's Knowledge of COVID-19 and Its Associated Factors in Mizan-Aman Town, Southwest Ethiopia, 2020 [J]. International Journal of General Medicine, 2020, 13: 507 - 513.

[43] MIMNO D, MCCALLUM A. Expertise Modeling for Matching Papers with Reviewers [C]. Proceedings of the 13th ACM SIGKDD International Conference on Knowledge Discovery and Data Mining, 2007: 500 - 509.

[44] MISHRA P, SOHRAB S, MISHRA S K. A review on the phytochemical

and pharmacological properties of Hyptis suaveolens（L.）Poit［J］. Future Journal of Pharmaceutical Sciences, 2021, 7（1）: 65.

［45］ NALLAPATI R, AHMED A, XING E P, et al. Joint Latent Topic Models for Text and Citations［C］. Proceedings of the 14th ACM SIGKDD International Conference on Knowledge Discovery and Data Mining, 2008: 542 – 550.

［46］ NEWMAN D, CHEMUDUGUNTA C, SMYTH P. Statistical Entity – topic Models［C］. Proceedings of the 12th ACM SIGKDD International Conference on Knowledge Discovery and Data Mining, 2006: 680 – 686.

［47］ OZBARAN B, TURER F, YILANCIOGLU H Y, et al. COVID-19-Related Stigma and Mental Health of Children and Adolescents During Pandemic ［J］. Clin Child Psychol Psychiatry, 2022, 27（1）: 185 – 200.

［48］ PEDREAÑEZ A, MOSQUERA-SULBARAN J, MUÑOZ N. SARS-CoV-2 infection represents a high risk for the elderly: Analysis of pathogenesis ［J］. Arch Virol, 2021, 166（6）: 1565 – 1574.

［49］ QAYYUM A, LALANDE A, MERIAUDEAU F. Effective multiscale deep learning model for COVID19 segmentation tasks: A further step towards helping radiologist［J］. Neurocomputing, 2022, 499: 63 – 80.

［50］ ROSEN-ZVI M, GRIFFITHS T, STEYVERS M, SMYTH P. The author-topic model for authors and documents［J/OL］. arXiv: 1207. 4169, 2004.

［51］ SALTON G, MCGILL M. Introduction to Modern Information Retrieval ［M］. New York: McGraw-Hill, 1986.

［52］ SHEN L, WANG K, ZHOU J. Comparative Study of Traditional Chinese Medicine and Western Medicine in the Treatment of Coronavirus［J］. Chinese Medicine and Culture, 2020, 3（4）: 201 – 204.

［53］ TANG J, JIN R, ZHANG J. A Topic Modeling Approach and Its Integration into the Random Walk Framework for Academic Search［C］. Eighth IEEE International Conference on Data Mining, Pisa, 2008: 1055 – 1060.

［54］ TANG W, CHEN T, SLOCUM Z, et al. A Web-based Spatial Decision Support System of Wastewater Surveillance for COVID-19 Monitoring: A

Case Study of a University Campus [Z]. MedRxiv, 2022.

[55] VAN EEDEN C, KHAN L, OSMAN M S, COHEN T J. Natural killer cell dysfunction and its role in COVID-19 [J]. International Journal of Molecular Sciences, 2020, 21 (17): 6351 – 6362.

[56] WANG X R, MCCALLUM A. Topics over time: A non-Markov continuous-time model of topical trends [C]. Proceedings of the 12th ACM SIGKDD International Conference on Knowledge Discovery and Data Mining, 2006: 424 – 433.

[57] XU S, HAO L Y, AN X, et al. Emerging research topics detection with multiple machine learning models [J]. Journal of Informetrics, 2019, 13 (4): 100983.

[58] XU S, SHI Q, QIAO X, et al, Choi S. Author-topic over time (AToT): A dynamic users' interest model [C]. FIRA International Conference on Mobile, Ubiquitous, and Intelligent Computing, 2014: 239 – 245.

[59] YOUNES N A, AL K A, ODEH H, et al. Live in front of Students Teaching Sessions (LISTS): A novel learning experience from Jordan during the COVID-19 pandemic [J]. Medical Education, 2022, 32 (2): 457 – 461.

附　　录

附录 A　线索词列表

附表 A-1　重要线索词

accessible in	expanded	shown
according to	explain	shown by
adopt	explanation	shown in flg.
approach is good	expressed by	similar
approach was good	extend	similar to
as described	extending	similarly
attributed	extension	solid line
attributed	figure	subjected to
bars	follow	table
carried out	following	take into account
characteristic	hatched line	to obtain
characterized	implemented	use
considered	interpreted	using
consists	investigated	very close to
contains	is known	was based on
define	is present	was determined using
defined as equation	method ... is good	we follow
demonstrated	method ... was good	we used

denoted	model	written as
derive	modelled by	yield
derived	open boxes	yields
derived	proposed	shaded boxes
described – previously as	reads	exhibit
describes	reported	series
detail	represent	example
determined	resulted	examine
developed	resulting	results

附表 A－2 不重要线索词

although…yet	except in	on the other hand
although…a certain degree	has been realized	originally
another	have since been	previously
as compared	however	primary
classical	in addition	rather than
compare	in addition to	recent
compared	in common	recently
compares	in contrast	regardless of the validity
comparison	in the past	review
currently	initially	similar results for
difference	less	than in
differences	not have	their agreement with
different	not reproduce	unknown
distinct	notable research	unlikely
earier	notable work	unusually
eliminating from	novel research	was based on
except	novel work	was first

附录 B　acl − 1、acl − 3、acl − 5 下的前 15 个主题及其词项

附表 B − 1　acl − 1 下的前 15 个主题及其词项

主题		词项
主题 1	领域学习（domain learning）	data, set, test, training, domain, learning, instances, previous, section, instance, additional, prediction, make, process, addition, compare, find, learned, domains, art
主题 2	查询扩展（query expansion）	features, feature, information, NUMBER, web, search, accuracy, query, lexical, method, type, retrieval, documents, text, table, types, knowledge, show, current, local
主题 3	情感分析（sentiment analysis）	NUMBER, opinion, words, pairs, article, articles, sentiment, corpora, language, comparable, seed, mining, semantic, document, transliteration, extracted, opinions, approach, reviews, phrase
主题 4	事件抽取（event extraction）	event, NUMBER, similarity, events, role, semantic, extraction, sentence, document, trigger, documents, sentences, set, information, entailment, figure, graph, template, narrative, lexical
主题 5	条件随机场（conditional random field）	NUMBER, training, features, set, algorithm, crf, feature, function, weights, crfs, xi, linear, weight, parameters, perceptron, score, model, log, yi, define
主题 6	标注语料（annotated corpus）	NUMBER, annotation, annotated, learning, tokens, corpus, annotations, token, al, figure, sentences, system, approach, features, data, task, information, named, systems, entity
主题 7	动词分类（verb classification）	NUMBER, semantic, verb, verbs, argument, predicate, arguments, annotation, syntactic, corpus, role, object, structure, parsing, subject, parser, annotated, treebank, roles, predicates
主题 8	文本摘要（document summary）	NUMBER, constraints, summarization, sentence, sentences, document, summary, summaries, evaluation, constraint, text, scores, ordering, content, metrics, human, quality, features, documents, system
主题 9	共指消解（coreference resolution）	NUMBER, coreference, mention, resolution, mentions, language, features, nps, np, ace, system, natural, antecedent, coreferent, state, linguistic, grammar, muc, discourse, entity

主题		词项
主题10	依存树（dependency tree）	tree, dependency, NUMBER, node, parsing, figure, trees, nodes, parse, algorithm, parser, structure, string, head, sentence, grammar, structures, order, left, empty
主题11	词义消歧（word sense disambiguation）	semantic, word, lexical, information, sense, state, chain, knowledge, language, paper, words, edges, disambiguation, time, linear, corpus, problem, forms, syntactic, nlp
主题12	依存分析（dependency parsing）	parsing, dependency, NUMBER, parser, text, speech, speaker, corpus, human, accuracy, parsers, order, projective, algorithm, dialogue, tree, turn, student, speakers, graph
主题13	问答系统（question-answering system）	NUMBER, similarity, question, questions, answer, context, semantic, user, answers, features, post, sentence, classification, scores, dialogue, metric, section, social, correlation, users
主题14	命名实体识别（named entity recognition）	ne, NUMBER, ner, learning, algorithm, approach, english, recognition, method, nes, patterns, extraction, information, task, named, paper, bilingual, alignment, show, proposed
主题15	语言模型（language model）	model, models, learning, problem, probability, language, inference, tasks, joint, method, probabilistic, order, approach, modeling, show, figure, algorithm, methods, performance, features

附表 B-2　acl-3 下的前 15 个主题及其词项

主题		词项
主题1	模型评估（model evaluation）	score, show, baseline, shows, standard, evaluation, level, table, experiments, results, previous, scores, trained, improve, include, model, significant, gold, increase, data
主题2	树核（tree kernel）	tree, parse, node, trees, kernel, ccg, nodes, NUMBER, parser, dependency, dependencies, syntactic, figure, parsing, structure, sentence, extraction, grammar, model, information
主题3	标注语料（annotated corpus）	corpus, annotation, annotated, NUMBER, treebank, sentences, corpora, annotations, structure, original, texts, reference, text, tokens, set, number, annotator, training, annotators, evaluation

	主题	词项
主题 4	知识抽取（knowledge extraction）	NUMBER, parser, parsing, dependency, pos, accuracy, word, model, information, extraction, text, sentence, sentences, patterns, system, parsers, knowledge, web, approach, entailment
主题 5	名词短语共指消解（noun phrase coreference resolution）	NUMBER, np, opinion, head, coreference, lexical, dependencies, treebank, phrase, noun, category, constituent, resolution, nps, features, categories, analysis, algorithm, context, penn
主题 6	问答系统（question answer）	probability, method, question, figure, sentence, order, confidence, probabilities, number, questions, answer, output, correct, values, methods, NUMBER, answering, top, statistical, estimate
主题 7	摘要提取（summary extraction）	sentences, sentence, summary, NUMBER, summaries, verb, verbs, summarization, semantic, argument, ordering, classes, content, role, syntactic, information, object, lexical, classification, frames
主题 8	领域适应性（domain adaptation）	domain, data, domains, class, target, adaptation, source, classes, representation, work, speaker, similar, labeled, accuracy, trained, specific, explicit, training, level, groups
主题 9	机器翻译（machine translation）	translation, english, language, model, topic, machine, NUMBER, word, opinion, parallel, bilingual, clustering, alignment, words, languages, corpora, method, clusters, statistical, cluster
主题 10	依存分析（dependency parsing）	dependency, parsing, parser, entailment, pairs, accuracy, sentences, model, word, sentence, hypothesis, order, NUMBER, pair, features, algorithm, words, alignment, head, rte
主题 11	词汇特征（word features）	NUMBER, word, words, table, features, set, context, training, data, feature, performance, section, results, corpus, number, figure, work, model, shows, information
主题 12	关系抽取（relation extraction）	relation, NUMBER, relations, entity, extraction, entities, set, items, string, patterns, item, instances, segmentation, types, supervision, sentence, input, step, path, steps
主题 13	事件抽取（event extraction）	event, NUMBER, events, extraction, parsing, role, features, post, set, model, sentence, information, parser, dependency, algorithm, perceptron, documents, resolution, search, results

主题		词项
主题 14	语言学习（language learning）	NUMBER, learning, method, approach, language, paper, information, text, algorithm, semantic, negation, system, rules, rule, scope, present, corpus, methods, show, results
主题 15	语法树（grammar tree）	NUMBER, tree, training, grammar, parameters, grammars, time, linear, parsing, log, function, weights, trees, maximum, likelihood, parameter, algorithm, context, size, input

附表 B-3 acl-5 下的前 15 个主题及其词项

主题		词项
主题 1	语音识别系统（speech recognition system）	system, word, text, language, model, syntactic, speech, NUMBER, words, recognition, models, chinese, corpus, information, segmentation, approach, accuracy, kernel, processing, results
主题 2	命名实体（named entity）	entity, entities, named, type, wikipedia, knowledge, types, person, names, corpus, similarity, mentions, candidate, method, mention, context, disambiguation, organization, document, methods
主题 3	数据空间（data space）	set, local, number, large, values, NUMBER, weights, weight, data, space, general, small, model, maximum, top, threshold, point, standard, term, parameter
主题 4	语言翻译（language translation）	NUMBER, features, model, feature, translation, table, data, language, information, set, models, dependency, english, performance, sentence, figure, experiments, section, source, words
主题 5	关系抽取（relation extraction）	word, words, context, corpus, kernel, method, relation, extraction, kernels, tree, methods, sentence, NUMBER, data, probability, set, part, speech, number, training
主题 6	共指消解（coreference resolution）	number, opinion, coreference, case, process, shows, time, length, resolution, features, show, sentiment, words, random, generate, generated, average, compared, mention, semantic

	主题	词项
主题 7	语义解析 （semantic parsing）	np, semantic, argument, predicate, parsing, tree, model, algorithm, parse, word, structure, constituent, NUMBER, syntactic, rules, treebank, parser, state, models, head
主题 8	事件抽取 （event extraction）	event, NUMBER, extraction, probability, distribution, events, patterns, log, role, relation, conditional, sentence, documents, information, inference, muc, likelihood, model, prior, probabilities
主题 9	依存分析 （dependency parsing）	NUMBER, parsing, corpus, errors, parser, dependency, annotation, model, output, error, algorithm, correct, found, search, figure, word, perceptron, input, data, training
主题 10	句子生成 （sentence generation）	NUMBER, constraints, inference, time, sentence, patterns, model, models, parsing, writing, constraint, global, pattern, linguistic, rule, figure, work, generation, personality, word
主题 11	信息提取 （information extraction）	NUMBER, information, system, web, extraction, text, document, summary, data, learning, paper, systems, summaries, knowledge, search, approach, summarization, results, evaluation, documents
主题 12	词性标注 （part-of-speech tagging）	NUMBER, learning, pos, word, tags, tag, data, words, performance, features, training, results, information, tagging, tokens, supervised, task, tagger, feature, classification
主题 13	领域学习 Domain Learning	domain, learning, topic, data, NUMBER, similarity, training, methods, classifier, query, domains, web, classification, search, semantic, level, sentence, target, document, features
主题 14	组合范畴语法 （combinatory categorial grammar）	NUMBER, ccg, parser, annotation, dependency, dependencies, alignment, annotations, model, category, parsing, grammar, annotated, relation, derivations, ccgbank, categories, entity, number, supervision
主题 15	语义相似度 （semantic similarity）	corpus, semantic, model, similarity, parser, ccg, text, word, treebank, grammar, lexical, parsing, models, dependencies, parsers, texts, meaning, dependency, number, human